茨威格传记
作品集

罗曼·罗兰
此人此作

ROMAIN ROLLAND

THE MAN AND
HIS WORK

[奥地利] 斯蒂芬·茨威格 —— 著

陈芳 —— 译

 华中科技大学出版社
http://press.hust.edu.cn
中国·武汉

图书在版编目(CIP)数据

罗曼·罗兰：此人此作 / (奥) 斯蒂芬·茨威格著；陈芳译. —武汉：华中科技大学出版社，2024.6

(茨威格传记作品集)

ISBN 978-7-5772-0905-0

Ⅰ.①罗…　Ⅱ.①斯…　②陈…　Ⅲ.①罗曼·罗兰(Rolland，Romain 1866—1944)‒传记　Ⅳ.①K835.655.6

中国国家版本馆CIP数据核字(2024)第101412号

罗曼·罗兰：此人此作　　　　　　　　　　　　[奥地利]　斯蒂芬·茨威格　著
Luoman Luolan : Ciren Cizuo　　　　　　　　　　　　　　　　　　　陈芳　译

策划编辑：亢博剑 田金麟
责任编辑：田金麟
封面设计：璞茜设计
　　　　　28159332450@qq.com
责任校对：刘　竣
责任监印：朱　玢
出版发行：华中科技大学出版社(中国·武汉)　　　电话：(027)81321913
　　　　　武汉市东湖新技术开发区华工科技园　　　邮编：430223
录　　排：孙雅丽
印　　刷：湖北新华印务有限公司
开　　本：880mm×1230mm　1/32
印　　张：10.25
字　　数：256千字
版　　次：2024年6月第1版第1次印刷
定　　价：42.00元

奥地利犹太裔作家斯蒂芬·茨威格（Stefan Zweig，1881—1942）擅于描摹人物心理，塑造人物形象。他的作品体裁丰富，尤以传记著称。《罗曼·罗兰：此人此作》是他最富盛名的传记作品之一。

作为罗兰的至交好友，茨威格精心构思，着重从心理分析的角度刻画了罗兰的形象——一位热爱音乐、精通写作的有识之士，一位充满人性、坚忍不拔的人道主义斗士。传记向世人展现了音乐、文学与科学三要素是如何在罗兰的生命之河中交汇、融合的；而罗兰又是如何在时光的编织机中织出了"公正""自由""良心"三主题交织的作品。那么，作为一位诺贝尔文学奖得主、一位为人类和平事业做出伟大贡献的人物，罗兰的内心世界究竟是怎样的？

"听从你的良心。找到属于你自己的真理并实现它。"罗兰认为良心是世上至高无上的权威。这样的他，一贯视人道主义为泰山，视个人荣辱为鸿毛。在面对自己的困境与难关时，罗兰不会郁郁寡欢；在目睹他人的抉择与挣扎时，罗兰不会袖手旁观。故而，在云谲波诡的时势下，他敢于直面来自狭隘的民族主义的挑战；在风云际会的历史关头，他能毫不犹豫地挺身而出，一肩扛起人道主义的大旗。是的，罗兰常常是孤独的，但孤独不代表向命运低头。在茨威格的笔下，孤勇者罗兰散发出耀眼的人性光辉。

无疑，罗兰是历史长河中的一缕精魂，是世界史册上的一位本色英雄。他的经历与他的作品无不告诉我们，人生的道路实非坦途。伟人之所以伟大，在于他们勇于面对命运的嘲弄，不惧困顿、压抑、伤痛与艰险，总能以积极、坚忍的态度不懈奋斗。因为信仰能够激发奋斗精神，而奋斗之举又能够加固信仰，这二者总是相辅相成。让我们以罗兰为楷模，以罗兰精神为一盏指路明灯，怀揣着真情实感，用踏实的行动驱散犹疑与怠惰，活成勇者的模样，活出自己的信仰之光。

译者：陈芳

2023 年 4 月 22 日

罗曼·罗兰肖像（1909年）

题 献

　　我不仅是在描述一位欧洲伟人的作品。最重要的是，我要向罗兰的人格致敬。他于我、于众人而言，都是赫然屹立于我们这个时代、最令人印象深刻的一种道德现象。罗兰以他所著的经典人物传记为蓝本，致力描绘出伟人之伟大，却又不乏一种常人视角，同时不曾忘却伟人为世间的道德所付出的努力。秉持着这种精神，我的书也同样受到个人感激之情的启发。在那些绝望的日子里，了解了这样一位如同奇迹般存在的光芒四射的人物，于我而言，是一种恩赐。

　　为了纪念这份独特的体验，我将这本书奉献给那些在烈火的试炼中仍然笃信罗曼·罗兰的少数人，以及我们所深深热爱的家园——欧洲。

斯蒂芬·茨威格

目 录
CONTENTS

第一部分　生平概述

第二部分　早期剧作

第四部分　《约翰·克利斯朵夫》

第五部分　谐谑间奏曲

第六部分　欧洲的良心

第一部分
生平概述

倘若命运之石不是从一开始就默默地挡住道路，心灵能量的涌动便不会在泡沫的迷雾中爆发，抑或是升华为一种精神。

荷尔德林[1]

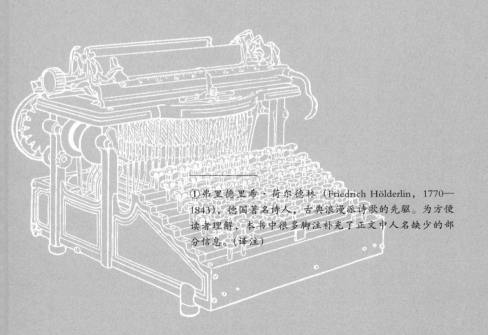

1
引言

罗曼·罗兰在毫不起眼、几乎孤独的劳动中度过了人生的前五十年。在那之后，他的名字成了席卷整个欧洲的舆论风暴的中心。我们这个时代的艺术家，几乎没有一位像他这样，在第一次世界大战①这场大灾难发生的不久之前，还完全隐匿于世人的视线之外，获得的认可寥寥无几。

然而那年之后，却又没有哪位艺术家像他这样饱受争议。他的基本思想并非从一开始便注定广为人知，直到它们遇到了一个全副武装的世界、一个意图将它们摧毁的世界。

充满嫉妒的命运总是如此弄人，她将伟人的生命与悲剧的线索相互交织在一起。她在强者们的身上尽情施展自己的力量，让事情的发生与他们的计划背道而驰，用奇怪的寓言渗透他们的生活，在他们的道路上设置重重障碍——是以，他们方能受到更为明确的指引，从而踏上正确的道路。命运与他们玩耍，带着一种崇高的目的戏弄他们，而他们从中获得的一切或成功或失败的经验都弥足珍贵。想一想与我

---

①第一次世界大战（World War I、First World War，或称 Great War，1914 年 7 月 28 日—1918 年 11 月 11 日），简称"一战"，是 20 世纪初主要资本主义国家向帝国主义阶段过渡时，为重新瓜分世界和争夺全球霸权而爆发的世界级帝国主义战争。（译注）

们同时代的伟人吧，想一想瓦格纳①、尼采②、陀思妥耶夫斯基③、托尔斯泰④、斯特林堡⑤，在这些人的例子中，命运都额外赠予了他们创造性的艺术思想，也赋予了他们戏剧性的个人经历。

值得注意的是，上述考量同样适用于罗曼·罗兰的人生。只有从整体上把握他的毕生作品，才能更好地洞悉它们的深义。创作的历程是缓慢的，因为作品必须直面各种巨大的危险；同时，这也是一个逐步提升、日趋完美的过程。整座宏伟建筑的基础深植于知识的坚实土壤中，搭建于多年孤寂时光里默默积累起来的一砖一瓦之上。因此，在如熊熊烈焰焚烧般的磨难的锤炼之下，罗兰的作品从本质上烙上了人道主义的印记。正因为拥有结实有力的基础和坚不可摧的道德力量，他的思想才能在战争风暴席卷欧洲时屹立不倒。当我们以崇敬之心仰望的其他纪念碑都随着大地的颤动而逐渐破裂、崩坏，最终被夷为平地之时，罗兰所建造的纪念碑却傲然挺立，"超乎混战之上"，超乎众说纷纭的观点之上，成为一根力量之柱，使得所有自由的灵魂都可以在动荡的世界中转向它，寻求它的慰藉。

---

①理查德·瓦格纳（Richard Wagner，1813—1883），德国浪漫主义时期的作曲家、指挥家，是欧洲浪漫主义音乐达到高潮和走向衰落时期具有代表性的作曲家之一，是继贝多芬、韦伯之后德国歌剧舞台上的重要人物。他在欧洲文学史和哲学史上也具有一定的影响。（译注）
②弗里德里希·威廉·尼采（Friedrich Wilhelm Nietzsche，1844—1900），德国哲学家、语言学家、文化评论家、诗人、作曲家、思想家。尼采的著作对宗教、道德、现代文化、哲学，以及科学等领域提出了广泛的批判和讨论，对于后代哲学，尤其是对存在主义和后现代主义的发展影响很大。（译注）
③费奥多尔·陀思妥耶夫斯基（Fyodor Dostoevsky，1821—1881），俄国著名作家，与列夫·托尔斯泰齐名，代表作为《罪与罚》。（译注）
④列夫·托尔斯泰（Leo Tolstoy，1828—1910），俄国现实主义作家、政治思想家、哲学家，代表作有《战争与和平》《安娜·卡列尼娜》《复活》等。（译注）
⑤奥古斯特·斯特林堡（August Strindberg，1849—1912），瑞典作家，瑞典现代文学的奠基人，1879年以小说《红房间》一举成名，在世界享有盛誉。（译注）

2

童年

　　罗曼·罗兰出生于1866年1月29日，那是一个纷争之年，也是萨多瓦战役①发生的那一年。他的家乡是克拉姆西②，另一位富有想象力的作家——《我的叔叔本杰明》的作者克劳德·蒂利尔同样出生在那里。克拉姆西是一座古老的城市，在旧时的勃艮第③范围之内。那是一个安静之地，生活轻松而平静。罗兰一家在当地是个颇受敬重的中产阶级家庭。罗兰的父亲是一位律师，是镇上赫赫有名的人物。罗兰的母亲则是一位虔诚且严谨的女士，她把所有精力都倾注在抚养两个孩子上：体质单薄的男孩罗兰，还有他的妹妹玛德琳。那里的日常生活氛围是平静无忧的；但在这对父母的血液中，存在着一种起源于法国历史早期的矛盾，这种差异至今尚未完全调和一致。罗兰父亲

---

①萨多瓦战役（Battle of Sadova），该战役发生于1866年7月3日，是普鲁士与奥地利战争的决定性战役，欧洲有史以来规模最大的一场战役。在战斗中，普军依靠德莱塞针发枪和高效的战术取得了辉煌胜利。战后奥地利退出了德意志邦联，普鲁士则成立了北德意志联邦，向统一进程迈出了一大步。（译注）
②克拉姆西（Clamecy），罗曼·罗兰的出生地，法国中北部城市。（译注）
③勃艮第（Burgundy），勃艮第地区位于法国东部，土壤肥沃，适合种植葡萄。（译注）

的祖辈是国民公会①的拥护者，是法国大革命②的狂热支持者，他们中的一些人还以鲜血证明了自己的信仰。他母亲的家庭则继承了杨森主义③精神和皇家港调查员般的气质。因此，罗兰天生就被父母双方赋予了追求狂热信仰的倾向，但同时又倾向于相信相互矛盾的理想。在法国，对宗教的热爱与对自由的激情之间的冲突，对信仰与革命之间的分歧，可以追溯到几个世纪之前。它的种子注定要在这位艺术家的身上生根发芽、开花结果。

罗兰最初的童年生活是在1870年战败④的阴影下度过的。在《安多纳德》⑤一卷中，他描绘的宁静的市镇生活像极了家乡克拉姆西。他的家在运河岸边的一座老房子里。这个男孩儿时的快乐并非来自家乡这一方窄窄的天地。尽管他身体羸弱，但对令人愉悦的事物却热情而敏感。一股来自远方、来自高深莫测的过去的强烈冲动搅动着他的脉搏。他很早就发现了音乐，那是超越言语的语言，是他的灵魂接收到的第一个重要的讯息。母亲是他的钢琴启蒙老师。从悠扬的琴声中，他学会为自己建立起一个无垠的情感世界，从而超越了国籍的界限。作为一名琴童，他热切地吸收了法国古典作曲家通俗易懂的音

①法国国民公会（Convention Nationale），法国大革命时期的最高立法机构，在法兰西第一共和国初期拥有行政权和立法权。（译注）
②法国大革命（The French Revolution），又称法国资产阶级革命，它结束了法国存在了多个世纪的君主专制统治，初步确立了共和的政治体制，对法国社会的思想观念、文化教育等方面产生了深远的影响。（译注）
③杨森主义（Jansenism），天主教在17—18世纪流行的神学运动，据说目的是调和因自由意志和神的恩典之间的冲突而产生的神学问题。该运动首先在法国兴起。（译注）
④1870年战败（The Defeat of 1870），普法战争是普鲁士王国为了统一德国，并与法兰西第二帝国争夺欧洲大陆霸权而爆发的战争。战争发生于1870—1871年，由法兰西第二帝国发动，最后以普鲁士王国大获全胜、建立德意志帝国而告终。（译注）
⑤《安多纳德》（Antoinette），罗兰·罗兰的作品《约翰·克利斯朵夫》的第六卷章节。

乐，与此同时，德国音乐也吸引了他年轻的灵魂。关于德国音乐对他的启迪，罗兰给出了一种值得钦佩的描述："我们拥有许多古老的德国音乐书籍。德国？我知道这个词的意思吗？在我们这里，我相信，没有任何人曾亲眼见过一位德国人……我翻开旧书的书页，在琴键上奏出音符……这些涓涓流淌出来的旋律滋润了我的心灵，仿佛雨滴渗入土壤，润泽了干涸的大地。莫扎特[①]和贝多芬[②]的幸福与痛苦、欲望与梦想，皆融入了我的血肉。我就是他们，他们就是我……我是多么感激他们啊！幼年的我曾大病一场，当时死亡似乎近在咫尺，莫扎特的旋律如同爱人一样守护在我的枕边……后来，在怀疑和沮丧的危机中，贝多芬的音乐唤醒了我心中那永恒的生命火花……每当精神倦怠、心烦意乱时，我都会奏起钢琴，将身心沐浴于音乐之中。"

因此，这个孩子早早便开始与"人类无言的言语"相互交流。也是因此，他早早具备了一种对生命全然包容的同情心，这种感情使他得以超越狭义上城镇、省市、民族乃至时代的限制。音乐是他面对生命基本力量的第一次祈祷。这种祈祷以无数不同的形式，日复一日地进行着；正因如此，直到半个世纪之后的现在，他几乎没有一周，甚至没有一日中断与贝多芬在琴键上的倾谈。罗兰童年的另一位"圣人"莎士比亚与贝多芬一样，是一位外国人。罗兰不曾察觉，自己最初的热爱之心，已然带他超越了国籍的藩篱。在阁楼积满灰尘的废旧

---

①沃尔夫冈·阿马德乌斯·莫扎特（Wolfgang Amadeus Mozart，1756—1791），奥地利作曲家，维也纳古典乐派代表人物之一。（译注）
②路德维希·凡·贝多芬（Ludwig van Beethoven，1770—1827），维也纳古典乐派代表人物之一、德国作曲家，对古典音乐做出了重大贡献，被后世尊称为"乐圣""交响乐之王"。（译注）

家具中，他发现了一部莎士比亚①的作品，他祖父买下了它，并遗忘于此（彼时的维克多·雨果②尚在巴黎求学，"莎士比亚热"则在人群中普遍流行）。一套褪了色的、名为《莎翁笔下的女性》的版画引起了罗兰孩童般的兴趣。迷人的面孔，以及诸如潘狄塔、伊莫琴和米兰达这些富有魔力的名字激起了他的幻想。很快地，在阅读剧本的过程中，他沉浸在了错综复杂的事件与人物中。他在阁楼里待了一个又一个小时，除了阁楼下马厩里马儿偶尔发出的踩踏声，以及运河里驳船上嘎嘎作响的铁链声外，没什么能令他分心。罗兰忘记了一切，也被所有人遗忘了。他坐在一张大扶手椅上，手里捧着这本心爱的书，它就像普洛斯彼罗③的魔法书一样，使宇宙中的所有灵魂都成了他的仆人。他被一群看不见的听者包围着，也被想象中的人物包围着，这些人物在他与现实世界之间筑起了一道壁垒。

我们总能发现，伟大的梦想开启了伟大的生命。莎士比亚和贝多芬有力地激发了罗兰最初的热情。这种对伟人热切的钦佩之情，伴随他从幼年长成少年，又从少年成长为一位成熟的男性。一个聆听过伟大召唤的人，不可能轻易将自己的精力限制在一个狭小的圈子里。镇上的学校已经没有什么可以教给这个志存高远的男孩了。罗兰的父母不忍将心爱的儿子送往大城市独自求学，因此他们果断决定放弃自己

---

①威廉·莎士比亚（William Shakespeare，1564—1616），英国剧作家、诗人。代表作有四大悲剧《哈姆雷特》《奥赛罗》《李尔王》《麦克白》，四大喜剧《仲夏夜之梦》《威尼斯商人》《第十二夜》《皆大欢喜》。（译注）
②维克多·雨果（Victor Hugo，1802—1885），法国浪漫主义文学的代表作家，人道主义的代表人物之一。（译注）
③普洛斯彼罗（Prospero），莎士比亚戏剧《暴风雨》中的角色。他是一位不贪恋权位，投身于超脱世俗的事业中的人物。（译注）

平静的生活。罗兰的父亲辞去了报酬丰厚且地位独立的公证人职位，成为巴黎银行不计其数的雇员之一，尽管正是公证人一职使他成了克拉姆西的头面人物。熟悉的家园和如家族领袖般受人尊敬的生活都被这对父母抛在一边，只为能照料他们在大城市里学习与成长的爱子。整个家庭都很关注罗兰的兴趣，也因此早早教会了他一些其他人到完全成年后才能学到的东西——责任感。

3
中学时代

　　这个男孩还太小，无法感受巴黎的魔力。当时的罗兰带着梦幻般的天性，在他看来，这座喧嚣而残酷的城市是如此陌生，近乎带着敌意。从来到巴黎的那一刻开始，他便一直怀着一种隐隐的恐惧，与大城市的愚昧、无情保持着一种隐匿的距离。他有一种无法解释的感觉，觉得首都的生活缺乏真实与真诚。他父母将他送到了巴黎市中心著名的路易大帝中学，许多法国顶尖、杰出的人物都曾就读于此。每天中午，学子们都像嗡嗡作响的蜂群那样，从知识的蜂巢里一拥而出。在学校，他学习了法国传统教育科目，这样，他可能会像"高乃依①式的学舌鹦鹉"一样，将学到的知识继续传播下去。然而，他重点研读的领域超越了逻辑诗歌或诗歌逻辑的范畴；正如在此之前一样，他的热情全部倾注在了真正鲜活的诗歌上，倾注在了音乐上。尽管如此，在学校里，他还是找到了第一个伙伴。

　　机缘巧合的是，与罗兰相似，他的这位朋友在声名鹊起前也经历了二十年的沉寂。罗曼·罗兰与和他结伴入学的密友保罗·克洛岱

---

① 皮埃尔·高乃依（Pierre Corneille，1606—1684），法国古典主义悲剧的代表作家之一，被称为"法国古典主义戏剧的奠基人"。（译注）

尔①（《给玛丽报信》的作者），这两位当代法国最伟大、最富有想象力的作家，二十年后几乎同时誉满欧洲。在长达二十五年的时间跨度中，两人在信仰和精神上走上了截然不同的道路，培养出了大相径庭的理想。克洛岱尔的步伐指向承载着天主教历史的神秘大教堂；而罗兰则穿越了法国及法国之外，朝着自由欧洲的理想迈进。然而彼时，在每日往返于学校的途中，他们享受着漫无边际的谈话，交流着彼此的读书心得，激起了彼此的青春热血。他们的天空中最耀眼的明星是理查德·瓦格纳——这个名字在当时法国青年的头脑中留下了浓墨重彩的一笔。对罗兰而言，瓦格纳的影响力不仅是因为他的艺术家身份，更是因为他所具有的独树一帜的诗意人格。

上学的日子过得很快，也使人感到有些闷闷不乐。从充满浪漫主义的家庭转到极端现实主义的巴黎，这种转变太突然了。

对这位敏感的少年而言，这座城市只显露出了它的牙齿，展现出了它的冷漠，显示出它所具有的一种凶猛的节奏。这些特点，这如同旋涡般混乱的局面，在他脑中激起了一种近乎警觉的东西。他渴求同情、热忱和高远之志；一如既往地，艺术是他的救星，"在众多灰暗时刻中，艺术永远闪耀着光辉"。他主要的乐趣来源，是几个难得的周日下午举行的流行音乐会，音乐的旋律激荡着他的内心——对此，《安多纳德》中描述得多么令人心驰神往啊！莎士比亚的魅力没有丝毫衰减，他笔下的人物登上舞台，便能牵动罗兰的恐惧与狂喜。这个男孩将整个灵魂都献给了莎士比亚。"他像征服者一样占有了我；我

---

①保罗·克洛岱尔（Paul Claudel，1868—1955），法国著名诗人、剧作家和外交官。他的大部分作品都带有浓厚的宗教色彩和神秘感。（译注）

把自己像一朵花儿一样投向了他。与此同时，音乐的精神在我身上流淌，犹如洪水泛滥了平原；贝多芬和柏辽兹①甚至超过了瓦格纳。我得为这样的快乐付出代价。那一两年，我过得如痴如醉，犹如洪流中被浇灌得过度饱和了的土地。由于对莎士比亚作品的沉迷以及对音乐的痴迷，我先后两次参加师范学校的入学考试均名落孙山。"随后，他发现了第三位大师，他解放了罗兰的信仰。这位大师正是斯宾诺莎②，一个独自在校的夜晚，罗兰认识了他。在那以后，他温柔的智慧之光便照耀了罗兰的一生。人世间最杰出的人物一直都是罗兰的榜样与伙伴。

离开学校时，意愿与责任之间产生了冲突。罗兰最热切的愿望是成为一位像瓦格纳那样的艺术家，成为一名音乐家和诗人，创作出具有英雄主义色彩的音乐剧。他的脑海中已然浮现出一些音乐构思，它们来源于法国文化中的神话传说。罗兰的这些构思与瓦格纳的作品带有各自民族的特点，形成了鲜明的对比。其中，《圣路易斯》这一作品，后来他确实做了修改，但并非将它表现为音乐作品，而是采用更为灵动的语言表达。然而，他的父母却认为这样的愿望不够成熟。他们要求他付出更多实际的努力，并推荐他就读理工学院。最终，在责任与意愿的冲突中，他找到了一个令人愉悦的折中之法。罗兰决定学

---

①艾克托尔·路易·柏辽兹（Hector Louis Berlioz，1803—1869），法国作曲家，法国浪漫乐派的主要代表人物之一。（译注）
②巴鲁赫·斯宾诺莎（Baruch Spinoza，1632—1677），近代西方哲学的三大理性主义者之一，与笛卡儿和莱布尼茨齐名。他最早提出了"政治的目的是自由"，为启蒙运动奠定了思想理论基础。（译注）

习关于精神与道德的科学。1886年，在第三次尝试中，他出色地通过了师范学校的入学考试。这所学校将以其独树一帜的特点，以及法国社会生活所具有的独特历史形式，在罗兰的思想与命运中留下决定性的印记。

4

高等师范

罗兰在勃艮第的乡村风光中度过了童年，又在喧嚣的巴黎度过了他的中学时代。当他成为师范学校的寄宿生时，他的生活圈子变得更加封闭、更加密不透风了。为了避免一切干扰，这个学校的学生与世隔绝，远离现实生活，以便能更好地体会历史生活。勒南①在《童年与青年时期的回忆》一书中，对神学院里崭露头角的神学家们所承受的孤独作了有力的描述。在圣西尔军校，初出茅庐的军官也处于被隔离的状态。同样，在师范学校里，师范生作为一群未来的传道授业者，也在与世隔绝的隐居生活中接受训练。如无意外，他们将成为下一代人的老师。传统的精神与旧式的方法相结合，两者相得益彰，结出了累累硕果；最出类拔萃的学生将成为这所师范学校的教师。训练是苛刻严谨的，需要受训者待之以不知疲倦的勤奋，因为训练的目标正是培育英才。但由于鼓励学生涉猎广博，在社团选择方面，学校给予了相当大的自由，以避免德国那种过度专业化的特点而带来的危

① 欧内斯特·勒南（Ernest Renan，1823—1892），19世纪法国著名哲学家、历史学家和语言学家。（译注）

险。师范学校能够孕育出法国一众顶尖人物，如勒南、饶勒斯①、米什莱②、莫诺③和罗兰，这绝非偶然。

尽管这些年来罗兰的主要兴趣在于哲学，尽管他勤奋地汲取着来自苏格拉底④之前的古希腊哲学家们、来自笛卡儿⑤学派和斯宾诺莎学说的养分，然而在第二学年，他选择了，或者说受到了明智的引导，以历史和地理作为主修科目。这是一个幸运的选择，对他艺术生涯的发展起到了决定性的作用。一方面，以此为起点，他第一次将世界历史视为一种永恒发生的、潮起潮落的纪元更替过程，将昨日、今日和明日视为历史长河中独立存在的一个个实体。他学会了采取广博的视野，获得

就读于师范学校时的罗曼·罗兰

①让·饶勒斯（Jean Jaurès，1859—1914），法国和国际社会主义运动的著名活动家，法国社会党的领导人之一，历史学家和哲学家，著有《社会主义史·法国革命》。（译注）
②儒勒·米什莱（Jules Michelet，1798—1874），19世纪法国著名历史学家，被法国学术界誉为"最早、最伟大的民族主义与浪漫主义历史学家""法国史学之父"。（译注）
③加布里埃尔·莫诺（Gabriel Monod，1842—1912），法国历史学家和作家，著有《德国人与法国人》。（译注）
④苏格拉底（Socrates，公元前469或公元前470—公元前399），希腊哲学的创始人之一。他对后来的哲学家产生了重大影响，是西方哲学传统中最广为人知的人物之一。（译注）
⑤勒内·笛卡儿（René Descartes，1596—1650），法国哲学家、数学家、物理学家，解析几何之父，西方现代哲学思想的奠基人之一，近代唯心论的开拓者，提出了"普遍怀疑"的主张。（译注）

了振兴历史的卓越能力。另一方面，年少时在校苦读的经历，使他能以更高远的文化视角思考当下。在我们这个时代，可能没有哪位富有想象力的作家像罗兰一样，能在所有领域拥有如此扎实、如此系统的知识基础。此外，他无与伦比的工作能力很可能是在这些年的隐居生活中获得的。

在公共会堂里（罗兰的生活中充满了这种神秘的文字游戏），这位年轻人找到了另一位朋友。这位朋友也将成为法国最杰出的人物之一，与克洛岱尔和罗兰本人一样，直到二十五年后才名满天下。信仰理想主义和法国新诗学的三位最伟大的代表，保罗·克洛岱尔、安德烈·苏亚雷斯①和查尔斯·佩吉，在成长岁月中都是罗曼·罗兰的密友，且都是在默默无闻了多年之后，几乎于同一时间对法兰西民族产生了广泛的影响。若我们将此归因于纯粹的偶然，那就错了。在他们的相互交谈中，在他们神秘而热烈的信仰中，他们创造出了构成一个新世界所需的元素。彼时的这个世界，在时光的蒸汽中显得影影绰绰，尚无法立即显现于人前。尽管这几位朋友尚未对自己的目标产生清晰的认识，尽管各自的能量将引领他们走上截然不同的道路，他们之间的相互回应却增强了一种充满激情且坚定热诚的原始动力，使他们形成了一种感觉：要组成一个兼容并包的国际团体。受到相同使命的鼓舞，并打算为之毕生奉献，舍弃世俗的成功与物质的奖励，他们将希望寄托于通过自己的作品，来呼吁恢复民族所失去的信仰。罗

①安德烈·苏亚雷斯（André Suarès，1868—1948），法国作家、诗人、戏剧家。作品有《雇佣兵游记》《托尔斯泰》等。（译注）

兰、苏亚雷斯、克洛岱尔和佩吉，每个人都从不同的学识角度为他们的祖国带去了这种复兴。

　　就像在路易大帝中学认识了克洛岱尔一样，现在，在师范学校，罗兰结识了苏亚雷斯。罗兰被苏亚雷斯深深吸引，他们都热爱音乐，尤其酷爱瓦格纳的音乐。而对莎士比亚的挚爱使他俩的友谊纽带更加牢固。"这种激情，"罗兰写道，"是我们友谊长链中最初始的一环。那时的苏亚雷斯是一位文艺复兴式的人物，具有丰富多样的天性，在历经众多变化后的今天，他依旧是这样一位人物。他拥有那个时代的灵魂、那个时代暴风骤雨般的气质。他长长的黑发、苍白的脸庞、灼灼的眼神，看起来就像卡尔帕乔①或吉兰达约②所画的意大利人。在学校的一项练习中，他曾写了一首《恺撒·博尔吉亚颂歌》。他将莎士比亚视为神明，我亦如此；我们经常在教授的面前为维护莎士比亚而并肩作战。"但很快，一种新的热情出现了，它在部分程度上取代了罗兰对这位伟大的英国剧作家的热情。随之而来的是"斯基泰人③的入侵"——对托尔斯泰的热爱同样伴随着罗兰的一生。这些年轻的

---

①维托雷·卡尔帕乔（Vittore Carpaccio，1465—1525 或 1526），意大利威尼斯画派最杰出的叙事体画家。（译注）
②多米尼克·吉兰达约（Domenico Ghirlandajo，1449—1494），意大利画家。（译注）
③斯基泰人（Scythians），游牧民族，已知最早于公元前9世纪开始从中亚向俄罗斯和乌克兰移民，并建立了一个富有、强大的国家，其中心位于现在的克里米亚自治共和国。（译注）

理想主义者被左拉①和莫泊桑②的自然主义③排斥。血气方刚的他们追求的是一种具有英雄主义色彩的、紧张的生活状态。他们，像福楼拜④和阿纳托尔·法朗士⑤那样，不能满足于以文学来自娱自乐。现在，撇开这些琐事，上帝的使者出现了，他就是托尔斯泰，一个准备为理想奉献一生的人。"我们与托尔斯泰共情了。对他的热爱能够调和我们之间所有的矛盾。无疑，我们对他的爱出于不同的动机，因为我们都在他身上发现了自己。他为大家打开了一扇通往无限宇宙的大门；对大家而言，他都是一种关于生命真谛的启示。"如同孩提时代那样，罗兰全身心投入了对托尔斯泰作品的终极价值、对作品中的主人公，以及对这位全人类的艺术家的研究之中。

在师范学校的那些年里，罗兰如饥似渴地阅读与写作。他的老师，不论是布伦退尔⑥，还是加布里埃尔·莫诺，都已认识到他在历

①埃米尔·左拉（Émile Zola，1840—1902），法国自然主义小说家和理论家，自然主义文学流派创始人与领袖，19世纪后期法国最重要的批判现实主义作家之一。（译注）
②居伊·德·莫泊桑（Guy de Maupassant，1850—1893），19世纪后期法国优秀自然主义短篇小说作家，与俄国的契诃夫和美国的欧·亨利并称为"世界三大短篇小说巨匠"。（译注）
③自然主义（Naturalism），一种文学艺术创作倾向，排斥浪漫主义的想象、夸张、抒情等主观因素，轻视现实主义对现实生活的典型概括，追求绝对的客观性，崇尚单纯地描摹自然。（译注）
④居斯塔夫·福楼拜（Gustave Flaubert，1821—1880），法国著名作家。他在对19世纪法国社会风俗人情进行真实细致描写记录的同时，超时代、超意识地对现代小说审美趋向进行探索。（译注）
⑤阿纳托尔·法朗士（Anatole France，1844—1924），法国作家、诗人、记者。他是法兰西学术院的一员，1921年获得了诺贝尔文学奖。（译注）
⑥费迪南·布伦退尔（Ferdinand Brunetière，1827—1906），法国戏剧理论家，提出了"戏剧冲突说"。（译注）

史性描述方面特殊的天赋。罗兰尤其着迷于雅各布·布克哈特①在不久前发明的一个历史分支，他将其命名为"文明史"——整个时代的精神图景。对于那些特殊时代，宗教之争明显激发了罗兰的兴趣，其中，关于信仰的精神元素与牺牲个人的英雄主义相互渗透在了一起。如此一来，他富有创造力的作品的所有主题都早早地自发形成了！他起草了一系列研究报告，同时计划了一部更加雄心勃勃的作品，一部关于凯瑟琳·德·美第奇②英雄时代的历史。在科学领域，我们的学子罗兰也大胆研究起了终极问题，从哲学、自然科学、逻辑学、音乐和艺术史的所有溪流和小河中如饥似渴地汲取灵感。但是这些学业带来的负担并不能压倒他内在的诗人气质，就像一棵树的重量不会压垮它的树根一样。忙里偷闲时，他还写了关于诗歌和音乐的文章，然而他自己却一直不被世人所知。1888年，在离开师范学校、面对现实生活的经历之前，他写下了《信条》。这是一部非凡的作品、一份精神的证明、一份道德与哲学的自白。它并未出版，但罗兰青年时代的一位朋友向我们保证，它包含了罗兰无拘无束的世界观的基本元素。按照这种斯宾诺莎主义者的精神构想，建立世界、确立神明，不是基于"Cogito ergo sum"——"我思故我在"，而是基于"Cogito ergo est"——"我认为如此"。他只对自己负责，将来的他，将能够从对形而上学的思辨的需要中解脱出来。而这仿佛是一个神圣的誓言，在宣誓之后，他将带着这份信仰投入斗争；只要他忠于自己，他也必将

①雅各布·布克哈特（Jakob Burckhardt，1818—1897），瑞士杰出的文化史学家和艺术史学家，重点研究欧洲艺术史与人文主义。（译注）
②凯瑟琳·德·美第奇（Catherine de Medici，1519—1589），意大利女贵族，是1547—1559年间的法国王后。（译注）

忠实于他的誓言。地基已经挖得很深、打得很牢固了。现在，是时候开始打造上层建筑了。

这就是罗兰在求学期间的活动。但是通过它们，一个梦想已隐约可见，那是一个浪漫的梦想，是关于一位心无旁骛的艺术家勇于与生活的磨难相斗争的故事。从这里，我们瞥见了初露端倪的《约翰·克利斯朵夫》①，关于这部作品的框架朦胧地显露了出来。但是，在多姿多彩、深入人心的意象得以从这晦涩难懂的最初暗示中浮现出来之前，还必须经历更多命运的波澜起伏、众多的因缘际会，以及生活的百折千磨。

---

① 《约翰·克利斯朵夫》（*Jean Christophe*），罗曼·罗兰于1912年完成的一部长篇小说。小说描写了主人公奋斗的一生，反映了现实社会的一系列矛盾冲突，宣扬人道主义和英雄主义。1915年，罗曼·罗兰凭借它获得了诺贝尔文学奖。（译注）

5

远方的来信

　　学生时代结束了。关于职业选择的老问题又被旧事重提。虽然科学的内容丰富而充实，也确实激发了罗兰的热情，但它并非这位年轻艺术家的毕生所愿。他比以往任何时候都更渴望进行富有想象力的文学和音乐创作。他最为热切的雄心仍然是要加入大师的行列，成为能够以文字和旋律启迪灵魂的人物；他渴望成为一个创造者、一个安慰者。但现实似乎要求人们以一种更为有序的形式生活，要求人们遵守纪律而不是追求自由，承担一份职业而不是追随一种使命。现在，这位青年，在他二十二岁的年纪，站在命运的分岔路口上犹豫不决。

　　然后，远方传来了一则消息，它出自列夫·托尔斯泰的慈爱之手。整整一代人都把这位俄国人尊为领袖，将他视为真理的象征。这一年，托尔斯泰的小册子《该如何做？》出版了，其中包含了对艺术的强烈控诉。他轻蔑地粉碎了罗兰挚爱的一切。这位年轻的法国小伙子每日热切祈祷的对象——贝多芬被称为"诱惑情欲的人"；莎士比亚则被视为一个四流诗人、一个浪荡子。整个现代艺术就像是打谷场上的糠秕一样被扫除殆尽，罗兰心中至神至圣的大师被抛入无边的黑暗之中。对这本传遍欧洲的小册子，老一辈人大可以一笑置之；但对于那些把托尔斯泰当作对抗这个时代的谎言与懦弱的唯一希望的年轻人来说，它就像飓风一样席卷了他们的良心。他们必须做出苦涩的抉择，被迫在贝多芬和他们心中的圣人之间做出取舍。在写到这一刻的心情时，罗兰说："这个人（托尔斯泰）的善良、真诚和绝对的率直使他成了我在普遍存在的道德混乱中的一位绝对可靠的导师。但与此同时，我对艺术的热爱是从小养成的。尤其，音乐好比我每天的食粮；毫不夸张地说，对我而言，音乐就像面包一样，是我日常生活的必需品。"然而，被罗兰深深热爱的音乐却被托尔斯泰，他敬爱的老师——一位最具人性的人物——所不齿，他谴责音乐是"一种导致人们忽视责任的享受"。托尔斯泰谴责莎士比亚戏剧《暴风雨》中的爱丽儿是一个"肉欲的诱惑者"。该如何做呢？年轻人的心灵痛苦不堪。是跟随亚斯纳亚·波利亚纳庄园①的圣人，彻底摒弃生活中追求艺术的意愿，还是听从内心深处的呼唤，任由音乐和诗歌贯穿自己生活的方方面面？是对最受敬重的艺术家不忠，还是对艺术本身不忠；是背弃最爱戴的人物，还是背弃最钟爱的思想——在这两点上，他势必要做出抉择。

在这种精神困境中，学生罗兰做出了一个惊人的决定。某一天，他坐在他的小阁楼里，写了一封信，寄往遥远的俄罗斯。在信中，他向托尔斯泰倾吐了困扰他良心的疑惑。他写信给托尔斯泰，犹如一个人在绝望中向上帝祷告，他并不奢望发生奇迹，也不奢望得到回复，只是为了满足自我忏悔的迫切需要。几周过去了，罗兰早已忘记了自己的冲动之举。但是一天晚上，他回到自己的房间，在桌上发现了一个小包裹。这是托尔斯泰对这位素昧平生的来信者的回答，回信长达

---

① 亚斯纳亚·波利亚纳（Yasnaya Polyana）庄园，列夫·托尔斯泰的家。（译注）

三十八页，用法语写成，俨然是一篇论文的篇幅。信的日期是1887年10月14日，后来由佩吉刊登于《半月刊》的第三卷第四期。回信以亲切的称呼开头，称罗兰为"亲爱的兄弟"。伟人首先声明了对这封来信的深刻印象，说来自信中的呼救直击他的内心。"我收到了你的第一封信。它触动了我的心。我含着泪读完了它。"接着，托尔斯泰阐述了他对艺术的看法。他说，艺术的价值就是将人与人联系在一起；只有甘于为自己的信仰做出牺牲的艺术家，才算得上名副其实的艺术家。成为一名真正艺术家的前提，不仅要有对艺术的热爱，更应当具有对人类的关爱。只有对人类充满关爱的艺术家才能做出有价值的贡献。

这些话对罗曼·罗兰的未来产生了决定性的影响。但是，托尔斯泰对以上信条阐述得够多了，这次也阐述得更为明确了。对毛头小伙子罗兰而言，这封回信所带来的最特殊的影响，是证明了这位文坛圣人乐于助人的品质。行动胜于言语，托尔斯泰的善举令罗兰感动。这位举世闻名的文坛巨匠，为了回应一个无名青年、一个巴黎后街学子的呼喊，居然立即放下自己的工作，花了一天或许两天时间来回复信件，安慰他那名不见经传的小兄弟。对罗兰来说，这是一次至关重要的经历，一次深刻而富有创造性的经历。铭记自己的真情实感，铭记外国思想家给予的帮助，教会了他将每一次良心危机都视若神圣，并将提供援助给别人视为艺术家首要的道德责任。从他打开托尔斯泰回信的那天起，他本人就成了一位伟大的助人者、一位如兄弟般亲切的顾问。他的毕生事业和人生影响力都起源于此。从那时起，无论时间多么紧迫，他都不曾忘却自己曾得到的帮助。收到任何陌生人出于良心不安发出的求助，他都会欣然施以援手。以托尔斯泰的信为起点，涌现出了无数个罗兰，多年来为有需要的人们送去了帮助和建议。从此，诗歌成了他神圣的信仰，而他以他的精神导师托尔斯泰的名义承担了这份信仰。历史鲜少见证比这更为辉煌的时刻，那就是，事实上，精神领域的力量和物质领域的力量一样，是永远不会被浪费的。托尔斯泰给他素不相识的来信者回信的这种精神，被罗兰传承下来，促使他回应了成百上千位陌生的朋友。今天，无数的种子飘荡在世界各地，而它们都是从那一粒仁爱的种子中孕育出来的啊！

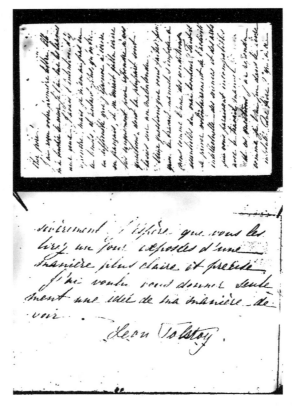

列夫·托尔斯泰的信

6

罗马

　　召唤声从四面八方传来：法国的故乡，德国的音乐，托尔斯泰的劝告，莎士比亚的激情，对艺术的渴望，还有谋生的需要。正当罗兰犹豫不决时，他的决定又因为偶然的机缘而推迟了——机缘，是艺术家永远的朋友。

　　每年师范学校都会为最优秀的尖子生提供为期两年的旅行奖学金，学考古的被派往希腊，学历史的被派往罗马。罗兰对这样的任务没有强烈的渴望，他太渴望面对现实生活了。但命运总是容易向害羞的人抛出橄榄枝，他的两个同学拒绝了前往罗马的奖学金，因而，罗兰被选中来填补空缺，这几乎违背了他本人的意愿。在缺乏经验的他看来，罗马无非是一段死气沉沉的过往、一段支离破碎的历史、一段需要他从铭文和羊皮纸碎片中拼凑起来的枯燥事实。这是学校下派的任务，是义务而非享受。当他踏上向这座永恒之城的朝圣之旅，他并未抱有多大的期望。

　　他的职责是在阴森的凡尔赛宫内整理文件，从记录和书籍中捕捉历史的片段。一开始，他对这项任务付出了应有的敬意，并根据梵蒂冈档案馆的档案，编写了一本关于萨尔维亚蒂大使和罗马遭遇劫掠的回忆录。但没过多久，他的注意力就转移到了罗马的生活本身。坎帕尼亚①清澈的日光洒满了他的心田，使得万事万物都呈现出不言而喻的和谐，使得生活显得简单而纯粹。对于许多人来说，这片艺术家的乐土，它的温柔优雅散发出了一种不可抗拒的魅力。文艺复兴时期的纪念碑向这位漫游者发出了伟大的召唤。相比其他地方，在意大利，人们似乎更强烈地认为，艺术是人类生活的全部意义，认为艺术必须是人类的英勇目标。

这样的想法在意大利似乎远比在其他地方更为强烈。抛开他的论文，罗兰这个二十来岁的年轻人沉醉于有关热爱、有关生活的冒险，他在意大利和西西里岛②较小的城市中自由自在地畅游了几个月，甚至连托尔斯泰也被遗忘了。来自俄罗斯大草原的呼唤，"禁欲克己"的劝诫被湮没于赏心悦目之处，被湮没于耀眼夺目的南方。然而，突然之间，陪伴罗兰童年时代的朋友和导师——莎士比亚重新影响了罗兰的生活。由埃内斯托·罗西③呈现的莎士比亚系列剧向他展示出了一种激情洋溢的辉煌，同时激起了一种让他无法抗拒的渴望：像莎士比亚一样以诗意的形式描绘历史。日复一日，他看着那些见证昔日辉煌历史的石碑，被深深打动了。回溯以往几个世纪的生活，罗兰内心的诗人觉醒了。他愉快地搁置了自己原本的使命，转而提笔写下了一系列戏剧，带着烈焰般熊熊燃烧的热情，以文字为双翼，捕捉在不知不觉间被唤起的灵感。正如莎士比亚在历史剧中呈现了英伦风貌，罗兰也将整个文艺复兴时期的图景反映在了自己的作品中。伴随着令人

---

① 坎帕尼亚（Campagna），位于意大利半岛南部西海岸，濒临第勒尼安海，是重要的葡萄酒产区。（译注）
② 西西里岛（Sicily），位于意大利南部，地中海中部，是地中海最大的岛屿。（译注）
③ 埃内斯托·罗西（Ernesto Rossi, 1829—1896），意大利男演员、剧作家。（译注）

陶醉的乐曲，在心灵之光的照耀下，他写出了一个又一个剧本，根本不考虑是否能将它们搬上舞台。事实上，这些浪漫主义戏剧都不曾在舞台上呈现，今日的公众无缘一睹。随着这位艺术家的批判意识日臻成熟，他将它们藏了起来。他喜爱那些褪了色的手稿，只因为它们是对他青春岁月里的热情的一种纪念。

在意大利度过的岁月里，罗兰最重要的经历是建立了一段新的友谊。罗兰从不主动寻求与他人建立联系。从本质上讲，他是一个孤独者，埋首于书本是他最自得其乐的生活方式。然而，从神秘主义和象征主义的观点来看他的生平经历，就会发现，在青年时期的不同阶段，他都会与当时社会中的某位重要人物发生联系。按照神秘的吸引力法则，他一次又一次被吸引到英才云集的领域，与这世间最有力量的强者联系在一起。莎士比亚、莫扎特和贝多芬是他童年时代的明星；在校期间，苏亚雷斯和克洛岱尔与他亲密无间；作为学生，每当他需要贤能的帮助时，他便会跟随勒南；在宗教问题上，斯宾诺莎解放了他的思想；远方则传来了托尔斯泰兄弟般的问候。在罗马，通过莫诺的介绍信，他结识了玛尔维达·冯·梅森堡①，玛尔维达一生都在思索史诗般的过去。瓦格纳、尼采、马志尼②、赫尔岑③和科苏特④都是她的多年密友。对于这样一位具有自由精神的人而言，国籍和语

①玛尔维达·冯·梅森堡（Malwida von Meysenbug，1816—1903），德国女作家，尼采和瓦格纳的挚友。（译注）
②朱塞佩·马志尼（Giuseppe Mazzini，1805—1872），意大利革命家、民族解放运动领袖。他是意大利建国三杰之一，另外两位是撒丁王国的首相加富尔和意大利的民族英雄加里波第。（译注）
③亚历山大·赫尔岑（Alexander Herzen，1812—1870），俄国哲学家、作家、革命家。（译注）
④拉约什·科苏特（Lajos Kossuth，1802—1894），1849年任匈牙利共和国元首。（译注）

言的障碍是不存在的。没有任何艺术的或者政治的革命能使她感到畏惧。作为"具有磁铁般吸引力的人物"，她对伟大的天性产生了不可抗拒的吸引力。当罗兰遇见她时，她已是一个老妇人了，但仍有清醒的智慧，不被破灭的幻想所困。如同年轻时一样，她仍然是一位理想主义者。她以七十岁的人生高度俯瞰过往，平静而睿智。丰富的知识和经验从她的脑海中流淌出来，进入罗兰这个学习者的脑海之中。在她身上，罗兰发现了同样柔和的光彩，同样激情过后崇高的宁静，这都让他对意大利的风光更添喜爱之情。正如从意大利的纪念碑和图片中，他可以重塑文艺复兴时期英雄人物的形象一样，从与玛尔维达的私下交流中，他可以重构她认识的艺术家们在生活中所经历的悲欢喜乐。在罗马，他学会了以公正仁爱的态度来欣赏当世英才。他的新朋友点拨了他，使他体会到了之前只是朦胧感受到，却未曾彻悟的一个真理，即艺术是一种普遍的通用语言，其中蕴含着高尚的思想和感情，足以消融国别和语言的差异，使整个世界融为一体。一次，在贾尼科洛山[①]散步时，他的脑海里浮现出一幅关于欧洲的图景，那便是有朝一日他将奉献给世人的作品——《约翰·克利斯朵夫》。

　　这位德国老妇人与二十三岁的法国青年之间的友谊真是奇妙。很快，他们都发现对方使自己受益良多，双方的受益程度不相上下。罗兰是如此感谢玛尔维达，她使他能以更公正的角度看待与她同时代的一些伟大人物。玛尔维达看重罗兰，因为在这位热情洋溢的年轻艺术家身上，她发现了关于伟大的一种新的可能。

　　二人的身上都具有理想主义的活力，玛尔维达的理想主义历经了

---

① 贾尼科洛山（Janiculum Hill），意大利罗马西部的一座山丘。（译注）

考验与懊悔，而罗兰的理想主义则充满激情、轻率而鲁莽。每天，罗兰都会到波尔韦里拉大街拜访他尊敬的朋友，为她演奏他最喜欢的大师的钢琴曲，而她则将他介绍给罗马社会。玛尔维达温柔地改变着他浮躁的性子，引领他走向精神自由。在他的散文《致不朽的安提戈涅》中，罗兰告诉我们，他能充分了解艺术与生命的真谛，应当归功于两位女性：他的母亲，一位虔诚的基督徒；玛尔维达·冯·梅森堡，一位纯粹的理想主义者。玛尔维达在罗兰成名的二十五年前，就在《为理想主义奋斗终生》①一文中表达了她对罗兰即将成名的坚定信心。今天，当我们读到这样一段关于青年罗兰的描述时，不禁为之感动："除了音乐，我与这位年轻人的友谊在其他方面也使我深感愉悦。对于一个年事已高的人来说，没有什么比在年轻人身上，重新发现自己曾有过同样的理想主义冲动、曾追求过同样的最高目标、曾蔑视过同样的庸俗琐事、曾以同样的勇气为个性自由而奋斗更大的满足感了……两年来，我很享受身边有罗兰的陪伴，他青春洋溢、才华出众……我再重申一遍，我的快乐不仅来自他的音乐天赋，尽管它填补了我生活中长久以来的空白。我发现，在其他的知识领域，我与他也十分投缘。他渴望尽可能充分地施展自己的才华。正因他的鼓舞，我的思想也重获活力，重新发现了对这个充满想象力的美丽世界的强烈兴趣。在诗歌方面，我逐渐意识到这位年轻朋友的天资之高，并最终因为阅读了他的一首戏剧诗而对此深信不疑。"在这部早前作品中，她预言性地宣称，作家罗兰的精神力量很可能会为法国带来文学想象

---

① 《为理想主义奋斗终生》（*Der Lebens Abend einer Idealistin*），玛尔维达作品，原文为德语。（译注）

力的复兴。在一首构思精巧但略带感伤的诗中，玛尔维达表达了她对这两年经历的感激之情。她将罗兰视为自己的欧洲小兄弟，正如托尔斯泰将罗兰视为自己的门徒一样。在闻名于世的二十年前，罗兰已然踏上了一条英雄之路，伟大是无法隐藏的。对于一位天生的伟人，不论过去还是现在，在他的成长道路上，都会有不同的图景和人物沿途对他进行劝勉，为他树立榜样。欧洲各个国家与民族的人们都发出欢呼，向这位有朝一日将为他们发声的人物致意。

7

祝圣

意大利的两年学习生活结束了，这段时光里，罗兰在创造性的环境里自由地学习。现在，巴黎传来了召唤，作为学生离开的罗兰需要回到高等师范去担任教师。分别使人痛苦，玛尔维达·冯·梅森堡精心安排的告别旨在传达一种象征意义。她邀请这位年轻的朋友陪同自己一起前往拜罗伊特①，那是瓦格纳生前主要的活动区域。年少时，瓦格纳和托尔斯泰是罗兰最大的灵感来源，玛尔维达的记忆为瓦格纳的个性赋予了更为旺盛的生命力。罗兰徒步穿越翁布里亚②，去威尼斯③与玛尔维达相会。他们一起参观了瓦格纳的别墅，瓦格纳在那里辞世；然后一路向北，前往他的著作《约翰·克利斯朵夫》发生的现场。"我的目的，"玛尔维达以自己的文笔——少有激烈的感情起伏却不乏诚挚之情的笔触写道，"是让罗兰在离开意大利、结束他精力旺盛的少年时代之前，对这里留下一个崇高的印象，同样地，我希望这次旅行是他步入成年的祝圣礼，伴随着成年时代的，还有即将到来的辛苦工作，以及无法避免的斗争与幻灭。"

---

①拜罗伊特（Bayreuth），德国东南部一城市名。（译注）
②翁布里亚（Umbria），意大利中部一地名。（译注）
③威尼斯（Venice），意大利东北部著名的旅游与工业城市。（译注）

奥利维尔[1]进入了约翰·克利斯朵夫的家乡！他们到达的第一天早晨，在把罗兰介绍给万弗里德别墅的朋友之前，玛尔维达径直带着罗兰到花园里瞻仰了大师的坟墓。罗兰像在教堂里一样，摘下帽子，两人一起默哀了一会儿，缅怀这位英雄。瓦格纳是玛尔维达的昔日密友，也是罗兰心中的领袖人物。晚上，他们去听了瓦格纳的遗作《帕西法尔》[2]。这部作品和拜罗伊特之行一样，与《约翰·克利斯朵夫》的起源有着奇妙的关联，就像是对罗兰未来的一首祝圣曲。现在，生命要从这些伟大的梦想中召唤罗兰。玛尔维达动情地描述了他们之间的告别："我的朋友们好心地将他们的包厢借给我们使用。我再次与罗兰一起倾听了《帕西法尔》，他即将返回法国，积极投身到人生事业中去。令我深感遗憾的是，这位才华横溢的朋友不能自由地将自己提升到'更高的境界'，他尚未从青年阶段过渡到成熟的成年阶段，无法全力展现他的艺术冲动。但我知道，他仍会在轰鸣的时光编织机上投入地工作，织出神圣的衣裳。歌剧结束时，他的眼里噙满泪水，这让我再次感到，我对他的信任一定会得到证实。就这样，我与他告别了，我衷心感谢他，感谢他的才华赋予了我一段充满诗意的时光。分别之际，作为一名长者，我祝福他，生命之门即将向年轻的他缓缓敞开。"

　　这段滋养了双方的时光虽然结束了，但这绝非二人友谊的终点。此后多年，直到玛尔维达生命的尽头，罗兰每周都会给她写一封信。玛尔维达去世后，这些信件被归还到了罗兰的手中，它们构成了成年

---

①奥利维尔：《约翰·克利斯朵夫》中的人物，克利斯朵夫的好朋友。（编者注）
②《帕西法尔》（Parsifal），三幕歌剧，是德国作曲家瓦格纳创作的最后一部歌剧，1882年7月26日在拜罗伊特首次公演。（译注）

初期的罗兰的一部传记，也许它比任何伟人同一人生阶段的传记都更加有血有肉。罗兰从他与玛尔维达的相识中学到的东西，其价值是无法估量的。现在的他获得了广泛的现实知识，以及对人类精神无限延续性的认知。尽管他去罗马是为了学习已逝的、过往的艺术，但他却发现了生机勃勃的德国，并且享受与德国不朽的英雄们为伴。在不知不觉中，三位一体的诗歌、音乐和科学，与三位一体的法国、德国和意大利，这两组事物中的六个要素相互协调，融合在了一起。罗兰一劳永逸地获得了欧洲精神。在他动笔写作《约翰·克利斯朵夫》之前，伟大的史诗已经奔涌在他的血液之中。

8
学徒

　　身处意大利的两年，对塑造罗兰的职业生涯形式以及他内心生活的实质，都起到了决定性的作用。正如歌德所经历的那样，在我们现在所关心的事情上，罗兰意志上的冲突在南方秀美柔和的风景里得到了调和。身处罗马时，罗兰尚未考虑好自己的未来。论天赋，他应该当个音乐家；论爱好，他应该当个诗人；论需要，他应该当个历史学家。渐渐地，音乐与诗歌神奇地结合在了一起。在他的第一部戏剧中，他的遣词造句充满了抒情的旋律感。与此同时，在那些插上了翅膀的文字背后，他对历史的见解使得以从绚烂多彩的过往中构建出一幅恢宏壮丽的图景。他的论文《论现代歌剧的起源（吕里与斯卡拉蒂之前的欧洲戏剧史）》①获得了成功，他成了一名音乐史教授。他先任教于高等师范学校，从 1903 年起，他开始任教于索邦大学。他为自己设立的目标是将"永恒的鲜花（l'éternelle floraison）"——各时代的音乐展现出来，并让每个时代的音乐都萌发出具有自己特色的花朵。他第一次发现了自己挚爱的主题。此后，在这个明显抽象的领

---

① 《论现代歌剧的起源（吕里与斯卡拉蒂之前的欧洲戏剧史）》：*Les origines du théâtre lyrique moderns（Histoire de l'opéra en Europe avant Lully et Scarlatti）*，原文为法语。（译注）

域中，他向人们展示了不同民族是如何造就自己的个性的；同时，又是如何忽略时间与民族的差异，在不知不觉中形成了更高的统一性。罗兰对他人有一种强大的理解力，这种理解力与写作才华联合起来，使他自己易于被他人理解。这些元素构成了他一系列活动的本质。此外，在这里，在他最熟悉的元素中，他的情感力量异常有效。相比之前的老师，罗兰在任教期间更能赋予他所教授的学科一种生命力。在论述音乐这种无形的实体时，他表明，人类的伟大从来不会仅仅集中于某个时代，也不会仅仅专属于某个国家，而是从一个时代传递到另一个时代，从一个民族传递到另一个民族。因此，它就像火炬一样在大师们之间传递，只要人类能够汲取灵感、持续向前，这根火炬就将永不熄灭。在艺术范畴中，没有矛盾，也没有分歧。"历史的目标必须是人类的精神达到生动鲜活的统一。因此，历史不得不保持人类精神在所有思想之间的联系。"

许多在社会科学学院和索邦大学听过罗兰讲座的人，在谈及当时的情景时，感激之情仍不减当年。只不过，在形式方面，历史是这些讲座名义上的主题，科学也只是讲座的基础。诚然，罗兰不仅享誉全球，而且在从事音乐研究的专家中也颇具声名，因为他发现了吕吉·罗西[1]的《奥菲奥》手稿，并且他还率先为被遗忘的弗朗西斯科·普罗文扎莱（那不勒斯乐派[2]的创立者亚历山德罗·斯卡拉蒂的老师）正名。但是广博的人文主义视野和百科全书式的见解使他以"歌剧的起源"为主题的讲座成了反映戏剧文明的一组壁画。讲座的间隙，他

---

① 吕吉·罗西（Luigi Rossi，约 1597—1653），意大利巴洛克风格作曲家。（译注）
② 那不勒斯乐派（Neapolitan school），一个与歌剧相关的团体，17世纪末形成于意大利的那不勒斯城。18世纪初，其风格传遍德、奥、英、法等国。（译注）

会一展歌喉、弹奏钢琴，使听众们久久沉浸于旋律中。如此，在巴黎这个三百年前艺术之花首次绽放的地方，银色的音调再次从尘埃堆里、从羊皮纸上苏醒了过来。当时的罗兰尽管还很年轻，但他已经开始对同伴们产生了一系列影响——澄清、指导、鼓舞和构建。从那时起，这种力量越来越多地通过他富有想象力的作品得到强化，并由此传播到更为广泛的圈子里，产生了不可估量的影响力。然而，在传播的过程中，这种影响力始终遵从它的初衷。自始至终，罗兰的主导思想都是，从古今人类的各种艺术形式中，展现出最光辉的人性，以及万众一心、奋发进取的努力。

弗朗西斯科·普罗文扎莱作品中的咏叹调（罗兰手稿）

很明显，罗曼·罗兰对音乐的热情无法局限于历史的范畴之内。他永远不可能做一名历史学家。历史学家生涯带来的局限性与他个人所具有的综合性气质是完全不相称的。对他而言，过去不过是为现在所做的准备；已经发生的事不过是为更好地理解未来提供一种可能

保尔·杜宾①作品中的旋律（罗兰手稿）

性。因此，除了他的学术论文和他的著作《昔日音乐家》《音乐家亨德尔》《歌剧史》等，我们还看到了《当代音乐家》，这本散文集最早发表于《巴黎评论》（*Revue de Paris*）和《戏剧艺术评论》上，撰写人正是现代艺术与未来艺术的捍卫者——罗兰。文集中收录了法国有史以来首次出版的胡戈·沃尔夫肖像，以及关于理查德·施特劳斯②和德彪西③的精彩评述。他孜孜不倦地寻找着欧洲音乐中的创新力；他去斯特拉斯堡④音乐节聆听古斯塔夫·马勒⑤的音乐，并前往波恩⑥

---

①保尔·杜宾（Paul Dupin，1865—1949），法国作曲家。（译注）
②理查德·施特劳斯（Richard Strauss，1864—1949），德国浪漫派作曲家。（译注）
③克劳德·德彪西（Claude Debussy，1862—1918），19世纪末20世纪初，欧洲音乐界颇具影响力的法国作曲家，近代"印象主义"音乐的鼻祖。（译注）
④斯特拉斯堡（Strasbourg），法国东部城市。（译注）
⑤古斯塔夫·马勒（Gustav Mahler，1860—1911），奥地利作曲家及指挥家。（译注）
⑥波恩（Bonn），曾是联邦德国的首都，德国最古老的城市之一，位于莱茵河河畔。（译注）

参加贝多芬音乐节。他热切地渴求着形形色色的知识；他的正义感则包罗万象。从加泰罗尼亚①到斯堪的纳维亚②，他倾听着音乐海洋中的每一阵新浪潮。他对现在的精神就如同对过去的精神一样熟悉。

在从教的这些年里，罗兰从生活中获益良多。他在巴黎开辟了新的圈子，在此之前，他对那孤独的书房窗户外的世界知之甚少。在此之前，他只与几位挚友及远方的英才有所交流，而如今，他在大学里的职位和他的婚姻使他接触到了知识界和社交界。在他的岳父——著名语言学家米歇尔·布雷亚尔③的家里，他结识了索邦大学的领军人物。在其他地方、在客厅里，他穿梭于金融家、资本家、官员，以及各个社会阶层的人中，其中也不乏在巴黎经常能找到的世界主义者。在这些年里，浪漫主义者罗兰不由自主地变成了一位观察者。除了理想主义丝毫不曾衰减以外，他还习得了批判的力量。在与人的接触过程中获得的经验（更确切地来说，是幻想的破灭），以及生活中平淡无奇的一切，构成了他后来在《节场》和《户内》④中对巴黎生活描述的基础。偶尔去德国、瑞士、奥地利和他心爱的意大利的旅行，给了他对比的机会，并为他提供了新的知识。日渐增长的现代文化视野逐渐占据了他的思想，从而取代了历史科学。这位从欧洲归来的漫游者发现了他的家园，发现了巴黎；这位历史学家发现了对世人最为重要的时代——当下。

---

①加泰罗尼亚（Catalonia），濒临地中海的一个地区，被称为"艺术的王国"。（译注）
②斯堪的纳维亚（Scandinavia），斯堪的纳维亚半岛有两个国家，即西部的挪威和南部的瑞典。
③米歇尔·布雷亚尔（Michel Bréal，1832—1915），法国语言学家，现代语义学先驱。（译注）
④《节场》和《户内》：分别是《约翰·克利斯朵夫》中的卷五和卷七的卷名。（译注）

9

奋斗岁月

　　罗兰到了而立之年，正是精力最充沛的年纪。他受到鼓舞，但对行动的热情却有所克制。不论何时何地，过去或是现在，罗兰的灵感都体现出了伟大这一特质。现在，他内心的冲动越来越强烈，他要赋予自己的想象力以生命。

　　但这种追求伟大的意愿被一系列琐事干扰了。在罗兰开始动笔写他的毕生代表作时，法国文学界的伟人们——对理想主义有着不懈追求的维克多·雨果、英勇的作家福楼拜和哲人勒南已经走下了舞台。邻国天堂的星辰，理查德·瓦格纳和弗里德里克·尼采也已陨落或变得黯淡无光了。现存的艺术，甚至是左拉或莫泊桑的严肃艺术，都致力于描述平凡的日常，创造了腐败、虚弱的一代人的形象。

　　政治生活变得微不足道、无所事事，哲学则变得刻板而抽象。共同团结的纽带不复存在，因为这个国家的信仰在1870年战败后的几十年间已然变得支离破碎。罗兰渴望大胆的冒险，他是一名斗士，他渴望伙伴；但他生活的世界里没有冒险，人们期待的是安逸，渴望的是享受。

　　突然间，一场风暴席卷全国，整个法国都深陷其中，举国上下都聚焦在知识与道德的问题上。罗兰作为一名勇敢的泳者，最先跳入了汹涌的波涛之中。德雷福斯事件①几乎在一天之内就将整个法国一分为二。在此事件中，没有人能表示弃权，也没有人能平静地沉思。到处都在开展论战，其中优秀的法国人都热衷于表明自己的观点。

两年来，这个国家就像被刀刃生生割裂一般，被划成了"有罪"与"无罪"的两个阵营。从《约翰·克利斯朵夫》和佩吉的回忆录中，我们了解到，这水火不容的两个阵营是如何无情地撕裂了家庭，割裂了兄弟、父子、朋友之间的关系。

今天的我们很难理解，这起针对炮兵上尉的间谍指控，是如何使整个法国陷入危机的。愤怒的情绪超越了"入侵人民精神生活领域"这一直接原因。每个法国人都面临着良心的拷问，被迫要在祖国和正义之间做出选择。就这样，道德力量以其爆炸性的能量，将所有具有思维能力的正常人统统卷入了旋涡之中。罗兰是少数人之一，他从一开始就坚持认为德雷福斯是无辜的。早期这些为了争取正义而做出的努力显然是无望的，但对罗兰来说，这样做是为了无愧于心。佩吉被这一事件的神秘力量所吸引，他希望这会给国家带来道德上的净化，

---

①德雷福斯事件（the Dreyfus Affair），德雷福斯是一个有犹太血统的炮兵上尉。1894 年 9 月，情报处副处长亨利诬陷德雷福斯向德国出卖军事机密，将其以间谍罪逮捕。同年 12 月，军事法庭在证据不足的情况下判处德雷福斯在法属圭亚那附近的魔鬼岛终身监禁。1896 年，新任情报处处长皮夸特在调查中发现，真正的罪犯是费迪南·埃斯特哈齐，皮夸特要求军事法庭重审案件。亨利伪造证据，反诬皮夸特失职，后者被调往突尼斯。1898 年 1 月，经军事法庭秘密审讯，埃斯特哈齐被宣告无罪，这个结果激起了社会公愤。于是，作家爱弥尔·左拉在《震旦报》发表致总统的公开信《我控诉》。要求重审德雷福斯案件的社会运动在全国广泛开展，法国社会分裂为德雷福斯派和反德雷福斯派两个阵营。民族主义右翼分子妄图借此推翻共和政府。不久，亨利伪造证据的事实暴露，被捕供认后自杀。埃斯特哈齐也畏罪潜逃伦敦。在群众的强大压力下，1899 年，经军事法庭重审，德雷福斯仍被判有罪，但改判 10 年有期徒刑。9 月，总统决定赦免德雷福斯，以息民愤。直到 1906 年最高法院才撤销原判，为其昭雪。德雷福斯恢复名誉，被晋升为少校。（译注）

他与伯纳德·拉扎尔①一起撰写了一些宣传册，旨在如火上浇油般，使得这一道德问题愈演愈烈。罗兰主要考虑的则是关于正义的内在问题。他化名为"圣茹斯特②"发表了一出寓言剧《群狼》，由此将问题从时代的范畴上升到了永恒的范畴。一些狂热的观众观看了这出戏，其中包括左拉、舍雷尔·凯斯特纳③和皮夸特④等。审判越是政治化，共济会⑤、反教权主义⑥者和社会主义⑦者就越明显地利用此事来实现自己的目的。后来，随着物质利益的问题越来越多地取代了理想方面的问题，罗兰也就逐渐从积极参与转向抽身而退了。他的热情只专注于精神层面的事物、问题以及迷失的事业。在德雷福斯事件中也好，在后来发生的大大小小的事件中也罢，罗兰的荣耀在于，他始终是那群最先拿起武器的人之一，在众多的历史时刻，他总是一名孤军奋战的斗士。

　　与此同时，罗兰正与佩吉，与他青年时期的朋友苏亚雷斯一起并肩开展一项新的运动。这与关于德雷福斯的那场大风大浪式的运动不同，它是一种平静的英雄主义，更像是背负着十字架，漫长地受难。这几位朋友都痛苦地意识到，当时的巴黎文学界充斥着腐败和琐碎。

---

①伯纳德·拉扎尔（Bernard Lazare，1865—1903），法国犹太作家。（译注）
②圣茹斯特（Saint-Just，1767—1794），法国大革命雅各宾派专政时期的领导人物之一。
③舍雷尔·凯斯特纳（Scheurer Kestner，生卒年不详），德雷福斯事件发生时任法国参议院副主席，试图为德雷福斯翻案。（译注）
④乔治·皮夸特（Georges Picquart，1854—1914），法国陆军将领，德雷福斯事件中的重要人物，是审理该案的军事法庭书记员。（译注）
⑤共济会（Freemasonry），一种带宗教色彩的兄弟会组织。（译注）
⑥反教权主义（anti-clericalism），反对教士对教会以外的事物施加影响。（译注）
⑦社会主义（socialism），主张整个社会应作为整体，以生产资料社会主义公有制为基础，其管理和分配应基于公众利益。马克思和恩格斯对社会主义提出了他们的理论体系，认为社会主义社会是资本主义社会向共产主义社会过渡的社会形态。（译注）

直接攻击的意图将是徒劳的，因为整个出版界都在为这个庞然大物服务。他们想要对这个千头千臂的实体造成致命的打击，却无从下手。因此，他们决定这样反对它：不是通过它惯用的手段——大肆渲染的活动，而是通过道德榜样的力量，通过静默的牺牲和无比的耐心。十五年来，他们撰写和编辑了《半月刊》，没花一分钱做广告，也鲜少通过常规的图书代理商对外发售。它的读者只有由学生和一些文人构成的一个小圈子。不知不觉中，它的影响力在不断扩大。整整十年，罗兰的所有作品都刊登在它的版面上，包括《约翰·克利斯朵夫》《贝多芬传》《米开朗琪罗传》这三部作品的全文和一些戏剧。尽管当时罗兰的财务状况并不宽裕，但他却不曾对这些著作收取过一分钱的稿酬——这在现代文学史上也许是绝无仅有的。为了巩固自己的理想主义，为他人树立榜样，这些英雄放弃了为作品宣传、发行和取得稿酬的机会，放弃了文学信仰中神圣的三位一体制度。后来，由于罗兰、佩吉和苏亚雷斯终于声名鹊起，《半月刊》已经自成一体，它的出版也就画上了一个句点。但它仍是一座不朽的丰碑，见证了法国的理想主义和艺术家们之间的同志情谊。

第三次，罗兰在知识上的热情促使他在行动的领域尝试施展自己的勇气。这一次，在一个新的领域里，他进入了与他人的同志关系中，如此，他便可以用生命来塑造生命。一群年轻人已经开始认识到，法国的林荫大道戏剧是徒劳而有害的，它的主题一直都局限于资产阶级的乏味生活导致的通奸。他们决心尝试将戏剧还原给人民，还给无产阶级，从而为其注入新的活力。罗兰全身心地投入了这个计划中，写散文、写宣言，甚至还写了一本书。最终，他奉献了一系列戏剧，其中蕴含了法国大革命的精神，并歌颂了大革命。饶勒斯发表了演讲，将《丹东①》介绍给了法国工人。其他戏剧也同样上演了。新闻媒体却显然从中嗅出了敌意，竭力降低人们对此的热情。其他参与者的热情很快降了温，所以，这群年轻人的动力不久就耗尽了。罗兰又回到了孤身一人的状态，他由此积累了更多的经验，也经历了更多幻想的破灭，但他的信仰却并未削减分毫。

尽管从感情上看，罗兰对所有伟大的运动都情有独钟，但他的内心却从未受到任何束缚。他把精力用于为他人提供帮助，却从不盲目跟随他人的步伐。那些他与别人共同尝试的创造性工作，结果都令人失望。人性中普遍存在的脆弱性给他们的友谊蒙上了一层阴影。德雷福斯案屈从于政治阴谋；人民剧院遭到了嫉妒者的毁坏；罗兰为工人编写的剧本只上演了一晚。他的婚姻生活也突然灾难性地结束了——然而，没有什么能摧毁罗兰的理想主义。尽管眼下的生活不受精神力量的控制，但他依旧保持着精神上的信仰。在幻灭的时刻，他脑中那些伟人的形象被唤醒了，伟人们以行动战胜了悲哀，以艺术战胜了生活。他离开了剧院，放弃了教授职位，退出了世人的视野。既然生活否定了他一心一意的努力，他便要用优雅的画面去改变生活。他经历的幻灭只是为了进一步积累经验。在随后的十年隐居中，罗兰写下了《约翰·克利斯朵夫》，这部作品在伦理方面的意义比现实本身更为真实，它体现了罗兰这一代人有血有肉的鲜活信仰。

①乔治·雅克·丹东（Georges Jacques Danton，1759—1794），法国政治家、演说家，法国大革命领袖之一。（译注）

10

十年隐居

在很短的一段时间里，巴黎公众熟悉罗曼·罗兰的名字，知道他是一位音乐专家和一位大有前途的剧作家。此后多年，他从人们的视线中消失了，因为相比其他地方，法国首都的人们更容易无情地将他人遗忘。即使是在文学界，也不曾有人提起过他，尽管诗人和其他有识之士本该能够依据他们在罗兰作品中感受到的价值观做出最公允的评判。倘若哪位好奇的读者翻开那个时代的评论和选集，将文学史检验一番，他会发现，尽管已经写下十几部戏剧，编写过精彩的传记，出版了六卷《约翰·克利斯朵夫》，罗兰在当时的文学史中依然"查无此人"。《半月刊》既是他作品的诞生地，也是他作品的坟墓。当他以前所未有的画面感和全面性来展现巴黎的精神生活时，他自己，对于这座城市而言，却是一个陌生人。到了四十岁的年纪，他仍既无名声也无钱财；他似乎毫无影响力，不是一股活生生的力量。在20世纪初，正如查尔斯·路易斯·菲利普[1]、维尔哈伦[2]、克洛岱尔和苏亚雷斯一样，罗兰在自己创造力顶峰时期也并未获得外界的认可。然

---

[1] 查尔斯·路易斯·菲利普（Charles Louis Philippe，1874—1909），法国作家。（译注）
[2] 埃米勒·维尔哈伦（Emile Verhaeren，1855—1916），比利时诗人、文艺评论家，象征主义文学奠基人之一。（译注）

而事实上，他们这些人正是当时最有实力的作家。他以感人的语言描绘出的命运，他自己也亲身经历了，那正是——法国理想主义的悲剧。

然而，一段时间的隐居生活，正是为了专注地工作所做的一种必要准备。一种力量在足以占领世界之前，必须在孤独中发展起来。只有准备对大众不予理会的人、只有对成败毫不在意的勇者，才能携着渺茫的希望冒险策划出一部长达十卷的浪漫史；这一部法国浪漫史，在民族主义愈演愈烈的时代，却以一位德国人作为主人公。只有在这种超然的状态下，罗兰才能将广博的知识融入自己的文学创作中。只有置身于宁静中，远离世间的喧嚣与纷扰，才能完成立意如此宏大的作品。

整整十年，罗兰似乎从法国文学界消失了。神秘笼罩着他，那是一种带有神秘色彩的辛勤劳作。在这段漫长的岁月里，他与世隔绝的劳动仿佛是那化蛹阶段将自己隐藏起来的昆虫，一旦时机成熟，便会带着荣耀，一举破茧成蝶。这是一段受苦受难而又沉默隐忍的时期，这段时期的好学勤力、日益精进，塑造出了一位博学多才的人物——而此时的世人尚未了解他的满腹经纶。

11
肖像

在巴黎市中心有一座楼，蜿蜒的木梯可以通达两间位于五楼的阁楼房间。从楼下的蒙帕纳斯大道传来一阵低沉的咆哮，仿佛远处正在发生一场风暴。每当有重型汽车风驰电掣般地驶过时，桌上的玻璃杯常常会晃动起来。

透过窗户可以看到一片低矮的屋顶，屋顶的尽头是一座古老的修道院花园。春日里，花香不时透过敞开的窗户飘进来。这层楼里没有邻居，也没有用人，只有一位老妇人保护楼里的隐士免受不速之客的打扰。

工作室里堆满了书籍。它们层层叠叠地摞在墙边，堆在地板上；它们像爬山虎一样蔓延到靠窗的座位上、椅子上和桌子上。手稿则穿插其间。墙壁上装饰着一些版画，我们还能看到隐士朋友们的照片和一尊贝多芬的半身像。松木桌靠近窗户，旁边是两把椅子和一个小火炉。狭小的房间里没有什么贵重物品，也没有什么可以让人休息或是可以鼓励社交的摆设。这更像是一间学生宿舍，或者说是一间狭小的牢房。

在书堆中，坐着这个房间的苦行僧，他穿着朴素，像个牧师。他身材瘦长，外貌精致，正如那些久居室内、鲜少抛头露面的人一样，脸色蜡黄。他脸上的皱纹表明他缺乏睡眠。他整个人看起来有些脆弱——即使照片也无法完美再现出他棱角分明的轮廓；他的手不大，高高的额头后面，头发已变成了银灰色；他的胡须轻柔地垂下来，像阴影一样盖在薄薄的嘴唇之上。他的一切都是如此温文尔雅：说起话来轻声细语；即使在躺下时，身形也显露出久坐不动的痕迹；他手势克制、步态缓慢，整个人都散发出温柔的光彩。

漫不经心者瞧上一眼，可能会产生这样一种印象：此人的身体极度虚弱、疲劳，唯独他的眼神并未如此。微微泛红的眼皮底下，是一双炯炯有神的眼睛，眼神中总是不断闪现出他所惯有的善意的光芒。他的眼睛是蓝色的，沉静得仿佛一汪深水。为何没有一张照片能传递出他给人的正确印象？原因在于，他灵魂的全部力量似乎都集中于他的双眸之中。他的脸庞因他的目光而显得生机勃勃，正如他瘦弱的身躯在工作时散发出神秘的能量一样。

这份工作将人的精神囚禁于肉体中，禁锢于狭小的房间内，他多年来的持续不断地辛劳，又有谁人能够估量呢？完稿的书籍只是其中的一小部分。我们这位隐士的热情包罗万象，范围涉及每个国家的每种语言、历史、哲学、诗歌和音乐。他不懈地努力。他收到了各式各样的草图、信件和评论。他能一边写作，一边思考。当笔尖在纸上移动时，他能同时与自己、与他人对话。他的小字笔画工整，字迹清晰有力，他用笔将头脑中的想法永久记录下来，无论它们是自发的，还是来自外部；他在手稿中记录了过去和近日的社会风气；他摘抄报纸上的文字，起草未来的工作计划；他兢兢业业地收集了这些知识，点点滴滴地将它们汇聚成庞大的积累。他的劳动之火燃烧不息。他每天的睡眠时间很少超过五个小时，也很少去毗邻的卢森堡散步；他的朋友几乎不会爬上五段蜿蜒的楼梯与他安静地交谈一个小时；即使有人这样做，大多也是为了研究工作。休息对他来说，只是在不同工作之间的切换；这一刻写的是信而不是书，那一刻读的是哲学而不是诗歌。他的独处是另一种与世界积极交流的方式，片刻的闲暇便是他的假期。在漫长的工作间隙，在暮光中，他坐在钢琴前与音乐大师倾谈，将来自其他世界的旋律引入工作室这方狭小的天地中，而它本身就是一个充满创造精神的世界。

12
成名

时间来到了 1910 年。一辆汽车在香榭丽舍大街上疾驰而过，它的行驶速度超过了汽笛声发出的警告。伴随着一声惨叫，一个不凑巧正在过马路的人躺倒在了车轮底下。罗兰受了伤，骨折了，被人抬去接受护理。

倘若罗兰在这一关头意外身故，他对文学界的影响将微乎其微。这也说明，到 1910 年为止，罗曼·罗兰的名气还微不足道。到时候报纸上可能会登出一两段话，告诉公众，索邦大学的一位音乐史教授因遭汽车碾压而去世了。或许会有几个人记得，十五年前，这个人曾写出了一些大有前途的戏剧，以及关于音乐主题的书籍。巴黎的居民数不胜数，但了解这位"已故作者"生平的人却寥寥无几。然而，仅仅两年之后，原本籍籍无名的罗曼·罗兰便誉满欧洲。在尚未收获名誉的时期，他已然完成了大部分作品——十几部戏剧、英雄传记和《约翰·克利斯朵夫》的前八卷。正是这些作品使他成为我们这一代人的领袖。

名誉的绝妙之处，在于它具有永恒的多样性。每一种名誉都具有独特性，它既独立于成名之人，又附属于成名之人的命运。名誉可能是明智的，也可能是愚蠢的；可能名副其实，也可能名不副实。一方面，它也许很容易获得，也很短暂，犹如绚烂的流星，闪烁之后便消失无踪；另一方面，它也许姗姗来迟，缓慢地开花结果，不情愿地跟随着作品的脚步。有时，名誉甚至是恶意的、残忍的，它来得太晚，依靠着蚕食逝者的尸体，窃取壮大自身的养分。

罗兰与名誉之间的关系就很奇特。少年时期的罗兰就被名誉的魔力所吸引。但是，吸引他的仅仅是那种他认为值得追求的名誉，是那种建立在道德力量和伦理权威之上的名誉，他自豪而坚定地放弃了由小圈子和传统社交带来的便利。他深知权力的危险与诱惑，明白因为它而牵绊在琐碎的活动中不过是舍本逐末。因此，对于名誉，他从没有刻意接近一步，也从不曾伸出过索取之手，尽管在他的一生中，名誉曾不止一次触手可及。事实上，他有意阻止了媒体将他的犀利之作《节场》出版的意图，也因此永远失去了巴黎出版界对他的青睐。他对约翰·克利斯朵夫的描述也完美地适用于他自身："他的目标不是取得成功，而是忠于信念（Le succès n'était pas son but; son but était la foi）。"

名誉钦慕着罗兰，罗兰也远远地钦慕着名誉。名誉似乎在说："很抱歉，打扰了此人的工作。但种子必须在黑暗中经历一段时间的埋没，唯有耐心忍受，直到发芽的那一刻。"名誉与工作在两个不同世界中积累着，等待着彼此发生关联的那一天。《贝多芬传》出版后，一小群崇拜者出现了。他们也一路追随着约翰·克利斯朵夫的朝圣之路。《半月刊》以其忠实性赢得了新的朋友。在没有任何出版社帮助的情况下，凭借灵敏的同情心所产生的无形影响力，罗兰作品的发行量增加了。他的译著也出版了。著名的瑞士作家保尔·塞佩尔写了一本综合性的《罗兰传》。在报纸上出现罗兰的名字以前，他已然拥有了许多忠实的崇拜者。法兰西语言研究院出版的《罗兰全集》如同一声号角，将众多的崇拜者集合起来，开始研究他的作品。在罗兰五十岁前夕，霎时，关于他的报道如洪水一般涌向世界。1912年时的他仍然默默无闻，到了1914年，他却已声名远播了。伴随着一声惊呼，一代人认出了他们的领袖，整个欧洲也意识到，反映新的欧洲精神的第一批作品诞生了。

　　罗曼·罗兰的成名如同他一生中的其他事件一样，具有神秘的意味。名誉于他而言，是姗姗来迟的。在经受精神痛苦和物质匮乏的那些岁月中，名誉曾数次与他擦肩而过。然而它还是来了，来得正是时候，正值第一次世界大战的前夕。身负名誉的罗兰犹如手握一柄利剑。在决定性的时刻，他有力量，也有威望为欧洲发声。他站在高高的基座之上，形形色色的人群都能看到他。

　　事实上，名誉来得恰逢其时，因为经受了痛苦，习得了知识，当时的罗兰已经足够成熟，足以最大化地发挥自己的作用，承担起整个欧洲的责任了。当勇敢的人们需要一位领袖带领他们反抗旧世界，建立起一个人与人之间亲如手足的、永恒的新世界时，名誉以及名誉所赋予的力量终于得以彰显！

13

罗兰：欧洲精神的化身

就这样，罗兰的生活从晦暗走向了光明。进展虽然缓慢，但却有着强大的能量作为他的动力。朝着目标前进的步伐并非总是显而易见的，但他的人生却与欧洲迫在眉睫的灾难性命运密切相关。从他获得的成就来看，我们发现，所有的抵制带来的表面影响，那些籍籍无名的岁月和明显徒劳无功的斗争，都是必要的；我们看到，每一个事件都具有象征意义。事业的发展犹如一件艺术品，在意志与机遇的巧妙安排下，逐步铸就了自身。如果我们认为，在需要一位扛起精神旗帜的人物时，命运只是随意选中了一个无名之辈，并将他变成了整个世界在面临关键时刻时的一位道德领袖，那么，我们的命运观也未免过于浅薄了。

1914年标志着罗曼·罗兰个人生活的结束。从此，他的事业属于全世界；他的传记成了历史的一部分；他的个人经历再也无法与社会活动脱离。工作室的孤独促使罗兰走了出来，肩负起他在这个世间的使命。一个曾经远离大众视线的人，现在必须开着门窗生活了。他的每一篇文章、每一封信，都是宣言。自此以后，他的生活成了一部英雄戏剧。欧洲的统一是他最为珍视的理想，当这一理想似乎将要毁于一旦，他便结束了退隐的生活，转而成为时代的要素，成为一股客

观的力量，成为欧洲精神史上的一个篇章。正如托尔斯泰的人生无法
与他宣传的活动分离一样，任何试图将罗兰与他的影响力分离的举动
也缺乏正当的理由。自1914年以来，罗曼·罗兰与他的理想合而为
一，并为实现理想而不懈奋斗。他不再是作家，不再是诗人，不再是
艺术家；他也不再属于他自己。在欧洲遭遇极度痛苦之时，他成了全
欧洲的代言人，成了全世界的良心。

第二部分
早 期 剧 作

他的目标不是取得成功，而是忠于信念。

《约翰·克利斯朵夫》"反抗"

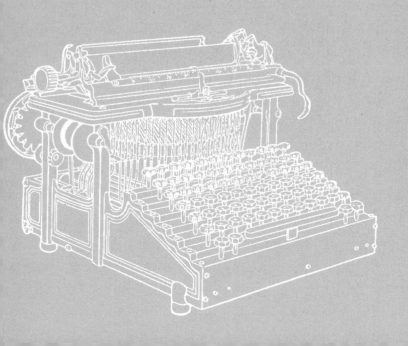

1

作品与时代

倘若不了解作品诞生的时代，我们就无法理解罗曼·罗兰的作品。因为在当时，从整个国家的疲倦中产生了一种激情，从一个屈辱民族的幻灭中产生了一种信仰。1870年战事失利的阴影笼罩着这位法国作家的青年时代。总的来说，他作品的意义和伟大之处在于，它在一场大战和下一场大战之间架起了一座精神的桥梁。它从血迹斑斑的大地的一边拔地而起，穿越了疾风骤雨的地平线，延伸到另一边，联结起了新的奋斗与新的精神。

一切起源于阴霾之中。在战争中，战败了的国家就像一个失去神明庇佑的人。神圣的狂喜突然被沉闷的疲惫所替代；数百万人心中燃烧的火焰被扑灭殆尽，只剩下灰烬和煤渣。所有价值观都突然崩塌了，热情变得毫无意义；死亡变得毫无目的；昨日被视为英勇的行为，今天被视作愚蠢；信仰是一场骗局；"相信自己"是可怜的幻觉。团结一致的冲劲消退了；每个人都赤手空拳为自己而战，逃避、推卸责任，只考虑个人的好处、效用与利益。崇高的志向被无限的消沉扼杀了，没有什么比战败更能彻底破坏大众的道德能量，没有什么比战败更能打击和削弱一个民族的整体精神状态。

这就是1870年后法国的状况。整个国家精神颓废，整片土地群龙无首。即使最富有想象力的作家也无能为力，他们挣扎了一阵子，仿佛被这场灾难的连续打击击昏了头脑。然后，随着最初努力的影响消退，他们重新走上老路，进入了纯粹的文学领域，离他们的家国命运越来越远。即使是成熟的作家，在一场全国性的灾难面前也是一筹莫展。左拉、福楼拜、阿纳托尔·法郎士和莫泊桑都需要倾尽全力站起身来，他们都已无法支持他们的国家了。经历使他们产生了怀疑；他们自己都信心不足，又怎能赋予法国人民新的信仰呢？但那些不曾亲身经历过这场灾难、不曾亲眼见过实际战争的年轻作家们，那些在战场上留下的精神尸身中长大的、眼看着法兰西民族灵魂遭受蹂躏与折磨的人们，却不能屈服于这种疲惫的影响。年轻人不能没有信仰，面对物质世界中的道德停滞，他们感到无法呼吸。对他们而言，生命和创造意味着点燃的信仰，这种神秘燃烧着的信仰代代相传，它的火焰难以扑灭，甚至在逝去的一代人的坟墓中，也会闪闪发光。对于新一代人来说，失败不过是他们的经历中最主要的因素之一，是他们的艺术里必须考虑的最紧迫的问题。他们感到，除非能够证明，凭借他们的力量，能让这个在战争中惨遭撕裂、鲜血淋漓的国家恢复，否则他们就一无是处。他们的使命，是为那些持怀疑态度、逆来顺受的人们提供新的信仰。这项任务需要付出巨大的努力，而这也是他们渴望实现的目标。我们发现，在战败国最优秀的人才中，总会产生一种新的理想主义，这绝非偶然。这些民族的诗人们只有一个目标，那就是，为他们的国家带来慰藉，以缓解战败带来的挫折感。

如何安慰被征服的民族？如何抚平失败的伤痛？作家必须能够转移读者当下的思绪；必须推崇一种关于失败的辩证法，用希望代替绝望。这些年轻的作家努力以两种不同方式提供帮助。有的指着未来说："记住仇恨，上一次我们被打败了，下一次我们必将夺得胜利。"这是民族主义者的论点。事实上，颇具意味的是，这一主张的持有者是罗兰曾经的伙伴，如莫里斯·巴雷斯①、保罗·克洛岱尔和佩吉。三十年来，他们用诗歌和散文这两把锤子，塑造着法兰西民族受了伤的骄傲，力图使之成为能够直捣死敌心脏的致命武器。三十年来，他们只谈论昨天的失败和明天的胜利。他们一再撕开旧伤疤。每一次，当年轻人倾向于和解时，这些作家便以流淌在血液中的英雄气概重新点燃了年轻人的复仇之念。他们手把手传递着不灭的复仇火炬，热切地准备将其投入欧洲的火药桶中。

　　另一种理想主义是罗兰的那一种，它不吵不闹，因此长期受到忽视。它从截然不同的方向寻求慰藉，不受"眼前的未来"的局限，转而注视着永恒。它不承诺新的胜利，但却指明：人们在衡量失败时使用了错误的价值观。这一派作家是托尔斯泰的门徒，他们认为，武力并非精神的论据，外部的成功不能为灵魂提供内在的价值标准。在他们看来，在战争中，即便本国的将军在上百个省份打了胜仗，也不能意味着个人取得了胜利。反之，即使军队损失了一千门大炮，也不意味着个人遭受了失败。只有当一个人不受幻想的束缚，不参与国家所犯的任何错误时，他才能赢得胜利。彼时，这种观点的持有者即使尚处于孤立之中，也一直努力引导着法国，为的不是真的让法兰西忘却失败，而是让其从失败中萌发出伟大的道德，进而让人们认识到，从血流成河的战场上发出芽来的精神种子是何其珍贵！《约翰·克利斯朵夫》中奥利维尔说的话便有这样的特点，而他正是所有法国青年的

---

① 莫里斯·巴雷斯（Maurice Barrès，1862—1923），法国小说家、散文家。（译注）

代言人。他对他的德国朋友说："幸运的失败啊，祝福般的灾难啊！我们不能否认它，因为我们是它的孩子……是你，亲爱的克利斯朵夫，是你重塑了我们……尽管你不可能巴望失败的发生，但实际上，失败于我们而言，是益大于弊的。你重新点燃了我们理想主义的火炬，为我们的学说提供了新的动力，并且重振了我们的信仰……感谢你重新唤醒了我们民族的良知……想象一下，年轻的法国人，他们出生在失败阴影笼罩下的悲哀之家；在郁闷的想法中被抚养长大；被训练成嗜血的、命定的，甚至也许是无用的复仇工具。这是他们从小便铭记于心的教训：他们被教导到，在这个世界上没有公平；武力可以粉碎正义。对这两点的揭露，要么永远贬低了孩子的灵魂，要么使它得到永久的升华。"罗兰继续说道："战败重塑了一个国家的精英，使笃志者与强力者脱颖而出，使他们的志向更加坚定，力量更为强大；但其他人则因为失败而加速走上了通往毁灭的道路。人民群众因此……与精英人物分离，而只有具有自由意志的人，方能继续向前迈进。"

罗兰这位精英致力于促成法国与整个世界的和解，在不久的将来，他将达成自己的使命。归根结底，他那三十年的工作可以被视为一种阻止新战争爆发的不断尝试——防止由胜败造成的可怕分裂再次出现。他的目标不是教会人们一种新的民族自豪感，而是教诲人们培养一种新的、战胜自我的英雄主义，一种关于正义的新信仰。

因此，从同一个源头，即战败的阴影中，涌现出了两种不同的理想主义。在演讲与写作中，一场无形的斗争、一场塑造新一代人灵魂的战斗开始了。

史实的天平倾向于莫里斯·巴雷斯。1914年的史实证实了罗曼·罗兰思想的失败。失败不仅仅是罗兰年轻时的经历，即使在多年以后，成熟了的罗兰的那些遭遇，同样具有悲剧性的实质。但他拥有一项天赋，那就是从失败中创造出最强有力的作品，从隐退中获得新的热情，从幻灭中汲取热切的信仰。他一直是战败者的诗人、绝望者的安慰者、无所畏惧的引导者。他引导人们将世间的苦难转化为积极的价值观，使不幸得以成为力量的源泉。罗兰使得悲剧时代的一切产物以及遭受践踏的民族命运对所有时代、所有民族都产生了普遍价值。

2

鸿鹄之志

罗兰在他的创作生涯早期就意识到了自己的使命。在他早期的一部作品《理智的胜利》中，主人公吉伦特派[①]人胡戈特宣称："我们的首要职责是要成为伟人，并捍卫地球上的伟绩。"

每一位伟人的心中都隐藏着这种追求伟大的意愿。罗曼·罗兰与其他伟人的区别，也正是毛头小子与三十年笔耕不辍的战士之间的区别：罗兰从不孤立地创作任何作品，无论是纯粹的文学作品还是随意写写。他的努力总是指向最崇高的道德目标，他追求永恒的目标，力图铸造出永久的丰碑。他的目标是创作一幅壁画，描绘一幅宏大的画面，创作出如史诗般完整的作品。他并不以作家同行为榜样，而是以历代英雄为楷模。他将目光投向巴黎之外，从他认为微不足道的眼前生活的进展中移开。罗兰认为过去的伟人是富有诗意的，而托尔斯泰在他看来，则是唯一富有诗意的现代大师。托尔斯泰才是真正的导师和巨匠。尽管罗兰很谦虚，但他也能感到自己的创作冲动使他更加接

[①]吉伦特派（Girondins），法国大革命时期的一个政治派别，主要代表的是当时信奉自由主义的法国工商业人士。（译注）

近莎士比亚的历史剧、托尔斯泰的《战争与和平》；他更崇尚歌德①涉猎的广泛性、巴尔扎克丰富的想象力，以及瓦格纳那普罗米修斯②式的艺术；而他的同辈作家们则将精力集中于追求物质上的成功。

罗兰研究了榜样们的生活，从他们身上汲取勇气；他考察了他们的作品，以便以他们的标准提升自己的成就，超越平凡和相对性的高度。他对绝对性的狂热追求，几乎成了一种宗教信仰。他不敢将自己与伟人们相提并论，他想到的总是那种无与伦比的伟大，那些从永恒中坠落到当今世界的流星。他梦想着创作出如西斯廷教堂③的壁画那样伟大的交响曲，莎士比亚历史剧那样的戏剧，《战争与和平》④那样的史诗；而不是写出一部类似《包法利夫人》⑤，或是莫泊桑式的故事。属于他的真实世界是永恒的，他的创造性将使他谦虚而热切地追求自己所向往的星辰。在近代法国人中，除了维克多·雨果和巴尔扎克⑥，没有其他人对创造丰功伟绩拥有这样满腔光荣的热情。在德

①约翰·沃尔夫冈·冯·歌德（Johann Wolfgang von Goethe，1749—1832），德国著名思想家、作家、科学家，魏玛古典主义最著名的代表。主要作品有《少年维特之烦恼》《浮士德》。（译注）
②普罗米修斯（Prometheus），他名字的含义是"先见之明"，古希腊神话中泰坦一族的神明之一。在神话中，普罗米修斯曾与智慧女神雅典娜共同创造了人类，并将火种带到人间。（译注）
③西斯廷教堂（Sistine Chapel），位于意大利的罗马城内，属梵蒂冈所有，由教皇西斯都四世发起在古老的麦格纳教堂上重建，重建工程从1477年开始到1480年结束，教堂的名字就来源于教皇西斯都。该教堂以文艺复兴时期的雕塑家和画家米开朗琪罗及其他艺术家创作的天顶画和壁画著称。（译注）
④《战争与和平》（War and Peace），俄国作家列夫·托尔斯泰创作的长篇小说，也是其代表作，创作于1863—1869年。（译注）
⑤《包法利夫人》（Madame Bovary），法国作家福楼拜创作的长篇小说。（译注）
⑥奥诺雷·德·巴尔扎克（Honoré de Balzac，1799—1850），法国小说家，被称为"现代法国小说之父"，代表作《人间喜剧》被誉为"资本主义社会的百科全书"。（译注）

国人中，除了理查德·瓦格纳，没有第二个人。而在现代英国，也许也只有一个托马斯·哈代[1]。

无论是天赋还是勤奋，都不足以激发这种追求卓越的冲动。道德力量必须是撬动精神世界根基的杠杆。罗兰所拥有的道德力量是现代文学史上的一股前所未有的勇气。勇气使他第一次向世人亮明了他对战争的态度，英雄主义指引着他独自挺身而出，反对整个时代的伤感情绪。早在二十五年前，当罗兰还是一个不起眼的文坛新人时，明眼人就已经看出了这一点。容易相处、和和气气的人是不会在一朝一夕间突然成为英雄的。勇气的形成，就像灵魂所具有的其他力量的形成一样，必须要经受千锤百炼。罗兰一直被认为是他那一代人中最具有胆量的，他总是专注于非凡的构想。他不仅像雄心勃勃的青年学生那样，梦想着写出《伊利亚特》[2]五部曲那样的巨著；实际上，在当今这个狂热世界里，罗兰带着几个世纪以来的无畏精神，在孤独中脚踏实地地创作着。当他开始创作莎士比亚历史剧那样的系列戏剧时，他的戏剧没有一部曾上演过，没有一家出版商曾出版过他的戏剧作品。开始着手写他的巨作《约翰·克利斯朵夫》时，他还没有读者，也没有名声。他在他的宣言《人民的戏剧》中谴责了当代戏剧的陈腐和商业化，也因此把自己卷入了剧院的纷争之中。同样，他还卷入了与批评家的争论之中，当时他在作品《节场》中嘲笑了巴黎新闻界的贪婪

---

[1] 托马斯·哈代（Thomas Hardy，1840—1928），英国诗人、小说家，一生共发表了多部长篇小说，代表作有《德伯家的苔丝》《无名的裘德》《还乡》等。（译注）
[2]《伊利亚特》（*Iliad*），相传是盲诗人荷马所作的史诗。全诗共24卷，叙述了希腊人远征特洛伊城的故事。它通过对特洛伊战争的描写，歌颂英勇善战、维护集体利益、为集体建立功勋的英雄，是重要的古希腊文学作品，也是整个西方的经典之一。（译注）

和法国新闻界的业余，在莱茵河以西，其辛辣程度仅次于巴尔扎克的作品《幻灭》①。这个财务状况岌岌可危，没有强大的合作伙伴，没有得到报社编辑、出版商和剧院经理青睐的年轻人，仅凭他个人的意志和行为的力量，提出要重塑他这一代人的精神。他并不以邻近的目标为目标，而总是为遥远的未来工作着，就像中世纪的建筑师那样，带着伟大的宗教信仰工作着——这些人是为上帝的荣耀设计了大教堂，却鲜少考虑自己能否在有生之年亲眼见到教堂的落成。这种勇气从他天性中的宗教元素里汲取力量，而这也是他唯一的助力。他的人生格言据说是沉默者威廉②的一句话，他将它作为《埃尔特》的座右铭，写在书的前面："我不需要用赞同来带给自己希望，也不需要以成功来激励自己坚持。"

---

① 《幻灭》（*Les illusions perdues*），法国现实主义作家巴尔扎克创作的长篇小说。（译注）
② 沉默者威廉（William the Silent，1533—1584），奥兰治王朝的开国国王，1544—1584年在位。他被尊称为"荷兰国父"。（译注）

3

创作系列

追求伟大的意愿会不由自主地以特有的形式表达出来。罗兰很少尝试处理任何孤立的话题，他从不关心仅仅关于情感或是历史的片段。他富有创造性的想象力只被基本的现象所吸引，被伟大的"信仰潮流（courants de foi）"所吸引，凭借着神秘的能量，一个想法突然就能进入数百万人的脑海之中。一个国家、一个时代、一代人，像火把一样被点燃，照亮了四周的黑暗。他在人类的伟大灯塔上点燃了自己诗意的火焰，无论是天才还是受灵感启发的时代，无论是贝多芬还是文艺复兴，无论是托尔斯泰还是俄国革命，无论是米开朗琪罗①还是十字军东征②。然而，想要从艺术上控制这种分布广泛、根深蒂固、笼罩着整个时代的现象，仅凭一位青年原始的野心和断断续续的热情是远远不够的。如果想要以这种天性之下的精神状态塑造出任何能够持久的东西，就必须以大胆设想的形式来实现。带来启发的英雄

---

①米开朗琪罗·博那罗蒂（Michelangelo Buonarroti，1475—1564），意大利文艺复兴时期伟大的绘画家、雕塑家、建筑师和诗人，与拉斐尔、达·芬奇并称为"文艺复兴三杰"，代表作有《大卫》《创世纪》等。（译注）
②十字军东征（Crusades，1096—1291），一系列由罗马天主教教皇乌尔班二世发动的、持续近200年的宗教性军事行动。每个参加出征的人的衣服上都有"十"字标记，故称"十字军"。（译注）

时代的文化史，不能以潦草的笔画来勾勒；周密的基础是必不可少的。以上几点尤其适用于建造一座纪念性建筑。在这里，我们必须拥有宽阔的场地，以便展示建筑；必须拥有带阶梯的露台，以便一览全景。

这就是在所有作品中罗兰都需要那么多空间的原因。他渴望对每个时代和每个人都公正。他从不希望展示偶然的那一部分，而是希望展示整个事件的始末。他乐意描绘的不是法国大革命的片段，而是大革命这一整体；不是现代音乐家约翰·克利斯朵夫·克拉夫特的历史，而是当代欧洲的历史。他的目标不仅是呈现一个时代的中心力量，同样也要呈现多方面的反作用力；不仅有行动，还要有反应。对罗兰来说，范围的广度是一种道德上的需要，而非艺术上的需要。由于沉醉于自己的热情中，由于他会为作品中的每个想法找到自己的"代言人"，因此，他不得不写一出多声部的大合唱。为了展现革命的各个方面，它的兴起、麻烦、政治活动、衰落和失败，他策划了一个十部剧组成的戏剧循环。

文艺复兴需要这样广泛的处理方式。《约翰·克利斯朵夫》需要三千页的篇幅。对罗兰来说，作品的中间形式和多样性，在重要性上似乎不亚于作品的通用类型。他意识到只处理通用类型的危险。如果约翰·克利斯朵夫的主人公形象仅仅只与奥利维尔这一典型的法国人形象作对比，如果没有其他各种各样或善良、或邪恶的辅助人物围绕着这位象征性的支配者的话，那么，约翰·克利斯朵夫对我们又有什么价值呢？如果我们要获得真正客观的观点，就必须"传唤"许多"证人"；如果我们要做出公正的判断，就必须考虑到全部的事实。正是这种对小人物和大人物一样公正的道德要求，使得形式上的大体量对罗兰而言至关重要。

这就是为什么他的创造性艺术需要一种包罗万象的观点、一种循环的呈现方法。这些系列中的每部作品，无论乍看之下多么局限，都不过是一个片段，只有当我们掌握它与中心思想——作为道德重心的"正义"的关系，把作品当成一个个点，在这些点上，所有的想法、言语和行为都与普遍人性的中心等距，这样，作品的全部意义才得以显现。对于罗兰这位永远的音乐家来说，这种感官正义的象征正是最受欢迎的，也是几乎独一无二的形式。

罗曼·罗兰过去三十年的作品中包含了五个这样的创作系列。它们的范围太广，未能全部完成。第一个是戏剧系列，像戈比诺①所希望的那样，按照莎士比亚的精神，将文艺复兴作为一个整体来呈现，但这个系列只是一些片段。罗兰甚至认为，其中的个别戏剧是不够格的，因而将它们弃之不顾。信仰悲剧构成了第二个系列；革命戏剧则是第三个。第二、三个系列都未能完成，但其片段仍具有不朽的价值。第四个系列是名人传记系列，计划要形成一圈楣板，用来环绕在无形的神殿的周围。它同样是不完整的。只有第五个系列，十卷篇幅的《约翰·克利斯朵夫》成功实现了一代人的完整循环，预示着在未来的和谐中，宏伟与正义的相互结合。

除了以上五个创作系列之外，隐约还出现了一个更晚的系列。关于它，我们只能识别出它的开端和结尾、起源和再现。这一系列，用

---

① 约瑟夫·阿尔蒂尔·德·戈比诺（Joseph Arthur de Gobineau，1816—1882），法国外交家、作家、人类学家，著名的种族主义者。（译注）

歌德的话来说，它将表达一种和谐的联结，以一种崇高而普遍的生命循环的形式显示它的存在。在这个循环中，生命与诗歌、文字与写作、性格与行动，它们本身便是艺术作品。但这个循环仍然在塑造的过程中闪耀出光芒。我们能感觉到它那巨大的热量照耀着整个世间。

4

冷门剧作

1890—1895

　　这位二十二岁的年轻人刚刚从巴黎神学院的围墙中解放出来，他被自己的音乐天赋和莎士比亚迷人的戏剧点燃了热情，在意大利，他第一次体验到世界是一个自由的领域。他从文件和大纲中学习了历史。现在，历史正透过雕像和画像，用活生生的眼睛注视着他；在他热情洋溢的注视下，意大利这座城市几个世纪以来的风貌仿佛在舞台上移动。倘若以演讲的形式来表达，这些崇高的回忆和历史就会变成诗歌，而过去则会变成一场人类的悲剧。在南方的最初时日里，他沉浸在一种崇高的陶醉之情中。他不是作为历史学家，而是作为一位诗人，初次游览了罗马①和佛罗伦萨②。

　　"这里，"他带着年轻人的热情对自己说，"这里有我渴望的伟业。至少文艺复兴曾发生在这儿。曾经，在战争的风暴中，这些大教堂屹立不倒，高耸入云；米开朗琪罗和拉斐尔在为装饰梵蒂冈宫的墙壁作

---

①罗马（Rome），意大利的首都和最大城市，全国政治、经济、文化和交通中心，世界著名的历史文化名城，古罗马帝国的发祥地，因建城历史悠久而被称为"永恒之城"。（译注）

②佛罗伦萨（Firenze），意大利中部城市，15—16世纪时欧洲最著名的艺术中心、欧洲文艺复兴运动的发祥地、举世闻名的文化旅游胜地，以美术工艺品和纺织品驰名全欧洲。（译注）

画；而教皇的精神力量则不亚于任何一位艺术大师——在那个时代，人们埋葬了几个世纪以来的古董雕像。由此，古希腊的英勇精神得以在新的欧洲复兴了。"罗兰的想象力使他想起了先前的伟人形象；突然，莎士比亚这位罗兰年幼时的朋友再度出现在他的脑海中。同时，正如我已经叙述过的，在目睹了埃内斯托·罗西的许多表演之后，罗兰开始意识到自己的戏剧天赋。过去，在克拉姆西的阁楼里，他主要被温柔的女性形象所吸引。现在不同了。作为一个青年，他感到，最强的吸引力来自更强大者的英勇无畏，来自对人性特点丝丝入扣的深刻理解，以及灵魂深处风暴般的骚动。在法国，莎士比亚的戏剧几乎从未被搬上过舞台，他的散文也少有翻译。然而，罗兰对莎士比亚的熟悉程度和一百年前歌德在构思《莎士比亚颂》时几乎相同。这种新的灵感体现在了强烈的创作冲动中。罗兰带着初学者的热情，带着一种新获得的掌控感，写了一系列关于伟大历史人物的戏剧，而这正是狂飙突进运动①时期的德国人感受到的那种感觉。

　　这些剧本一直没有出版，起初是因为环境不利，后来则是因为作者的批判能力日臻成熟，使他选择不再对外公开这些作品。第一部题为《奥西诺》，写于1890年的罗马。接下来，在气候适宜的西西里岛，罗兰创作了《恩培多克勒②》。罗兰最早从玛尔维达·冯·梅森堡处听到了关于荷尔德林那雄心勃勃的手稿的事，但并未受到影响。

---

①狂飙突进运动（the Sturm und Drang era），18世纪70、80年代发生于德国的一场声势浩大的文学运动，德国文学史上第一次全德规模的文学运动，是德国启蒙运动的继续和发展。运动的名称源自德国作家克林格尔的剧本《狂飙突进》。（译注）
②恩培多克勒（Empedocles，约公元前495—公元前435），古希腊哲学家、诗人。（译注）

1891年，他还写了《格里·巴格利奥尼》。回到巴黎，他并没有中断写作。1892年他写了两部戏剧，《卡利古拉》和《尼奥贝》。1893年，他到钟爱的意大利去蜜月旅行，回来时，带回了一部关于文艺复兴时期的新戏剧《曼图亚的城址》。这是罗兰承认的唯一一部早期戏剧，但不幸的是，这部戏剧的手稿已经丢失了。最后，他将注意力转向了法国历史，写下了《圣路易斯》（1893年），这是他信仰悲剧的第一部作品。接下来是《让娜·德·皮埃内斯》（1894年），至今尚未出版……《埃尔特》（1895年），信仰悲剧的第二部，是罗兰被搬上舞台的第一部戏剧。紧随其后（1896—1902）的是革命戏剧里的四出戏剧。1900年，他写了《蒙特斯潘侯爵夫人》和《三个情人》。

这样，在更重要的作品问世之前，罗兰至少写了不下十二部戏剧，数量相当于席勒①、克莱斯特②或黑贝尔③的全部戏剧作品。其中前八部作品从未付梓或上演。除了他的知己玛尔维达·冯·梅森堡在《为理想主义奋斗终身》（一篇鉴赏家对艺术价值的致敬）中的赞赏之外，别人对它们只字未提。

只有一个例外。其中一部戏剧曾被当时最伟大的一位法国演员在经典场合上诵读过，但结果却不遂人愿。加布里埃尔·莫诺是罗兰的导师，后来成了罗兰的朋友，考虑到玛尔维达·冯·梅森堡的热情推荐，他把罗兰的三部作品送给了穆内·絮利。穆内·絮利很高兴，他

---

①约翰·克利斯托夫·弗里德里希·冯·席勒（Johann Christoph Friedrich von Schiller，1759—1805），德国著名诗人、哲学家、历史学家和剧作家，青年时期为狂飙突进运动的代表人物之一。（译注）
②海因里希·冯·克莱斯特（Heinrich von Kleist，1777—1811），德国剧作家、诗人、小说家和记者。（译注）
③弗里德里希·黑贝尔（Friedrich Hebbel，1813—1863），德国剧作家。（译注）

将它们提交给了法国国家喜剧院，在朗读委员会上，他竭力为这位默默无闻的作者说话。作为喜剧演员，絮利比一般文学家更能明显感受到罗兰的戏剧天才。《奥西诺》和《格里·巴格利奥尼》遭到了无情的拒绝，但《尼奥贝》这部作品在委员会上宣读了。这是罗兰人生中的一件大事。第一次，名誉似乎近在咫尺。穆内·絮利朗读了剧本，罗兰本人在场。阅读持续了两个小时，此后的两分钟，这位年轻作家等待着命运天平的眷顾，结果悬而未决。然而到了最后，名誉依然没有到来。剧本遭到拒绝，又一次被人遗忘了，甚至连准予印刷的小小体面都没能得到。这位无畏的作家在接下来的十年里创作了十二部戏剧作品，但是没有一部登上国家剧院的舞台。

我们只知道这些早期作品的名称，却无法评判它们的价值。但是，当我们研究后来的戏剧时，我们可以得出这样的结论：早期戏剧作品的火焰烧得太旺，将自己燃烧殆尽了。如果说最初出版在报刊上的戏剧以其成熟和专注吸引了我们，那么，这些品质是从它们的前辈那不为人知的命运中积淀出来的。它们的沉着冷静建立在那些胎死腹中的早前作品所蕴含的激情之上；它们井井有条的结构归功于那些兄长们英勇殉道的热忱。所有真正的创作都是从被抛弃的黑暗腐殖质中生长出来的。罗曼·罗兰更是如此，他的作品是在被遗弃的土壤里绽放出的花朵。

5

信仰悲剧《圣路易斯》《埃尔特》

1895—1898

二十年之后，罗兰青年时代所编写的那些被遗忘了的剧作在《信仰悲剧》（1913 年）一书中出版了；罗兰在序言中提到了这些戏剧所包含的时代悲思。"那时，"他写道，"我们离目标更远，处境也更孤立无援。"约翰·克利斯朵夫和奥利维尔的兄长们"热忱有余而坚定不足"，与生活在更为强大的法国、更为自由的欧洲的当今青年们相比，他们要捍卫自己的信仰、保持高尚的理想主义，要艰难得多。二十年前战败的阴影依然笼罩着这片土地。那些具有法兰西精神的英雄人物，也被迫与同种族的"恶魔"搏斗，与对民族命运持怀疑态度的人斗争，与被征服者的消沉情绪对抗。然后，一阵呐喊声出现了，它是在为伟大精神的消失而痛心疾首。但它并未在舞台上或人群中引发共鸣，而是白白消散在了毫无回应的苍穹之下——然而，它却表达了一种关于人生的不朽信念。

罗兰的戏剧循环想要表达的信念与这种热情极为相近，虽然这些戏剧涉及不同的时代，表达的思想也多种多样。他希望描绘"courants de foi"，即神秘的"信仰潮流"。当时，一股精神热情的火焰在整个民族中蔓延，一种思想在人们脑海中闪现，把成千上万人卷入了幻想的风暴；此时，灵魂的平静忽然被英勇的热情激起了涟漪，此时，尽管口号、信仰、理想都是无形的，是无法实现的，却注入这惰性的世界中，并提升到星辰之列。归根结底，什么思想可以点燃人们的灵魂并不重要，无论是圣路易斯的圣墓还是基督王国的思想，无论是像埃尔特那样为了祖国，还是像吉伦特派那样为了自由。表面的目标无关紧要，运动的本质是燃起创造奇迹的信念；正是这种信念才能召集人们参加十字军东征，才能唤起成千上万民众为国捐躯，才能使领袖们义无反顾地置身于断头台下。正如维尔哈伦所言，"所有生命都欣欣向荣（Toute la vie est dans l'essor）"，生命的真实源于它的动力；只有在信仰的热忱中创造的东西才是美丽的。我们不能断定这些早前的英雄由于生不逢时，就一定会因为未能实现自己的目标而灰心丧气，就一定会出卖自己的灵魂，向一个宵小的时代卑躬屈膝。这就是圣路易斯没有看到耶路撒冷就死去了的原因；这就是逃离奴役的埃尔特最终发现死亡才是永恒的自由的原因；这就是吉伦特派遭到暴徒践踏的原因。这些人拥有真正的信仰，他们并不奢望这种信仰能在这个世界实现。在相隔甚远的几个世纪里，在不同时代的风暴中，他们为同一种理想担当旗手，无论是身背十字架还是手握着剑，无论是戴着自由帽还是遮阳头盔。他们对看不见的信仰有着同样的热情。他们有着同样的敌人，称之为"懦弱"也好，称之为"精神贫乏"也好，称之为"疲乏时代的怠惰"也罢。当命运拒绝赐予他们伟大的外部世界时，他们在自己的灵魂中创造了伟大。在平淡无奇的环境中，他们展现出了一种超越时代的、无畏的英雄主义。受到信仰的激励而取得的精神胜利，随着时间的推移，可以被证明是一种胜利。

这些早期戏剧的意义和崇高目标，意在唤起同时代人的记忆中那些已被遗忘的兄长们的信仰，以精神而非蛮力的力量，促使理想主义那永远不朽的种子从青年的心里萌芽。我们已经看出了罗兰后期作品中的全部道德主旨，即不懈努力，通过灵感的力量改变世界。"凡能振奋生命的东西都是美好的（Tout est bien qui exalte la vie）"，这正是罗兰对自己所秉持信念的一种自白，正如他笔下的奥利维尔所表达的那样。

只有热忱才能创造出意义重大的现实。没有意志不能战胜的失败，没有自由精神无法超越的悲伤。谁立下了高不可攀的宏愿，谁就比命运更强大；即使他的肉身在世间毁灭了，他也依然是命运的主宰。他的英雄主义悲剧点燃了后来者新的热情，他们接住了从他手中滑落的旗帜，重新将它举起，并且代代相传下去。

6

《圣路易斯》
1894

  这部路易九世的史诗是一部弘扬宗教的戏剧，它源自音乐精神，改编自瓦格纳的思想——在艺术作品中展现先贤的传奇。最初，罗兰想把它设计为一出歌剧。

  实际上，罗兰已为这部作品创作了序曲；但它与其他音乐作品一样，至今仍未出版。随后，罗兰找到了用抒情诗代替音乐的处理方式，对此他感到满意。在这些温柔的画面中，我们找不到莎士比亚式的激情。这是一个关于圣人的英雄传奇。这些场景让我们想起了福楼拜在《圣朱利安传奇》①中的一句话，因为它们"就像写在我们教堂的彩色玻璃窗上"。色调细腻，如同万神殿上的壁画一般。皮维斯·德·夏凡纳②在万神殿描绘了另一位法国圣人——圣日内维耶③守护巴黎的场景。壁画中圣人的身上洒满了柔和的月光，正如罗兰戏剧中

---

① 《圣朱利安传奇》（*Saint Julien l'Hospitalier*），法国作家福楼拜写的小说。（译注）

② 皮维斯·德·夏凡纳（Puvis de Chavannes，1824—1898），法国19世纪后期一位重要的壁画家。他很大程度上独立于当时的艺术主流之外，受到一群不同风格的艺术家和批判家的支持。（译注）

③ 圣日内维耶（Sainte Geneviève，约422—约502），巴黎的主保圣人。相传圣日内维耶还是个小女孩时就已经决定终身过贞节的生活，把时间都用到祈祷和沉思上。传说她阻止了匈奴国王阿提拉对巴黎的入侵，还对法兰西国王克洛维一世皈依基督教做出了贡献。（译注）

虔诚的法兰西国王头上美德的光环一样闪耀。

《帕西法尔》的音乐隐约贯穿了整部作品。我们在这位君主身上勾勒出了帕西法尔本人的特征。他的知识并非来自同情，而是来自善良。他找到了最恰当的语言来解释他自己对名誉的理解，他说："为了理解他人，我们需要去爱（Pour comprendre les autres, il ne faut qu'aimer）。"他彬彬有礼，其程度足以使得强者在他面前变得弱小；除了信仰，他一无所有，但这种信仰却引领了诸多行动。他既不能、也不会带领他的人民取得胜利，但他让他的人民超越了自己、超越了他们自己的惰性，为了坚守信仰，进行了显然徒劳的十字军东征冒险。因此，他赋予了整个国家因自我牺牲而产生的伟大。在《圣路易斯》这部作品中，罗兰第一次展示了他最喜欢的角色类型，即战败的胜利者。国王从未达到他的目标，但"他越被事物压垮，就越能主宰它们（plus qu'il est écrasé par les choses plus il semble les dominer davantage）"。像摩西①一样，当连看一眼自己的应许之地都遭到禁止时，当他的命运被证明是"战败而亡（de mourir vaincu）"时，当他在山坡上咽下最后一口气，他的士兵在山顶上遥望着他们所期望的目标，发出了欢欣雀跃的呼喊。圣路易斯知道，为一个难以企及的目标奋斗的人，是无法取得胜利的，"但当这高不可及的目标是上帝时，为上帝而战是光荣的（il est beau lutter pour l'impossible quand l'impossible est Dieu）"。尽管在这样的斗争中被征服了，最高的胜利却得以被保留。他激励灵魂中的软弱，去做一件无法令自己感到狂喜的事；

---

① 摩西（Moses），古希伯来民族领袖，史学界认为他是犹太教创始者。代表作为《创世记》《出埃及记》。（译注）

他从自己的信仰中创造了他人的信仰；从他自己的精神中生出了永恒的精神。

罗兰的第一部出版作品散发出基督教的气息。谦逊攻克了武力，信仰征服了世界，爱战胜了恨；从原始的基督徒到托尔斯泰，无数的名言和著作中都包含了这些永恒的真理。罗兰以圣徒传说的形式重复了。然而，在他后来的作品中，他以更自由的方式，表明信仰的力量无关于任何特定的教条。象征性的世界被当作浪漫主义的载体，用以包裹罗兰自己的理想主义。在这里，它被现代化的环境取代了。因此，从圣路易斯和十字军东征中，我们得到的教诲是，这不过是迈向我们自己灵魂的一步路而已，倘若灵魂渴望"变得伟大，且能捍卫地球上的伟绩"的话。

7

《埃尔特》
1898

　　《埃尔特》比《圣路易斯》晚一年写成；它的主旨比后者这部虔诚的史诗更明确，旨在为这个灰心丧气的国家恢复信仰和理想主义。《圣路易斯》是一部英雄传奇，是对昔日伟绩的温柔追忆；《埃尔特》则是一出被征服者的悲剧，热诚地呼唤着人们的觉醒。舞台指导清楚地表达了这一目标："场景发生在17世纪想象中的荷兰。我们看到一个民族因战败而破碎，更糟糕的是因此而堕落。未来呈现出一种缓慢衰退的趋势，人们的预期最终将耗尽已经所剩无几的精力……近年来，道德上和政治上蒙受的屈辱仍然是一切麻烦的根源。"

　　这就是罗兰为年轻的王子、已逝伟业的继承人埃尔特设置的环境。这里的荷兰当然是法兰西第三共和国的象征。通过放荡生活的诱惑，通过各种阴谋诡计，通过灌输怀疑，各种手段都用尽了，却无法摧毁这位俘虏对伟大的信仰；无法破坏一种仍然支撑着这具虚弱的身体和受苦的灵魂的力量。他随从中的伪君子们竭尽所能，用奢侈、轻浮与谎言，企图使他摆脱他认为自己所肩负的崇高使命，即证明自己是光荣历史的继承人。而他不为所动。他的老师梅特雷·特鲁亚那（一位出生在法国阿纳托尔的先驱者）虽有一身品质：善良待人、怀疑主义、精力充沛与富有智慧，但都不算突出，梅特雷想把他热心的学生塑造成马可·奥勒留①那样只会思考和放弃，而非采取行动的人。这位年轻人自豪地回答："我尊重思想，但我认为还有比它更伟大的东西，那就是高尚的道德。"在一个冷淡的时代，埃尔特渴望着行动。

但是行动意味着力量，斗争意味着流血。他的温柔心灵渴望和平，他的道德意志渴望正义。这位年轻人的内在，兼具哈姆雷特和圣茹斯特的个性，集犹豫和狂热于一体。他与奥利维尔是灵魂上的双生儿，已经具有了估计一切事物价值的能力。充满青春激情的埃尔特，他的目标尚不明确；这种激情不过是在言语上、在愿望中被白白浪费掉的一团火焰罢了。他无法将自己的想法付诸行动，但付诸行动这件事占据了他的内心，将他这个弱小的人拖入了深渊，等待他的只有一死。从堕落中，他找到了最后的救赎，那是一条通往道德的伟大道路，他为整个民族做出了个人的业绩。轻蔑的胜利者包围了他，对他叫嚣着"太迟了"，而他则自豪地回答："为了自由，为时不晚！"随后即刻赴死。

这部浪漫主义戏剧是一种悲剧性的象征。它让我们想起了另一部充满青春气息的作品，这部作品的作者现在已然成名。我指的是弗里茨·冯·翁鲁②的《军官》，在这本书中，被迫不能有所作为和被压抑的英雄意志带来的折磨，引发了好战的冲动，以此作为解放精神的一种手段。就像翁鲁笔下的英雄那样，埃尔特在他的呐喊中宣告了他

①马可·奥勒留（Marcus Aurelius，121—180），罗马帝国政治家、军事家、哲学家，罗马帝国五贤帝时代的最后一位皇帝。代表作为《沉思录》。（译注）
②弗里茨·冯·翁鲁（Fritz von Unruh，1885—1970），德国剧作家、小说家、诗人。（译注）

同伴的麻木不仁，表达了他在一个缺乏信仰的时代那闷热停滞的气氛中受到的压迫。在灰色的唯物主义的笼罩下，在左拉和米尔博①声名显赫的岁月里，孤独的罗兰在一片屈辱的土地上高举着理想的大旗。

---

① 奥克塔夫·米尔博（Octave Mirbeau，1848—1917），法国记者、艺术评论家、小说家、剧作家。作品《秘密花园》在19世纪的西方文学界产生了巨大影响。（译注）

8

尝试革新法国戏剧

带着全心投入的信念，这位年轻的诗人以英雄戏剧的形式表达了他的观点，他牢记席勒的说法，即在幸运的时代里，人可以致力于为美服务，而在脆弱的时代里，则有必要依靠历史中的英雄主义范例。罗兰向他的国家发出了伟大的召唤，却没有得到回应。罗兰坚信有一种不可或缺的新动力，它将保持坚定不移的状态。罗兰在寻找这种缺乏回应的原因。他正确地认识到，这一原因并非在于他自己的作品，而是在于时代的痼疾。托尔斯泰的书和那封写给罗兰的精彩回信，使罗兰这位年轻人第一次意识到资产阶级艺术内涵之贫乏。尤其是戏剧作为最感性的表现形式，其艺术性已经与生活中道德与情感的力量脱节了。一群忙碌的剧作家垄断了巴黎的舞台，他们的剧作永恒的主题是通奸，他们以多种形式来表现这种主题。他们描绘琐碎的情色冲突，但从未涉及普遍的人类伦理问题。观众受到了媒体的不良引导，媒体故意助长了大众理智的冷漠，不是去呼吁道德的觉醒，而只是一味地取悦和讨好。

剧院可以是世界上的任何东西，但却不是席勒和达朗贝尔①所要求与倡导的"宣扬道德的机构"。没有一丝激情能从这样的戏剧艺术流入人民的心中。除了被微风吹散在水面上的浪花外，什么也没有了。一边是弄巧呈乖、追求感官的娱乐性，一边是法兰西民族真正具有的创造力与接受力，这二者间存在着一道巨大的鸿沟。

在托尔斯泰的带领下，在热心朋友的陪伴下，罗兰意识到这种情况所面临的道德风险。他认为，当戏剧艺术远离人民的生活时，它是毫无价值且具有破坏性的。在《埃尔特》中，他无意识地宣告了自己现在所制定的一条明确原则，即人民将最先了解什么是真正的英雄主义。在剧中，质朴的工匠克拉斯是被俘的王子的随从中唯一一位反对投降的成员，祖国蒙受的耻辱在他的心中燃烧。在戏剧之外的其他艺术形式中，从人们内心深处涌出的巨大力量已经得到认可。左拉和博物学家描绘了无产阶级的悲剧之美。米勒②和麦尼埃③用绘画和雕塑来表现无产者；集体意识的觉醒使得社会主义释放出了宗教般的力量。只剩剧院，它本该是以最直接的形式为普通民众呈现艺术创作的工具，却被资产阶级占领了。由此，通过它促使道德重塑的巨大可能性被生生切断了。戏剧总是不断地被用来描绘近亲婚配的情爱问题。在追求情爱琐事时，戏剧忽略了新的社会观念，而后者才是现代社会之基石。这样的戏剧面临着衰败的危险，因为它不再扎根于民族永恒

---

①让·勒朗·达朗贝尔（Jean le Rond d´Alembert，1717—1783），法国著名物理学家、数学家和哲学家。（译注）

②让·弗朗索瓦·米勒（Jean Francois Millet，1814—1875），法国画家，巴比松画派的奠基人之一。（译注）

③康斯坦丁·麦尼埃（Constantin Meunier，1831—1905），比利时画家、雕塑家。（译注）

的土壤之中。正如罗兰所见，只有与大众的生活密切联系，才能治疗法兰西戏剧艺术气虚血弱的病症，才能使之摒弃柔弱，获得活力——"只有人民这一救星才能使它恢复生命与健康（Seul la sève populaire peut lui rendre la vie et la santé）"。 如果剧院要成为全民族的剧院，就不能仅仅满足社会最上层区区万人的虚荣。它必须成为普罗大众的道德养料，它必须从大众的灵魂中汲取活力。

在接下来的几年里，罗兰的工作就是致力于为人民提供这样一个剧院。几个没有影响力、没有权威的青年，仅凭年轻人的一腔热情和真诚，不顾大都市的全然冷漠，不顾媒体的隐晦敌意，试图实现这一高尚的想法。他们在《戏剧评论》中发表了自己的宣言。他们寻找演员、舞台和助手。他们写剧本，成立委员会，向国务大臣发送电报。他们努力架起资产阶级剧院与人民大众之间的桥梁；他们作为先锋人物，怀着难以实现的希望，以狂热的激情投入了工作。罗兰是他们的领军人物。他的宣言《人民的戏剧》和《戏剧革命》是他所做的尝试的永恒纪念碑。尽管这种尝试暂时以失败告终，但这次失败与他所有的失败一样，已经在人性和艺术的角度上转化为道德的胜利。

9

向人民呼吁

"旧的时代结束了，新的时代开始了。"1900年，罗兰在《戏剧评论》中引用了席勒的这句话，开始了他的呼吁。这一呼吁带有双重性，既是对作家发出的，又是对人民发出的。罗兰呼吁他们应该构建一个新的统一体，应该建立属于人民的剧院。舞台和戏剧是属于人民大众的。由于人民的力量是永恒的、不可动摇的，因此，艺术必须适应人民，而不是反过来让人民适应艺术。这种联合必须在具有深度的创作中加以完善。它绝不能是一种偶然的亲密，而应是一种润物细无声的渗透、一种灵魂之间基因上的融合。人民需要属于自己的艺术、属于自己的戏剧。正如托尔斯泰所说，人民必须是所有价值观的最终试金石。灵感具有强大的、神秘的、永恒的宗教能量，必须变得更坚定、更强壮，只有这样，病态且无力的资产阶级艺术才能从人民大众的元气中汲取新的活力。

因此，人民不应该仅仅由于得到友好的剧院经理和演员的暂时性帮助而成为偶然的观众，这一点至关重要。自从拿破仑①颁布法令

---

① 拿破仑·波拿巴（Napoléon Bonaparte，1769—1821），即拿破仑一世，19世纪法国伟大的军事家、政治家，法兰西第一帝国的缔造者。（译注）

后，在巴黎的大剧院里表演戏剧已然成为惯例。但这还不够，在罗兰看来，法兰西剧院不时试图向工人表演高乃依和拉辛[①]等宫廷诗人的戏剧，这是毫无价值的。人们想要的并非鱼子酱，而是健康的、更日常的食物。为了滋养属于他们的坚不可摧的理想主义，他们需要自己的艺术、自己的剧院；最重要的是，需要适合他们自己情感、知识和品位的作品。当人们踏入剧院，绝不能让他们觉得自己身处在一个充满陌生想法的世界里，而这个世界是在勉强容忍他们的存在。在呈现给他们的艺术中，他们必须能够识别出自身能量的主要来源。

在罗兰看来，莫里斯·波特谢[②]等独立个体在比桑（孚日省）所做的尝试是更合适的。他们提供了一个"人民剧院"，向有限的观众展示通俗易懂的作品，但这种努力影响的范围太小了。在大都市里，舞台与真实人口之间的巨大鸿沟仍然没有弥合。他们怀着世界上最好的意愿，安排二三十人作为观众，这点人数对于总人口数而言不过是九牛一毛。这并不意味着精神上的联合，也不意味着促进一种新的道德动力。戏剧艺术对大众没有永恒的影响；反过来说，大众对戏剧艺术也毫无影响。然而，在另一个文学领域，左拉、查尔斯·路易斯·菲利普和莫泊桑在许久以前就从无产阶级理想中汲取了丰富的灵感；反观戏剧，却始终处于一种贫瘠的、反流行的状态之中。

因此，人民必须拥有自己的剧院。如果实现了这一点，我们应当为广大观众提供什么剧目呢？罗兰对世界文学做了一个简要的调查。结果令人震惊。对于法国经典戏剧，工人们最关心什么？高乃依和拉

---

①让·拉辛（Jean Racine，1639—1699），法国剧作家，法国古典主义代表作家之一，与高乃依、莫里哀合称17世纪最伟大的三位法国剧作家。（译注）
②莫里斯·波特谢（Maurice Pottecher，1867—1960），法国剧作家和诗人。（译注）

辛的剧作端庄稳重、礼貌得体，但对工人们来说是格格不入的；莫里哀喜剧的微妙之处，大众几乎无法理解。古代的经典悲剧和希腊剧作家的作品只会让工人感到厌烦。雨果的浪漫主义也令工人反感，尽管他对现实有着健康的直觉。莎士比亚这位享誉世界的名人的作品立意更接近民间思想，但他的戏剧必须经过改编，以使其适于呈现在大众面前，因此免不了要被胡改一通。席勒的《强盗》和《威廉·退尔》可能会激发人们的热情；但就像克莱斯特的《洪堡王子》一样，由于民族主义的原因，对巴黎人而言有些不合时宜。托尔斯泰的《黑暗的势力》和豪普特曼①的《织工》是可以被大众理解的，但他们选取的主题多少有些令人沮丧。即使作者有意激起负罪者的良心，但它们将会引起人们的绝望，而非希望。安岑格鲁贝②是一位真正的民间诗人，他的诗歌主题具有鲜明的维也纳③特色。瓦格纳的作品《纽伦堡的名歌手》被罗兰视为艺术的高潮，通俗易懂又令人振奋，然而没有音乐的辅助，却也无法呈现。

无论罗兰回顾了多远的过去，都找不到他问题的答案。但他并不轻易气馁。对他而言，失望只会刺激他再次做出新的努力。如果人民的剧场里暂时没有合适的戏剧，补上这块缺失正是新一代人的神圣职责。这篇宣言以欢快的呼吁结束："一切在于去说！一切在于去做！行动才是一切的开始！（Tout est à dire！Tout est à faire！A l'oeuvre！）"

---

① 盖哈特·豪普特曼（Gerhart Hauptmann，1862—1946），德国剧作家和小说家。（译注）

② 路德维希·安岑格鲁贝（Ludwig Anzengruber，1839—1889），奥地利戏剧家、小说家和诗人。（译注）

③ 维也纳（Vienna），位于多瑙河河畔，奥地利的首都和最大的城市，也是欧洲主要的文化中心之一，被誉为"世界音乐之都"。（译注）

10
创作计划

人们想看什么样的戏剧？他们想看"好"的戏剧，就像托尔斯泰在谈到"好书"时使用的"好"字一样。他们想要通俗易懂而又不流于平庸的剧本，能激发人的信心而又不使人误入歧途，不沉迷肉欲、耽于风光，激发起群众强大的理想主义本能。这些戏剧并不着眼于处理小冲突；但是，按照古代悲剧的精神，它们必须展示出，在人与自然力量的斗争中，人们是英雄命运的主体。"让我们远离复杂的心理，远离微妙的暗示，远离晦涩的象征意义，远离客厅和壁龛里的艺术吧！"人民的艺术必须是不朽的。人们虽然渴望真理，但绝不能将真理归结为自然主义。因为让大众意识到自己的苦难的艺术，永远不会点燃热情的神圣火焰，而只会点燃无理性的愤怒。如果到了第二天，工人们要以更高涨、更愉快的信心继续他们的日常工作，他们就需要一剂补药。因此，前一天晚上，他们必须补给精力，同时增进智慧。毫无疑问，戏剧应该向大众展示人民自身，不是展示生活在狭窄住宅区中的无产阶级的沉闷日常，而是展示过去曾经的辉煌。因此，罗兰在很大程度上追随着席勒的脚步，认为人民剧院必须演出关于历史的戏剧。人民大众不仅要在舞台上熟识自己的形象，还必须欣赏自己的过去。在这里，我们看到了罗兰不断回归的主题，即激发起人们对伟大的热切渴望。在苦难中，人们必须学会从自身重新获得欢乐。

这位富有想象力的历史学家以不可思议的生动笔触展示了历史那史诗般的意义。过去的力量是神圣的，因为精神的力量是每项伟大运动的一个组成部分。当理性的人们察觉到历史是以鲜活的灵魂为代价的，那么，用大篇幅描绘轶事、插曲和不值一提的片段则必将招致他们的反感。必须唤醒过去的力量；必须坚定行动的意志。今天的人们必须学习先辈的伟大。"历史可以教会人们跨越自我，读懂他人的灵魂。我们在过去里发现了自己，在相似的特点和不同的轮廓的联合中，发现我们可以避免的错误和恶习。但也正因为历史描绘了易变的事物，我们反而能更好地了解，什么才是亘古不变的。"

他接着问，迄今为止，法国剧作家们将历史中的什么内容呈现给了世人呢？西拉诺的滑稽形象、雷西塔特公爵优雅而多愁善感的个性、桑斯·盖内夫人毫无边际的幻想！"一切在于去做！一切在于去说！"戏剧艺术的土壤仍有待开垦。"对于法国来说，民族史诗仍然是个新鲜事物。我们的剧作家忽略了法国人民自己的戏剧，尽管自从古罗马时代以来，法国人民也许一直都是世界上最英勇的人民。欧洲的心脏在历代君主、思想家、革命者们的胸膛中跳动。这个民族的伟大体现在精神领域的方方面面，而这种伟大首先就体现在行动上。在行动中蕴含着最崇高的创造力；从行动中产生了法兰西的诗歌、戏剧和史诗。法国人以行动做到了他人梦寐以求之事。法国人虽未写出《伊利亚特》，但众多英雄儿女却活成了史诗的模样。法国英雄人物的人生远比诗人的作品更壮丽辉煌。没有莎士比亚歌颂他们的事迹，但绞刑架上的丹东正是莎士比亚精神的化身。法国的生活登上过最崇高的喜悦之巅，也曾陷入最深的悲伤之渊。这是一部精彩的'人间喜剧'，是一部系列剧，每个时代都是一首新诗。"这段过往必须被唤醒，焕发出新的活力；法国的历史剧必须将这种活力还原给法国人民。"在过去几个世纪中翱翔的精神，必将腾飞于未来的时空之中。如果我们要培养强大的灵魂，就必须用整个世界的能量来滋养他们。"罗兰现在要将法国的颂歌扩展为欧洲的颂歌。"我们的主题必须是全世界，一个国家在整个世界的面前太过于渺小了。"一百二十年前，席勒曾说过："我以世界公民的身份写作。我早已把全人类当成我的祖国。"罗兰被歌德的话点燃了，"某个民族的文学立意太小了，世界文学的时代即将到来"。罗兰发出了以下呼吁："让我们把歌德的预言变为活生生的现实吧！我们的任务是教导法国人将民族历史视为大众艺术的源泉。但我们绝不应该排斥其他国家的英雄传奇。毫无疑问，尽管我们的首要任务是尽可能地继承自己民族的宝贵文化财富，但也必须在我们的舞台上为属于所有种族的伟大事迹找到展示的空间。正如阿纳卡西斯·克洛茨①和托马斯·潘恩②被选为公会成员一样，正如席勒、

---

①阿纳卡西斯·克洛茨（Anacharsis Cloots，1755—1794），即克洛茨男爵，普鲁士贵族，法国大革命中举足轻重的人物。（译注）

②托马斯·潘恩（Thomas Paine，1737—1809），英裔美国思想家、作家、政治活动家、理论家、革命家。（译注）

克洛卜施托克[①]、华盛顿[②]、普里斯特利[③]、边沁[④]、裴斯泰洛齐和柯斯丘什科[⑤]是我们这个世界的英雄一样，我们也应该在巴黎创作出属于所有欧洲人民的史诗!"

就这样，罗兰的宣言远远超越了舞台的界限。他所说的这句话成了他对整个欧洲的第一次呼吁。那是一声孤独的呼吁，在一段时间内都无人理会，也见不到任何的效果。然而，信仰总算被袒露了。它是坚不可摧的，它是永不消逝的。约翰·克利斯朵夫向全世界宣告了他的心声。

[①]弗里德里希·戈特利布·克洛卜施托克（Friedrich Gottlieb Klopstock，1724—1803），德国诗人和剧作家，是狂飙突进运动的先驱者之一。他反对理性主义，强调个人情感，崇尚人文主义。主要作品有《救世主》和《春祭颂歌》。（译注）
[②]乔治·华盛顿（George Washington，1732—1799），美国政治家、军事家、革命家，美国首任总统和开国元勋之一。（译注）
[③]约瑟夫·普里斯特利（Joseph Priestley，1733—1804），发现氧气的英国化学家。（译注）
[④]杰里米·边沁（Jeremy Bentham，1748—1832），英国法学家、哲学家、伦理学家。在伦敦大学学院历史上有重要地位，被公认为伦敦大学学院的"精神之父"。（译注）
[⑤]塔德乌什·柯斯丘什科（Tadeusz Kosciuszko，1746—1817），波兰爱国将军。因崇尚法国自由哲学思想于1776年赴美，参加美国独立战争，曾任华盛顿将军的副官。（译注）

11

创造性的艺术家

任务设置好了。该由谁来完成呢？罗曼·罗兰亲身投入了工作，作为对这一问题的回答。他心中的英雄不会因为任何打击而退缩，他心中的青年不会因为任何困难而畏惧。一部属于法国人民的史诗将被书写出来。尽管大都市的沉默和冷漠包围了他，他依然毫不犹豫地为这部作品奠定了基础。一如既往，驱动他的是道德的动力而非艺术的冲动。他个人具有一种对整个民族的责任感。唯有如此富有成效、带有英雄气质的理想主义，而非纯粹理论上的理想主义，才能使之真正强大起来。

主题很容易找到。罗兰转向了法国历史上最伟大的时刻——大革命，他响应了革命先辈们的号召。1794年花月①27日，公共安全委员会向作家们发出呼吁："歌颂法国大革命的主要事件；创作共和国的戏剧；将法国复兴运动的伟大时刻代代相传下去；赋予历史以坚韧不拔的品质，使之配得上一个伟大民族的编年史、一部捍卫民族自由免受所有欧洲暴政攻击的历史。"获月11日，委员会要求青年作家"大

---

①花月：与后文的获月均为法兰西第一共和国时期的历法，该历法从1793年开始采用，1806年废止。各个月份名称依次为葡月、雾月、霜月(秋季)；雪月、雨月、风月(冬季)；芽月、花月、牧月(春季)；获月、热月、果月(夏季)。（编者注）

胆地认识到这项事业的艰巨和伟大，避免投机取巧和重蹈庸人的俗套老路"。这些政令的签署者，丹东、罗伯斯庇尔[1]、卡诺[2]和库东[3]现在已然成了法国家喻户晓的人物、传奇英雄、公共场所里的纪念像。不合适的主题总是对诗歌的灵感强加了限制。现在不同了，想象的空间得以展开。这段历史足够遥远，使得剧作家们可以自由发挥，展开悲剧性的沉思。委员会下发的文件对身为诗人和历史学家的罗曼·罗兰发出了召唤；与此同时，也为身为革命者后裔的罗兰带来了挑战。博尼亚德，罗兰的曾祖父，曾以"自由的使徒"身份参与了大革命，并在他的日记中描述了攻占巴士底狱的情景。半个多世纪以后，他的另一位亲戚在克拉姆西的一次反对政变的起义中被刺杀身亡。革命狂热者的血液在罗兰的血管中流淌着，正如虔诚的宗教信徒的血液也流淌在他的血管中一样。1792年后，过了一个世纪，在热切的纪念中，罗兰在戏剧里重塑了那个辉煌时代的伟大人物。然而，当时能上演这部"法国人民的《伊利亚特》"的舞台尚不存在，当时的人们还没有认识到罗兰是一股自成一体的文学力量，同样也缺乏演员和观众。在创作新作品的所有必要条件中，只有他自己的信仰和意志依然存在。仅仅凭借着信仰，罗兰开始写作《革命戏剧》。

---

①马克西米连·德·罗伯斯庇尔（Maximilien de Robespierre，1758—1794），法国大革命时期政治家，雅各宾专政时期的实际最高领导人。1794年，他在"热月政变"中被抓捕处死。（译注）
②拉扎尔·尼古拉·玛格丽特·卡诺（Lazare Nicolas Marguerite Carnot，1753—1823），法国数学家、物理学家、政治家、军官。（译注）
③乔治·库东（Georges Couthon，1755—1794），法国政治家、律师。法国大革命时期著名的国民立宪议会代表。（译注）

12
革命戏剧
1898—1902

在构思为人民剧院创作的这部"法国人民的《伊利亚特》"时，罗兰将其设计为十部曲，参照莎士比亚历史剧的方式，按时间顺序编排了十部戏剧。"我希望，"他在 1909 年《革命戏剧》的序言中写道，"整部作品展示出一种类似于自然剧变的戏剧效果，描绘出一场社会风暴，从第一波海浪上升至海面开始，到海面再次恢复平静为止。"没有矫揉造作，也没有奇闻轶事来缓和原始力量的强大律动。"我的主要目标是尽可能地净化事件的过程，尽可能地远离所有的浪漫主义情节，那种情节只会削弱和贬低运动的意义。最重要的是，我希望能够阐明整个人类为之奋斗百年的伟大政治利益和社会利益。"很明显，席勒的作品与这种人民剧院的理想主义风格十分接近。将罗兰与席勒二人的技巧做比较，我们可以说，罗兰所设想的《唐·卡洛斯》[①]里没有关于埃博利[②]的片段，他所设想的《瓦伦斯坦》[③]里也没有特克

---

① 《唐·卡洛斯》（*Don Carlos*），德国剧作家席勒的戏剧作品。（译注）。
② 埃博利（Eboli），《唐·卡洛斯》中法国国王菲利普二世的情妇，暗恋唐·卡洛斯而不得，是一个充满嫉妒的女性形象。
③ 阿尔伯莱希特·瓦伦斯坦（Albrecht Wallenstein, 1583—1634），捷克贵族、杰出的军事家。在"三十年战争"期间担任神圣罗马帝国军队统帅。（译注）

拉①的多愁善感。他希望向人们展示历史的崇高，而非以人民英雄的轶事来娱乐观众。

因此，作为一个戏剧循环，从音乐家的角度来看，它同时也是一部交响曲、一部"英雄史诗"。前奏用来介绍整体，这是"盛宴"风格的田园曲。我们在特里亚农宫，眼看着旧政权对政治局势的漠不关心；在我们面前，涂脂抹粉的女士和风流多情的绅士在眉来眼去、打情骂俏。风暴即将来临，却无人察觉。英勇的时代再次展露出微笑，属于伟大君主的夕阳似乎再次照耀在褪了色的凡尔赛花园之上。

《七月十四》里号声齐鸣，标志着风暴的开始。《丹东》是关键的高潮；胜利即将到来之际，道德的沦丧、自相残杀的斗争开始了。《罗伯斯庇尔》介绍的是衰落阶段。《理性的胜利》展现了大革命中各省的崩溃瓦解。《群狼》则描绘了军队的解体。在两部英雄戏剧之间，作者提议插入一部爱情剧，描述吉伦特派成员卢维的命运。为了去巴黎探望爱人，卢维离开了他在加斯科尼的藏身所，并且他是唯一逃脱死亡命运的人，他的朋友们在逃跑时或是被送上了断头台，或是被狼群撕成了碎片。马拉、圣茹斯特和亚当·吕克斯这些人物在现存剧目中仅仅是有所提及，作者打算将这些角色在之后的戏剧中加以详尽的处理，但之后的戏剧却并未完成。同样毫无疑问的一点是，拿破仑的形象也会高高耸立于垂死的革命之上。

这部如交响乐般的作品，以富有音乐性和抒情性的前奏曲开场，以后奏曲结束。大风暴过后，沉船中的漂流者在瑞士附近的索勒尔重

---

①特克拉（Thekla），德国作家席勒剧作《瓦伦斯坦》中，主角瓦伦斯坦的女儿。

聚。保皇派和弑君者，吉伦特派和山岳派①聚在一起，交流着回忆。剧中人物的子女之间的爱情插曲为欧洲大风暴的余波增添了一缕田园诗般的气息。这一系列伟大设计的片段已经完成，包括四部戏剧，《七月十四》《丹东》《群狼》和《理性的胜利》。写完这些剧本后，罗兰放弃了这个计划，因为文学界和戏剧界的人们没有给予他任何鼓励。十多年来，这些悲剧早已被人遗忘。如今，也许，在骚动的世界所呈现出的预言性形象之中，这个时代已经认识到了自己的轮廓，而这种时代觉醒的冲动也会唤起作者的创作冲动，将这部宏伟的巨作继续完成下去。

---

①山岳派（Montagnards），法国大革命时期的革命民主派，因坐在会议大厅的最高处而得名。（译注）

13

《七月十四》

1902

　　在已经完成的四部革命戏剧中，从时间维度上看，《七月十四》所描述的事件是最早发生的。在这里，我们将大革命视为众多自然元素之一。它不是由有意识的思想导致的，也不处于任何领导人的带领之下。如同平地起惊雷一样，人与人之间逐渐积累而成的紧张情势漫无目的地释放出来。霹雳击中了巴士底狱；闪电照亮了整个民族的灵魂。这部作品中没有主角，因为主角正是人民大众。"个人淹没于泱泱人海中，"罗兰在序言中写道，"描绘海上风暴的人不必着力刻画每朵浪花的细节，他必须表现出海洋那无拘无束的力量。一丝不苟地详述细节与展现整体风起云涌的事实相比，是微不足道的。"实际上，这部剧描写的是一场骚动，众人像电影银幕上的人物一样冲过舞台，攻占巴士底狱并非理性考量之下的结果，而是出于一种压倒性的、欣喜若狂的冲动。

　　因此，严格说来，《七月十四》并非一部戏剧，罗兰也并不是真想把它写成一部戏剧。有意无意间，罗兰的目标是创作出国民公会所鼓励的"人民的节日"，一个属于人民的载歌载舞的节日、一曲胜利者的合唱、一首凯旋的颂歌。因此，他的作品不适合在人造舞台上演出，而应当在自由的天空下表演。它以交响乐开场，以欢快的合唱结束，作者为作曲家指出了明确的方向。"音乐必须是壁画上的背景。它必须表现出节日的伟大意义；它必须填补停顿，因为停顿永远无法被一群多余的人充分填补，无论这些人发出怎样喧闹的噪音，也无法维持对现实生活的想象。这种音乐应该受到贝多芬的启发，贝多芬的音乐比所有其他音乐都更能反映大革命的激情。最重要的是，它必须散发出热诚的信仰。对作曲家而言，除非他本人受到了人民灵魂的启发，除非他本人感受到了这里描绘的炽热激情，否则他是无法对人产生任何巨大影响的。"

罗兰希望营造出一种欣喜若狂的氛围。不是依靠戏剧性的激动，恰恰相反，依靠的是真实性带来的震撼。人们将忘记自己身处剧院，众多观众在精神上与舞台上的角色融为一体。最后一幕，当演员直接对着观众说出台词，当巴士底狱的冲击者们向他们的观众发出呼吁——代表着人们打碎压迫的枷锁，赢得兄弟般的情谊的胜利欢呼时，这种想法不能只从观众那里得到回音，而必须从观众的内心自发涌出。"所有兄弟们"的呐喊声必须是演员和观众的二重唱，因为每位观众也是"所有兄弟们"中的一员，必须一同分享醉人的喜悦。在历史长河中，属于大众自己的火花必须在今日人们的心中被重新点燃。显然，仅凭语言不足以产生这种效果。因此，罗兰希望加上更具有魅力的音乐，音乐是代表着纯粹狂喜的不朽女神。

罗兰梦寐以求的观众并没有出现；二十年后，他才找到几乎可以满足他所有要求的音乐家杜瓦杨[1]。即便那时，他梦寐以求的观众依然没有出现。1902年3月21日，在盖米尔剧院举行的演出只是一场

---

[1] 让·杜瓦杨（Jean Doyen，1907—1982），法国钢琴家。（译注）

虚耗精力的徒劳。他从未如此强烈地将自己的心意传达给观众。令人遗憾的是，这首欢乐的颂歌被淹没在大城市的喧嚣中，没有得到一丝回音。这座城市已然忘记了过去的事迹，人们也无法理解，自己与正在回忆记忆中的英雄事迹的罗兰之间，所存在的亲缘关系。

14
《丹东》
1900

　　《丹东》表现的是大革命的决定性时刻，是革命形势攀升与衰落之间的分水岭。人民大众创造的强大力量，正被某些人，某些野心勃勃的领导者窃取为个人利益。每次精神领域的运动，尤其是每次革命或改革，当权力落入少数人手中时，当道德的统一因政治目标之间的冲突而破裂时，当浮躁的群众在突然获得自由后，盲目追随完全以自身利益为考量的煽动者时，便是胜利之后的悲剧时刻。在这种情况下，成功之后不可避免的结果是，高贵的人在幻想破灭时站在一旁，理想主义者保持冷眼旁观，而自私自利者却获得了胜利的果实。在那时，在德雷福斯事件中，罗兰就目睹了类似的情况。他意识到想法的真正力量只存在于尚未实现之时。想法的真正力量掌握在那些尚未获胜的人手中；掌握在那些认为理想就是一切、成功与否不值一提的人们手中。胜利会带来力量，而力量只对自己公正。

　　因此，这部戏不再属于革命戏剧，而是一部关于伟大革命家的戏剧。神秘力量结晶成了某种人类的性格。坚决变成了争议。在胜利带来的沉醉中，在血染战场的不安氛围里，执政者们为了他们所征服的帝国展开了新的斗争。有思想的斗争，有个性的斗争，有性情的斗争，有不同社会出身的人之间的斗争。现在他们不再因为迫在眉睫的危险而结为同志，于是，他们认识到了彼此之间的水火不容。革命危机在胜利的时刻到来了。敌军已被击败；保皇党和吉伦特派已经被粉碎，四散而去。现在，国民工会中出现了一场所有人之间的战斗。罗兰对人物的刻画令人钦佩。丹东是一个善良的巨人，乐观、热情、富有人情味，他的激情就像飓风，但他不喜欢为了斗争而斗争。他曾梦想革命会为人类带来欢乐，现在却看到它最终导致了新的暴政。流血令他感到恶心，他憎恶刽子手在断头台上的行当，就像耶稣基督厌恶声称代表他传教的宗教法庭一样。他对他的同伴充满了恐惧。"我和男人们在一起喝醉了。我要吐出来（Je suis soûle des hommes. Je les vomis）。"他渴望坦率自然、单纯朴素的生活。现在共和国的危机已经过去，他的热情已经冷却了；他爱女人，爱人民，爱幸福；他希望别人也爱他。他的革命热情是一种出于追求自由和正义的冲动的结果；因此，他受到了大众的爱戴，人们从他身上识别出了一种本能，这种本能带领着他们冲进了巴士底狱。他们同样蔑视这样做可能带来的后果，他们的身上具有相同的精髓。罗伯斯庇尔则与他们格格不入，他太冷漠了，他那律师的行事做派无法博得他们的同情。但他那教条主义的狂热，和那颗称不上卑鄙的野心，给了他一种可怕的力量。当丹东因为对生活的热爱而停止奋斗时，罗伯斯庇尔却依然继续勇往直前。尽管日复一日，丹东对政治越来越感到恶心，但罗伯斯庇尔却集中精力，凭借自己冷酷的气质越来越接近权力的中心。就像他的朋友圣茹斯特——他是美德的狂热追求者、嗜血的正义使徒、顽固的罗马教皇或加尔文主义①者——罗伯斯庇尔再也看不到人类了，对

---

①加尔文主义（Calvinism），16世纪欧洲宗教改革运动时，由加尔文倡导的基督教新教教义。（译注）

他来说，人类现在隐藏在新宗教的理论、法律和教条背后。对他而言，这种新的宗教并不像对丹东而言那样，是为了人类的快乐与自由。他渴望人们品行端正，正如奴隶应当服从规定的指示那样。丹东与罗伯斯庇尔在胜利之巅发生的碰撞，归根结底是自由与法律之间的碰撞，是生命的张力与僵化的观念之间的碰撞。丹东被推翻了。他在防卫时太过懒散，太过草率，太有人情味了。但即使他失败了，他也显然会在坠落悬崖之时拖上他的对手。

　　创作这部悲剧时，罗兰完全展现了自己剧作家的技巧。抒情消失了；在紧密发生的一个个事件中，情绪也消失了；冲突源自人类能量的解放，源自感情和个性的冲突。在《七月十四》中，群众扮演了主角，但在大革命的这个新阶段，他们再次成为纯粹的旁观者。在短暂的时间内，他们在激情里集中起来的意志已经支离破碎，以至于演讲中的任何一句话都会令他们动摇。大革命的热情消散在了阴谋之中。现在，支配局势的不是人民的英雄本能，而是知识分子专制而优柔寡断的精神。在《七月十四》中，罗兰向他的民族展示了国家的强大力量；在《丹东》中，他描绘了局面迅速陷入被动的危险，这种危险紧随在胜利之后。因此，从这种观点看来，《丹东》同样是一种对行动的召唤、一剂激发活力的灵丹妙药。饶勒斯是这样描述它的。饶勒斯本人与丹东具有相近的演讲能力，当《丹东》于1900年12月20日在国民剧院上演时，饶勒斯介绍了这部作品——而这又是一场在二十四小时之内就遭到遗忘的演出，正如罗兰早期所做的所有努力一样。

15

《理性的胜利》
1899

　　《理性的胜利》不过是这幅伟大壁画中的一个片段，但它是受到罗兰的构想所指向的中心思想而写成的。它第一次完整阐述了关于失败的辩证法——来自被征服者的热情拥护，将事实上的覆灭转变为精神上的胜利。这种思想最初是在罗兰的童年形成的，在他的所有经验中得到强化，构成了他道德情感的核心。吉伦特派已被击败，他们在堡垒中保护自己，抵抗无套裤汉党①。在英国人的帮助下，保皇党人希望拯救他们。他们的理想、精神的自由和祖国的自由，都被大革命摧毁了；他们的敌人是法国人。但是为他们提供帮助的保皇党人同样是他们的敌人，英国人则更是他们国家的仇敌。由此激起的良心冲突被有力地描绘出来。他们是背叛自己的理想，还是背叛祖国？他们是当精神的公民，还是法国的公民？他们是忠于自己，还是忠于国家？这就是他们所面临的关乎命运的决定。他们选择了死亡，因为他们知道，他们的理想是不朽的，一个民族的自由不过是内心自由的一种反映，内心的自由是任何敌人都无法摧毁的。

　　在这部戏剧中，罗兰第一次公开宣布了他对胜利的敌意。法贝

---

①无套裤汉党（Sansculottes），法国大革命时期对革命群众的称呼。（译注）

尔①自豪地宣称:"我们从一场胜利中拯救了我们的信仰,这场胜利本将令我们蒙羞,在这样的胜利中,征服者会成为第一个受害者。在我们未受玷污的失败中,信仰显得更加突出,比以往更为丰富、辉煌。"德国革命家吕克斯②用一句话宣扬了关于内在自由的福音:"如果一切都是自由选择的结果,那么所有胜利都是邪恶的,所有失败都是善良的。"胡果③说:"我已超越了胜利,而这便是我的胜利。"这些具有高尚思想的已逝者们知道,他们会孤独地死去;他们并不期望未来的成功;他们不相信群众,因为他们知道,从更高的意义上说,"自由"这个词是大众永远无法理解的,大众总是对最好的事物心存误解。"人民惧怕精英,因为精英高举着火把,谁知道火焰会不会把人烧焦呢!"最后,这些吉伦特派唯一的家园只剩下理想;他们的领域是理想上的自由;他们的世界属于未来。他们从暴君手中拯救了自己的国家;现在,他们不得不再次捍卫它,反对那些渴望统治和报复的暴徒,反对那些和暴君一样对自由漠不关心的人。这些顽固的民族主义者刻意地要求个人,认为个人应该为他的国家牺牲一切,牺牲他的信念、自由和理性本身。要我说,豪布尔丹这一平民形象正是这些偏执爱国者的典型代表。这个激进派革命者只认识两种人:"叛徒"和"爱国者"。以此为准则,他在偏执中将世界撕裂成了两半。确实,他残酷的偏袒带来了胜利。但是,能在一个武装世界中拯救一个民族的力量,同时也能摧毁属于人民的、最优雅的花朵。

这部戏剧是对自由人的歌颂,是对精神英雄的一曲颂歌。主角身

①法贝尔(Faber),罗曼·罗兰作品《理性的胜利》中的吉伦特派人物。(译注)
②亚当·吕克斯(Adam Lux),罗曼·罗兰作品《理性的胜利》中的人物。(译注)
③胡果(Hugot),罗曼·罗兰作品《理性的胜利》中的吉伦特派人物。(译注)

上的英雄主义是罗兰唯一承认的英雄主义。这一概念在《埃尔特》中只是概述，从这里开始，具有了更为明确的形式。亚当·吕克斯是美因茨①革命俱乐部的成员，他在激情之火的鼓舞下前往法国，追求为自由而活（并且因此在追求自由的途中被送上了断头台）。这是第一位理想主义的殉道者，是约翰·克利斯朵夫国土上的第一位信使。自由人超越了国土的限制，不仅是为了自己的祖国，更是为了世界这一不朽的故土。斗争已经开始。在这场斗争中，被征服者永远是胜利者，同时也是孤军奋战的最强斗士。

---

① 美因茨（Mainz），位于莱茵河左岸，是德国莱茵兰—普法尔茨州的首府和最大城市。（译注）

16
《群狼》
1898

在《理性的胜利》中，良心至上的人面临着一个攸关生死的决定。他们不得不在自己的国家与自由之间、在国家利益与超越国家的精神之间做出选择。《群狼》也是这一相同主题的变体。这里的选择发生在祖国与正义之间。

这个话题在《丹东》里已经讨论过了。罗伯斯庇尔和他的手下决定处决丹东。他们要求立即逮捕和审判他。圣茹斯特作为丹东的强烈反对者，不反对对丹东的起诉，但却坚持一切必须要在适当的法律形式下进行。罗伯斯庇尔意识到，拖延会给丹东带来获胜的机会，他希望能够抛开法律的约束。与法律相比，他的国家对他而言更有价值。"不惜一切代价去征服（Vaincre à tout prix）。"一个人说。"当国家处于危难之时，即使一个人被非法定罪，也无关紧要。"另一个人喊道。圣茹斯特在争论中让步了，在权宜之下牺牲了荣誉，为了他的祖国而牺牲了法律。

在《群狼》中，我们看到了同样的悲剧。这里描绘了一个宁愿牺牲自己也不愿牺牲法律的人——特里尔。他和《理性的胜利》中的法贝尔一样，认为即使只有一件不公之事，也会使整个世界变得有失公允；对他而言，正如对同剧中的另一位英雄胡果而言，他们不关心正义的胜负，他们关心的是，永不放弃为正义而斗争。学识渊博的特里尔知道，他的敌人德奥朗受到了不公正的指控，罪名是"谋逆"。尽管他意识到这个案子没有希望翻转，自己是白白为德奥朗痛苦，却还是承诺要为德奥朗辩护，使他免受怀着野蛮爱国情绪的革命士兵的攻击。对这些士兵来说，他们唯一要求的就是"胜利"。特里尔的座右铭是那句古老的箴言，"但求正义得胜，何惧世界灭亡（fiat justitia, pereat mundus）！"面对一切危险，他宁愿放弃生命，也不愿放弃精神的指引。"那些看见真理却试图否定真理的人终将毁灭自己。"但其他人却更加铁腕，只想着以武力取胜。"只要我的国家能得救，就算我的名誉遭到玷污也在所不惜。"这是奎斯内尔对特里尔的回答。在无形的正义之下，爱国主义这种群众信仰战胜了英雄主义信仰。

这种冲突的悲剧在历史上不断重演。在战时，每个人都被迫做出选择，是承担起自己作为自由的道德主体的责任，还是作为顺从的国家公民的责任。这正是创作这出戏剧时，罗兰所面临的客观事实的一种反映。在《群狼》中，罗兰以高超的技巧象征性地呈现了德雷福斯事件。在作品中，犹太人德雷福斯被描绘为一位贵族，他属于具有嫌疑且受到厌恶的社会阶层中的一员。德雷福斯的辩护人皮夸特，正是特里尔。贵族的敌人代表着法国总司令部的成员，他们宁愿维持有失公正的判决，也不愿使军队的荣誉受到玷污，或使军队的信心受到打击。狭小的舞台呈现出富有感染力的画面。在这场军队生活的悲剧中，浓缩了整段具有煽动性的法国历史，上至总统府、下至最简陋的工人阶级栖身之所。1898 年 5 月 18 日，这出戏剧在创作剧院上演，自始至终，它都是一场政治示威。左拉、舍雷尔·凯斯特纳、佩吉和皮夸特，那些为无辜者辩护的人们，所有出现在举世闻名的德雷福斯审判中的主要人物，在两个小时内，都观看了这出有关他们自身行为的象征性戏剧。罗兰抓住并提炼了德雷福斯事件的道德精髓，这实际上变成了对整个法兰西民族的净化过程。抛开历史，作者首次涉足了当代现实领域。但他这样做也只是遵照他一贯遵循的方法，从世俗中揭示出永恒的元素，抵御乌合之众的执迷不悟，捍卫舆论观点的自由。这一次，他也依然保持着他一贯拥护的英雄主义。这种英雄主义只承认一种权威，既非为了祖国，也非为了胜利；既非为了成功，也非为了权宜，而只为了至高无上的良心。

17

陷落虚空的呼唤

人们的耳朵聋了。罗兰的工作似乎毫无成果。没有一出戏能够连演几个晚上，大多数戏剧都在一场演出之后就销声匿迹，被评论家的敌意和大众的冷漠杀死了。罗兰和他的朋友们为成立人民剧院做的斗争也是徒劳。他们曾向政府发出呼吁，要求在巴黎建立一家大众的剧院，但政府对此却毫不在意。阿德里安·伯恩海姆先生被派往柏林进行调查。他做了汇报，后续也跟进了。建立剧院这件事被讨论了一段时间，最终还是被搁置在了一边。罗斯丹[①]和伯恩斯坦[②]继续主宰着林荫大道上的戏剧，而对理想主义的伟大召唤则仍未被人听到。

作者在可以到哪里寻求帮助，来完成他的宏伟计划呢？当他自己的国家对他的作品没有回应时，他可以转向哪个国家呢？此时，《革命戏剧》仍是一些碎片。《罗伯斯庇尔》这部与《丹东》在精神上相对应的作品虽已有了大致轮廓，却尚未完成。其他同属于伟大的戏剧系列的作品也尚未动笔。成捆的研究、剪报、活页、手稿、废纸都是

---

① 埃德蒙·罗斯丹（Edmond Rostand，1868—1918），法国剧作家。剧本以韵文为主，充满幻想和离奇的情节，带有浪漫主义色彩。代表作有《西哈诺·德·贝热拉克》。（译注）

② 亨利·伯恩斯坦（Henry Bernstein，1876—1953），法国剧作家、导演。（译注）

一座大厦的遗迹，那是一座为法国人民设计的万神殿、一座反映法兰西精神的辉煌成就的剧院。罗兰很可能与歌德感同身受。悲痛地回忆起他早先的戏剧梦，歌德曾有一次对埃克曼①说道："以前，我幻想着能够创建一座德国的剧院。我怀有这样的幻想，认为自己可以为打下这一建筑的地基做贡献……但我的努力没有得到任何回应，一切都还是老样子。如果我能够施加影响，如果我能够获得认可，我应该能够写出十几部像《伊菲格涅亚》和《塔索》那样的剧本。素材并不稀缺。但是，正如我告诉过你的那样，我们缺乏能传神地出演这些作品的演员，也缺乏具有赏析能力的观众。"

呼唤声消失在了虚空之中。"我的努力没有得到任何回应，一切都还是老样子。"但同样的，无论成功还是失败，罗兰仍一如既往地受到同种信念的鼓舞。他永远愿意重新开始工作，坚定地跨越努力过却失败了的土地，迈向新的、更遥远的目标。我们可以用里尔克②的名言来形容他，如果他注定要被征服，他渴望"被征服于不断向更加伟大的事业迈进的途中"。

---

① 约翰·彼得·埃克曼（Johann Peter Eckermann，1792—1854），德国诗人和文学理论家，歌德的私人秘书。他所著的《歌德谈话录(1823—1832年)》讲述了他与歌德的交往，也是对歌德晚年思想、创作等诸方面点滴的忠实记载。（译注）
② 赖内·马利亚·里尔克（Rainer Maria Rilke，1875—1926），奥地利象征主义诗人。（译注）

18

《终有一日》

1902

只有一次，罗兰曾尝试着想要对整个戏剧系列重新构思。

（顺便说一下，同一时期，他还写过一部小剧《拉·蒙特斯潘》，它不属于戏剧系列）。就像德雷福斯事件一样，罗兰力图从政治事件中提炼出道德精髓，以展示精神冲突是如何表现在当下时事中的。布尔战争①不过是一种手段；正如我们之前一直研究的戏剧那样，大革命只是一个舞台。事实上，这部新剧所描述的，正是罗兰所承认的唯一权威——良心，个人的良心与世界的良心。

《终有一日》属于第三个主题。相较于先前的主题，它是最令人印象深刻的一部变体，描绘了信念与责任、公民性与人性、国民与自由人之间的分歧。一场关于良心主题的战争剧在现实世界的战争中上演。在《理性的胜利》中，对立产生于自由与祖国之间；在《群狼》中，对立产生于正义与祖国之间。

在这里，我们有了一个关于主题更高层次的变体：发生在良心、永恒的真理和祖国之间的冲突。主要人物克利福德并非这部作品在精

---

①布尔战争（Boer War），史上共有两次布尔战争，第一次发生在1880年至1881年，第二次发生在1899年至1902年，均是英国人和南非的荷兰移民后裔布尔人之间为了争夺南非而展开的战争。（译注）

神上的英雄，他是侵略部队的领导人。他正在发动一场不正义的战争——有什么战争是正义的呢？但他是以战略角度来发动这场战争的。他的心不在战争上。他知道"战争有多腐败"；他知道不仇恨敌人就无法有效地发动一场战争；但他太有教养了，以至于无法仇恨。他知道，没有谎言就不可能继续进行战争；不违反人道原则，就不可能杀人；军事上的正义不可能被建立，因为战争的整个目的本就是不正义的。一部分的克利福德知道这一点，而知道这一点的，才是真正的他。但作为一名职业军人，他必须用自己的另一部分来否定这种认识。他身陷于矛盾的铁链之中。"是服从祖国，还是服从良心？"不犯错误就不可能取得胜利，但如果他缺乏征服的意志，谁又能来指挥军队呢？克利福德必须服从意志，即使他所鄙视的职责迫使他自己去使用这种力量。除非他去思考，否则他将丧失人性；但若保住了人性，就无法同时成为一名士兵了。他试图减轻任务的残酷性，却只是徒劳；他的命令引发了流血事件，他虽然想努力做点好事，却毫无结果。他知道"犯罪分轻重，但不同程度的犯罪仍然都是犯罪"。剧中其他值得注意的人物有为自己的国家谋利的愤世嫉俗者、军队运动员、盲目服从者、对所有痛苦都紧闭双眼视而不见像木偶一样思考着的多愁善感者。悲剧对于那些必须承受它们的人来说，究竟是什么？这些人物的背景就是现代文明的精神——虚伪。它用简洁的措辞为每一次暴行辩护，它的工厂建筑在坟墓之上。对于我们的文明，正如戏剧开篇所写的题词，将它提升了到普世人性的领域："这部剧不是为了谴责某个国家，而是为了谴责整个欧洲而写。"

这部戏剧真正的主角不是南非的征服者——克利福德将军，而是自由精神，这种精神体现在意大利志愿兵身上。他是一位世界公民，为了捍卫自由而投身战斗之中；还体现在一位苏格兰农民身上，他放下步枪说："我不会再杀人了。"这些人不受国籍的限制，除了良心，他们没有别的家园，他们有的只是人道主义。他们承认的唯一的命运，是自由人为自己创造的命运。罗兰与他们同在，与被征服者们站在一起，正如他总是与那些自愿接受失败的人站在一起一样。意大利志愿兵的呐喊声发自他的灵魂："到处都是我的祖国，到处的自由都在遭受威胁（Ma patrie est partout où la liberté est menacée）！"埃尔特、圣路易斯、胡果、吉伦特派成员、图利埃、《群狼》中的殉道者都是作者精神上的同胞，都是他信仰的追随者，相信个人的意志比世俗的环境更强大。随着岁月的流逝，这种信念日益壮大，其振动产生出越来越大的振幅。在早期的戏剧中，罗兰仍在与法国对话。后来，他为舞台创作的最后一部作品则面向更为广泛的观众，这是他以世界公民的身份发出的自白。

19
剧作家

我们已经看到，罗兰的戏剧形成了一个整体。从综合性上讲，它可以与莎士比亚、席勒或黑贝尔的作品相媲美。最近在德国舞台上的表演证明，至少在某些地方，它们具有很强的戏剧力量。如此规模和力量的作品在二十年内竟然几乎不为人知，这一史实的发生，除了具有偶然性，必定还有着更深层次的原因。文学作品的影响在很大程度上常取决于当时的时代氛围。有时，时代的气氛犹如一只装满火药的火药桶，而文学作品则犹如火花一般，落入积满情感的火药桶中。有时，时代氛围则可能以多种方式压制了文学作品的影响。因此，单独来看一部作品，是永远无法反映一个时代的。能反映时代的，只能是那些与它们所诞生的时代相和谐的作品。

我们推断，一方面，罗兰戏剧中最核心的内在本质一定在某种方式上与它们所创作的时代相冲突。事实上，这些戏剧都是刻意反对主流文学模式的。自然主义是现实的代表，在掌控时代的同时，也给时代带来了压迫，意图回归狭隘、琐碎的日常生活中。另一方面，罗兰渴望伟大，渴望从瞬息万变的事实中提炼出富有活力的不朽理想；他的目标是一飞冲天地翱翔，是让自由的情感生出双翼，是获得旺盛的精力；他是一位浪漫主义者，也是一位理想主义者。他不是要描述生命的冲动、痛苦、力量与激情；他的目标是描绘战胜这一切的精神，描绘一种将今日融入永恒的理念。当其他的作家努力以最大的忠实度描绘日常琐事时，罗兰的目标是表现稀有的、崇高的、英雄的与永恒的种子，它们从天而降，在泥土里生根发芽。他不是被生活的本来面目所吸引，而是被"精神与意志能够自由地相互渗透"的那种生活所吸引。

因此，罗兰所有的戏剧都是表现问题的戏剧，其中的人物都反映了辩证斗争中的正反两面。人物的观念是首要的，而非人物本身。当剧中人物发生冲突时，在他们之上，盘旋着犹如《伊利亚特》中的众神那样的、看不见的想法。正是它们引导了人类主角的思想，而真正的斗争也是在这些思想之间展开的。罗兰笔下的英雄们不是受到环境力量的驱使而采取行动，而是被他们自己的思想吸引而采取行动；环境只造成了摩擦的表面，表面之下的，是他们内心被点燃的激情。当在现实主义者的眼中，他们被打败时；当埃尔特陷入死亡时；当圣路易斯被狂热吞噬时；当大革命的英雄们昂首阔步地走向断头台时；当克利福德和欧文成为暴力的受害者时；通过他们的殉道所成就的英雄主义，通过实现了的理想所带来的团结与净化，他们世俗生命的悲剧最终得到了升华。

罗兰公开宣称他是自己所创作的悲剧的理智之父。莎士比亚是燃烧的灌木，第一位先驱者、促进者和无与伦比的榜样。关于莎士比亚，罗兰继承了他的动力、他的热情，以及他的一部分辩证能力。但就精神形态而言，罗兰则继承了另一位大师的衣钵，这位大师的戏剧作品至今仍鲜为人知。我指的是欧内斯特·勒南和他的《哲学戏剧》，其中包括《女修道院长》和《纳米的牧师》，它们对年轻的剧作家产生了决定性的影响。在实际戏剧中讨论精神问题，而非像柏拉图①那样在散文或对话中进行讨论。这种艺术是勒南的遗产，他对罗兰这位胸怀抱负的学生给予了善意的帮助和指导。勒南还为罗兰带来了关于正义的内在平静，以及使罗兰始终能够超越他所描述的冲突的清晰思路。然而，特雷吉尔②的这位圣人以其平静的超然态度，将人类的一切活动视为一种不断更新的幻觉。因此他的作品表达出一种有点讽刺，甚至带有恶意的怀疑态度。而在罗兰身上，我们找到了一种新的元素，那是一种至今依然明亮如初的理想主义火焰。作为所有现代作家中最热衷于信仰的一位，罗兰竟然从持有谨慎怀疑态度的大师那里，借用了他所采用的艺术形式，世间的悖论着实令人称奇。因此，在勒南那里具有阻滞和冷却作用的东西，到了罗兰这里则变成了充满活力与激情的行动的一种事业。勒南在寻找睿智温和的真理的过程中揭开了所有传说，甚至是最为神圣的传说的外衣；而罗兰却在自己的革命气质的引导下，创造了一个新的传奇、一种新的英雄主义、一种勇于付诸行动的新的情感激励。

这种意识框架明确无误地出现在罗兰的每一部戏剧中。场景的不同、文化环境的千变万化，都无法阻止我们意识到，我们眼中所看到的问题不是来自感情，也不是来自个性，而是来自智慧和思想。即使是历史人物，例如罗伯斯庇尔、丹东、圣茹斯特和德穆兰③，都是图

---

①柏拉图（Plato，公元前427年—公元前347年），古希腊哲学家，西方文化中最伟大的哲学家、思想家之一。他和老师苏格拉底、学生亚里士多德并称为"古希腊三贤"。（译注）
②特雷吉尔（Tréguier），法国一个港口小镇。（译注）
③卡米尔·德穆兰（Camille Desmoulins，1760—1794），法国记者、政治家，在法国大革命期间扮演重要角色，与丹东关系密切。（译注）

式而非肖像。然而，罗兰的戏剧为人所知的时间，与它们的创作年代之间相隔甚远，与其说是由于剧作家的处理方法导致的，不如说是由于他选择处理的问题的性质导致的。主导着当时戏剧界的易卜生[1]，也是带着目的撰写剧本的。易卜生的目标比罗兰更为明确。像斯特林堡一样，易卜生不仅希望能呈现出不同元素之间力量的比较，还希望能呈现出它们的公式。这些北方作家比罗兰更理智，因为他们是政治上的宣传家，而罗兰只是力图展现他们矛盾的行为中所呈现的思想。易卜生和斯特林堡渴望使人们转变信仰；罗兰的目标则是展示出一种能够激发思想的内在能量。当北方作家们希望产生一种特定的效果时，罗兰寻找的却是一种普遍的效果，即唤起激情。对易卜生也好，对当代法国剧作家也罢，生活在资产阶级环境中，男女之间的冲突始终占据着舞台的中心。斯特林堡的作品中充满了关于两性差异的神秘。这两位剧作家反对的谎言，是一种传统的社会性谎言。人们的戏剧兴趣依然如故，精神舞台仍然是资产阶级的生活。这一点甚至适用于易卜生的逻辑清晰，以及斯特林堡的冷漠分析。尽管受到批评者的谩骂，易卜生和斯特林堡依旧与他们处于同一个世界。

另一方面，罗兰的戏剧所关注的问题永远不会引起资产阶级公众的兴趣，因为它们涉及政治的、理想的、英雄的、革命的问题。他澎湃的综合性感受吞没了两性问题带来的较为轻微的紧张感。

罗兰的戏剧不涉及情色，这使现代观众对它们深恶痛绝。他呈现了一种新型的政治戏剧。其意义正如拿破仑在埃尔福特[2]与歌德交谈

---

①亨利克·易卜生（Henrik Ibsen，1828—1906），挪威剧作家，欧洲近代戏剧的创始人。代表作有《玩偶之家》《人民公敌》等。（译注）
②埃尔福特（Erfurt），德国中部的一个城市。（译注）

时所说的那样："政治是现代的命运（La politique, voilà la fatalité moderne）。"悲剧作家总是在表现人类与力量之间的冲突，人类在抵抗这些力量的过程中变得伟大。在古希腊悲剧中，命运的力量呈现出神秘的形式：众神的愤怒、恶魔的厌恶和灾难性的神谕。我们从俄狄浦斯①、普罗米修斯和菲洛克忒忒斯②的形象中看到了这一点。对于我们现代人来说，它是来自国家的压倒性力量、有组织的政治势力、人民大众的共同命运；在这一切面前，个人是手无寸铁的；这种力量还可能是巨大的精神风暴，即"信仰的潮流"，像风卷稻草一样，将我们无情地卷走。今日世界的命运主宰与传说中的古代诸神一样，以不可估量之力，带着同样的压倒性与冷酷无情，使我们任由他们摆布。战争是这些巨大影响力中最为强大的，因此，几乎所有罗兰的戏剧都以战争为主题。这些戏剧的道德力量在于，它们一次又一次地展示出，个人如同与众神对抗的普罗米修斯，如何在精神领域打破无形的枷锁；个人的思想如何能强于大众和祖国的思想——尽管后者仍能以朱庇特③的闪电毁灭一个坚强的反叛者。

古希腊人第一次认识众神，是在众神发怒之时。我们阴郁的神明——祖国，就像古老的神明一样嗜血。这一点在战争时期首次为我们所知。除非命运降临，否则人类很少想到这些心怀敌意的势力；人类鄙视或遗忘了它们，而它们则潜伏在黑暗中，等待着有朝一日能卷

---

①俄狄浦斯（Oedipus），古希腊神话中底比斯王拉伊俄斯和王后伊俄卡斯达的儿子，在不知情的情况下杀死了自己的父亲并娶了自己的母亲。（译注）
②菲洛克忒忒斯（Philoctetes），特洛伊战争中古希腊联军的将领，精通箭术，古希腊第一神箭手。（译注）
③朱庇特（Jupiter），古罗马神话中地位最高的神，也是希腊神话中的宙斯。（译注）

土重来。在一个和平的时代、一个情感淡漠的时代，观众对预示着二十年后才与敌对势力展开殊死斗争，乃至血染欧洲的悲剧毫无兴趣。那些从巴黎林荫大道误入剧院的、精通男女通奸中的多角关系的观众，该在乎些什么呢？他们会在乎罗兰戏剧中的问题吗——是该忠于祖国，还是忠于正义？在战时，士兵是必须服从命令，还是听从良心的召唤？这些问题充其量似乎不过是无聊的琐事，远离现实，是打哑谜的猜字游戏，是一个与世隔绝的道德家不合时宜的沉思，是第四维度的问题。"赫卡巴对他来说意味着什么，他对赫卡巴又意味着什么呢？"尽管事实上，最好还是听从卡桑德拉的警告。罗兰戏剧的悲剧性与伟大之处在于同一点，即在时间上，他的戏剧比现实早了整整一代。它们似乎是为了我们刚刚经历的时代所写的。它们似乎在以崇高的象征预示着当今政治事件的精神内涵。一场革命爆发了，它的能量集中在个人的人格上，激情衰退成残暴和自杀式的混乱，正如克伦斯基①、列宁②、李卜克内西③的形象所代表的那样，而这正是罗兰的戏剧所预期的主题。埃尔特的痛苦，吉伦特派成员在双重战线上的挣扎，一面要抵抗战争的残酷，一面要抵抗大革命的残酷——近日来，我们不正都以鲜活的亲身经历认识到了这些吗？自1914年以来，还有什么问题比横亘在自由的国际主义者与我们狂热的同胞手足之间的冲突更为紧迫？近几十年来，还有哪些剧作可以将这些拷问灵魂的问

---

①亚历山大·弗多洛维奇·克伦斯基（Alexander Fyodorovich Kerensky，1881—1970），俄罗斯社会革命党人，曾领导俄国临时政府。（译注）
②列宁（Lenin，1870—1924），无产阶级革命家、政治家、理论家、思想家。列宁主义的创始人，苏联共产党和苏维埃社会主义共和国联盟的主要缔造者。（译注）
③卡尔·李卜克内西（Karl Liebknecht，1871—1919），德国社会民主党和第二国际左派领袖之一，德国共产党创始人之一。（译注）

题展现得如此生动？多年以来，这些饱含对人性的理解的悲剧始终被埋没于黑暗之中，后来又因为它们的兄弟《约翰·克利斯朵夫》的声名鹊起而黯然失色。这些戏剧看上去似乎是一些附属的装饰品，实则包含了作者的深刻用意。这种用意体现在和平仍然统治着世界的此时此刻，体现在当代意识的中心。只是，作者在书写它们时，它们还尚未在时间的织机中被编织起来罢了。被舞台建造者轻蔑地拒绝了的石头，也许会成为一座新剧院的基石。这座新剧院构思雄伟，既能展示现代风貌，又显得宏伟壮丽，是一座体现出自由欧洲的兄弟情谊的剧院。早在几十年前，就有人为了建造这样的剧院，甘愿离群索居，做一个孤独的创造者了。

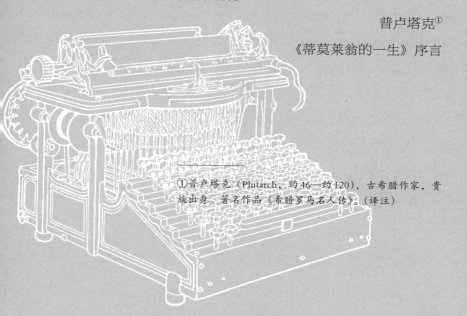

第三部分
英雄传记

我通过研究历史和写作来使自己做好准备。我的灵魂将永远保留那些关于最杰出、最知名的人物的记忆。每当日常生活触发了那些毫无价值的、邪恶的或卑鄙的感情时，我都能够排斥这些感情，并与它们保持距离，转而冷静地思考最为光辉的榜样人物。

普卢塔克①
《蒂莫莱翁的一生》序言

①普卢塔克（Plutarch，约46—约120），古希腊作家，贵族出身，著名作品《希腊罗马名人传》。（译注）

1

深谋远虑

在二三十岁时的早期作品中，罗兰希望将热情描绘成个人的最高力量和整个民族的创造性灵魂。对他来说，只有将精神花费在追求理想上的人，才是真正活着的人。只有以热忱的信念凝聚起力量的国家，才是深受鼓舞的国家。他年轻时的梦想是唤醒倦怠的、被征服的一代人；激发他们的信心；通过热情为整个世界带来救赎。

这些尝试都是徒劳。十年、十五年——这话说得多么轻巧，但对一颗悲伤的心来说，时间却是多么漫长——所有的努力都是竹篮打水一场空。幻灭接踵而至。人民的剧院化为泡影；德雷福斯事件被政治阴谋所利用；戏剧作品化作一堆废纸。他的努力没有激起丝毫反响。他的朋友四散而去。罗兰青年时代的伙伴已经声名鹊起，而罗兰，却还只是个新手。似乎他做得越多，他的工作就越被忽视。他的目标一个也没有实现，他的社会生活也一如既往地不温不火。整个世界寻求的是利益，而非信仰和精神的力量。

他的私生活同样成了一片废墟。他满怀希望缔结的婚姻，带来的是又一次失望。在这些年里，罗兰亲身经历了一场悲剧，其残酷性在他的作品里并未提及，因为他的作品从不涉及自己生活中那些狭义上的麻烦。他的心灵受了伤害，他的事业遭到重创，这使他退回孤独之中。他的工作室狭小而简陋，如同修道院里的一间禅房，成了他的整个世界；工作则成了他的安慰。现在，他必须为了自己年轻时的信仰，投入最艰苦的战斗中，以免在绝望的黑暗里迷失。

罗兰在隐居时阅读了当代的文学作品。因为人们只能从所有声音中听到自己的回声，由此，罗兰发现到处都是痛苦与孤独。他在研究了艺术家们的人生之后写道："当我们越深入地了解伟大的创作者们，就越能被他们生活中的所笼罩的不幸打动。我的意思是，他们不光要忍受属于普罗大众的考验与失望，在情感上，他们也有着比普通人更高的敏感度，这使得这些英才们的思维尤为敏捷。我认为，是他们的天赋使他们比同时代者领先了二十年、三十年、五十年，甚至一百年，从而使他们成了荒漠中的流浪者。他们在最绝望的困境中挣扎，仅仅只是为了活着，更不要说赢得胜利了。"因此，他们是人类中最伟大的人物，是让后人带着崇敬之心回首仰望的人，是永远为孤独的心灵带来慰藉的人，他们是"可怜的失败者，世界的胜利者（pauvres vaincus, les vainqueurs du monde）"——既是世界的征服者，又是斗争的失败者。一连串无休止的重复和无意义的折磨将他们相连的命运捆绑成一个悲剧性的统一体。正如托尔斯泰在他那封经常被提及的信中指出的那样，"真正的艺术家永远不会满足于像普通人一样耽于享乐。"他们的本性越伟大，他们所遭受的痛苦也越巨大。反之，他们遭受的痛苦越巨大，他们本身的伟大特质也就得到了更为充分的发展。

因此，罗兰认识到，有一种伟大，它的意义远比行动上的伟大更深远，那就是苦难中的伟大。难以想象，罗兰能从一切痛苦的经历中汲取新的信念。难以想象，他在自己承受着痛苦时，还能注意到他人的痛苦。作为一名受难者，罗兰向地球上所有受难者致以问候。他不再寻找热情的伙伴关系，而是为世间的孤独者寻找兄弟般的情谊，因为他向他们展示了所有悲伤的意义和伟大。在这个新的圈子里，在命运的最深处，他转向了那些崇高的榜样。"生活是艰难的。对于所有无法接受平庸的人来说，这是一场无休无止的斗争，其中的大部分都是痛苦的挣扎。没有崇高，没有幸福，而是在孤独和沉默中战斗着。饱受贫困所迫，为了养家糊口，为了完成无止境地耗费精力的任务，他们陷入了崩溃与郁闷之中，大多数人独自工作着，不快且无望，甚至连'向身处不幸中的兄弟们伸出一只援手'这样的安慰也得不到。"

　　建立人与人之间、痛苦与痛苦之间的桥梁，现在成了罗兰的任务。罗兰希望向芸芸众生中那些受苦之人展示的是，个人的悲痛可以转变为令成千上万人受益的东西。正如卡莱尔①指出的那样，他会"表现出……神圣的关系……不论何时，这种关系都能将伟人与其他人联合在一起"。千千万万的孤独者都是彼此的同伴。正是由于那些苦难中伟大的殉道者，尽管受到命运的折磨，也从未放弃过生命中的信仰；正是他们遭受的那些痛苦，使得他人能从中汲取更丰富的养分。"让那些不幸之人别再有诸多抱怨吧，因为最好的那些人已然为他们承担了许多。我们应当从他们赐予的力量中变得强大。如果我们感受到了自己的软弱，让我们在那些好人的膝头上休息吧。他们会带来慰藉。他们的精神中散发出力量与善良。即使我们不曾研究他们的

---

①托马斯·卡莱尔（Thomas Carlyle，1795—1881），英国作家、历史学家。他一生中发表了很多在维多利亚时代备受赞誉的重要演讲，代表作有《法国革命史》《过去与现在》等。（译注）

作品，即使我们不曾听到他们的声音，不曾一睹他们的容颜，从他们的生活实际中，我们也应当知道，没有哪一种生活，比身处苦难中时更加伟大、更加硕果累累、更加幸福。"

正是本着这种精神，为了他自己好，也为了安慰他那些身处悲伤中不为人知的兄弟们，罗兰开始了英雄传记的撰写工作。

2

受难的英雄

如同革命戏剧一样，新的创作循环也由一篇宣言拉开帷幕，这是一声对伟大的新的呼唤。《贝多芬传》的前言里宣称："空气是恶臭的。旧欧洲那闷热、肮脏的氛围令人窒息。我们的思想被狭隘的唯物主义所压制……世界病了，得了一种奸诈而懦弱的利己主义疾病。我们正感到窒息。把窗户打开，让天堂里自由的空气得以进入。我们必须通过呼吸感受到英雄的灵魂。"罗兰口中的"英雄"是什么意思？他想到的不是那些领导群众、打赢战争、发动革命的人；他指的既不是采取行动者，也不是那些以他们的思想引发他人行动的人。在他看来，联合行动是无效的，这一点对他而言显而易见。在他的戏剧中，他在无意识中将思想的悲剧描绘成某种像面包一样不能均分给人们的东西，描述成一种在每个人的大脑和血液中迅速被转变成一种新形式的东西，这种新转变成的东西通常和它原来的形式恰好相反。对他而言，真正的伟大只能在孤独中找到，只能在个人与看不见的事物进行的斗争中找到。"对于那些胜利者，我不会称他们为英雄，无论这种胜利是通过思想还是通过体力取得的。我所说的英雄，是指那些通过心灵的力量而变得伟大的人物。"正如世间最伟大的人之一（托尔斯泰）所说，"我认为，没有比善良更崇高的美德。没有崇高的人品，就没有伟大的艺术家，也没有伟大的行动者；充其量不过是人群之中的偶像而已；时间会将它们一起粉碎……重要的是要变得伟大，而不仅仅是显得伟大。"

英雄不是为了生活中微不足道的成就而奋斗，也不是为了成功，或是为了人人都能投身其中的理想而奋斗；他是为了整体，为了生命本身而奋斗。任何一个在奋斗时因为害怕孤军奋战而选择转身的人，都只是个退缩不前的弱者；他戴着漂亮的假面具，借此隐藏自己凡人生活的悲剧；他是个骗子。真正的英雄主义敢于直面现实。罗兰大声疾呼道："我厌恶这些懦弱的理想主义者，他们拒绝看到生活的悲剧和灵魂的弱点。如果一个民族易于对言之凿凿的辞令产生欺骗性的幻想，对于这样一个民族，首先要说的是，这种假冒的英雄主义是一种懦弱。世界上只有一种英雄主义，那就是，在看清生活的本来面目后，依然热爱生活。"

苦难并非伟人的目标，而是对他的考验，是他净化自身所需的过滤器；正如神秘主义大师艾克哈[1]所言，"最大的重负带领我们臻于完美"。只有孤独地受困于痛苦中，我们才能正确地理解艺术；只有孤独地受困于悲伤中，我们才能学到绵延几个世纪之久的、比死亡更为强大的东西。因此，对于伟人而言，痛苦的生活经历被转换成知识，而知识则进一步转化成爱的力量。苦难本身不足以产生伟大，我们需要取得的胜利是战胜苦难的胜利。被生活压力击垮的人、逃避生活难题的人，都被打上了失败的烙印，即使他所做的是最高尚的工

---

①艾克哈大师（Meister Eckhart，全名为 Eckhart von Hochheim，约 1260—约 1328），德国神学家、哲学家和神秘主义者。（译注）

作，也会带有这种被征服的印记。只有从深渊中站立起来的人，才能带来由灵魂的至高点传递出来的信息；想要到达天堂，必须途经炼狱。每个人必须亲自找到一条出路；但是只有昂首阔步行进于其间的人，才称得上是一位领导者，才能将他人提升到自己的境界。"伟大的灵魂犹如高山之巅。风暴会袭击他们；乌云会笼罩他们；但在山巅之上，我们能比在任何地方更自由地呼吸。在那种纯净的氛围里，心灵的伤口得到净化；当云开雾散时，我们就能一览整个人类的全貌。"

罗兰希望引领受难者到达这样一种崇高的境界。他希望向他们展示一种高度：苦难与天性融为一体，斗争变得英勇而崇高。"鼓起勇气来"，当他揭示了一幅壮丽的画面、一幅关于创造性的悲伤的画面时，他唱起了一首赞美之歌。

3

《贝多芬传》

　　贝多芬这位大师中的大师，是第一位被雕刻于无形神殿英雄楣上的人物。罗兰幼年时，他亲爱的母亲将他引入了神奇的音乐世界。从那以来，贝多芬一直就是他的老师，同时也是他的监督者与安慰者。尽管孩童的喜爱之情总是善变的，但罗兰对贝多芬的热爱却始终忠贞不渝。"我年轻时，曾经历过怀疑与沮丧的危机，是贝多芬的一首旋律重新唤醒了我心中关于永恒生命的火花。至今，它仍然萦绕在我的脑海中。"渐渐地，心怀钦佩的学生感到了一种渴望，渴望更为深入地了解这位他所崇拜的人物的实际生活。在去维也纳的途中，他看到了被拆除了的西班牙黑人习艺所的房间，伟大的音乐家贝多芬正是在这间房里，在一场暴风雨中去世。1901 年，罗兰在美因茨参加了贝多芬音乐节。在波恩①，他看到了这位无言的救世主的出生地——那座阁楼。当罗兰发现这位旷世奇才在他的人生岁月中经历了何等的艰难曲折时，他震惊了。他仔细阅读了信件和其他文件，它们记录了贝多芬残酷的日常生活。这位音乐家受到耳聋的打击，因而在音乐中寻求庇护。音乐反映了他的内心，那是一个不朽的宇宙。颤抖的罗兰开

---

①波恩（Bonn），德国北莱茵-威斯特法伦州的一个城市，曾是联邦德国的首都。（译注）

始意识到这位"悲惨的狄俄尼索斯①"的伟大，他受困于我们昏暗而无情的世界。

在结束波恩之旅后，罗兰为《巴黎评论》写了一篇题为《贝多芬的节日》的文章。然而，他的灵感渴望无拘无束地歌唱，摆脱批判性的沉思所强加的束缚。罗兰希望的，不是再一次向音乐家们阐述贝多芬，而是向全人类展现这位英雄；不是讲述聆听贝多芬的音乐所体验到的快乐，而是表达他自己所感受到的辛酸惨痛。他希望展现出贝多芬的英雄气概，在经历了无尽的苦难之后，仍然能创作出人类最伟大的赞美诗，神圣欢欣的第九交响曲。

"尊敬的贝多芬，"这位热情的崇拜者是这样开头的。"许多人已经歌颂了他作为一位艺术家的伟大，但他的伟大远不止于是一位首屈一指的音乐家。他更是现代艺术的一股英雄力量，是所有受难者与奋斗者的挚友。当我们为世间的悲伤而哀悼时，他为我们带来了安慰。就好像他坐在已故母亲的房间里，为她弹奏钢琴，用无言的安魂曲安慰她一样。当我们为了对抗介于邪恶与善良之间的中庸，却因为这件事的无休无止与毫无成果而倍感倦怠时，能够再一次投入意志与信念的海洋中，真是一种难以言表的愉悦啊！他整个人散发出了一种富有感染力的勇气、一种奋斗的喜悦、一种上帝都能亲自感知到的全心投入的精神……哪一种胜利能与之相提并论？拿破仑的征服吗？奥斯特里茨②的太阳可以与这种超常的努力相比吗？可以与这种精神的伟大胜利相比吗？一个贫穷而不幸的人、一个孤独的病人做到了，虽然他

---

①狄俄尼索斯（Dionysus），古希腊神话中的酒神，相传是他首创用葡萄酿酒。（译注）
②奥斯特里茨（Austerlitz），捷克共和国的一个城市，拿破仑于1805年在此击溃俄奥联军。（译注）

是悲伤的化身，虽然生活剥夺了他的快乐，但他却能够创造快乐，并将它赐予整个世界……正如他自己自豪地表达的那样，他从自己的不幸中锻造出了快乐……锻造英雄的灵魂所必备的工具是从苦难中找到欢乐。"

罗兰就是这样向未知者倾诉的。最后，他让这位主人翁以自己的经历说话。他打开了《海利根施塔特遗嘱》①，在其中，形单影只的贝多芬向后世倾诉了他对同时代者隐藏了的深切悲痛。罗兰叙述了贝多芬作为一位崇高的异教徒的信仰告白。他引用的信件表明，这位伟大的音乐家徒劳地努力隐藏他尖锐表面下的善意。贝多芬的普世人性从未如此近距离地展现在我们这代人的视野中，也从未如在这本小册子中展

创作《贝多芬传》时的
罗曼·罗兰

示的那样，承载着罗兰对"激情"这种最伟大，却也最受忽视的品质的热切呼唤；如此壮丽地展现出贝多芬孤苦生活背后的英雄主义，为无数翘首期盼的观察者们带去鼓励。

罗兰向他那些沉浸在苦难中的兄弟们传递了这一消息，他们分散于世界各地，正竖起耳朵聆听罗兰的呼唤。这部书并未获得文学上的

_____

① 《海利根施塔特遗嘱》（the Heiligenstadt Testament），1802年贝多芬于海利根施塔特留下的遗嘱。（译注）

胜利；报纸媒体对它保持沉默；评论家们对它视而不见。但是素不相识的陌生人却从中获得了快乐；他们将它分享给他人，一种神秘的感恩之情第一次将崇敬罗兰的人们团结在了一起。不幸的人们仔细聆听，逐渐熟悉了这种安慰之声。当他们被虚伪的乐观主义排斥时，他们被一种充满热情的同情心接纳了。这种同情心正出自罗兰的《贝多芬传》。这部书并未给它的作者带来成功，却带来了比成功更好的东西。从此，罗兰拥有了密切关注自己作品的一批读者。连同他的作品《约翰·克利斯朵夫》一起，罗兰迈出了最初的脚步，逐渐成了一位知名作家。与此同时，《半月刊》杂志的状况也出现了转机。这一默默无闻的期刊开始更加自由地刊发与流通。有史以来第一次，《半月刊》再版了。查尔斯·佩吉用动人的语言描绘了这本期刊的再版，是如何为处于人生最后时刻的伯纳德·拉扎尔带去了安慰。最终，罗曼·罗兰的理想主义开始展露出它自己的面貌。

　　罗兰不再孤独了。看不见的兄弟在黑暗中触碰到了他的手，急切地等待听到他的声音。只有受苦的人才愿意听到苦难——但受苦者不计其数。现在，罗兰希望向这些遭受苦难的人介绍其他的一些人物。这些人物所承受的痛苦丝毫不逊于贝多芬，并且，在战胜苦难方面与贝多芬同样伟大。回首过往的几个世纪，一股强大的力量正在凝视着罗兰。罗兰虔诚地向他们靠近，进入他们的生命之中。

4

《米开朗琪罗传》

对罗兰而言，贝多芬是最典型的能够控制悲伤的人。

他生来就是为了享受生命的充实，他的使命似乎就是展现生命的美好。后来，命运毁坏了他的音乐感官，将他关入了耳聋的监狱。但他的灵魂发现了一种新的语言；在黑暗中，他发出了夺目的光芒，创作出了他自己无法亲耳听到的《欢乐颂》。然而，身体上的疾患只是英勇的意志能够征服的、众多形式的痛苦之一。"苦难是无穷无尽的，它有着各种各样的表现形式。有时它来自盲目的暴政，比如贫穷、疾病、命运的不公，或是人的邪恶；有时其最深刻的原因在于受难者自身的本性。这同样是可悲的、灾难性的；因为我们无法选择自己的性情，它是命运赋予的，而非我们自己求来的，我们今日的模样并非出于我们自己的意愿。"

这就是米开朗琪罗的悲剧，他的烦恼并不是他那个年代突然遭遇的不幸。这种痛苦是与生俱来的，从他有意识的第一个黎明开始，不满的蠕虫就在他的心中啃噬。这条蠕虫在他八十年的生命中，伴随着他的成长而生长。他的一切感情都带有一丝忧郁。我们从来没有像经常听到贝多芬的声音那样，听到过米开朗琪罗的声音。贝多芬的声音是发自欢乐之情的、如同金子般的召唤。但米开朗琪罗的伟大之处在于，他像扛着一个十字架一样承受着他的悲伤。这第二位耶稣基督承担着他命运的重担，在各各他①的日常工作中永远地厌倦了生活，却不曾厌倦工作本身。或者，我们可以把他与西西弗斯②相提并论。西西弗斯永远是石头的推动者，而米开朗琪罗的命运则是在愤怒和痛苦中耐心地开凿，将石头塑造成艺术品。对罗兰来说，米开朗琪罗是一个伟大的、消失了的时代的天才；他是个基督徒，不快乐但有耐心；贝多芬则是个异教徒，是音乐森林中伟大的牧神潘③。米开朗琪罗要为他自己的痛苦承担责任，这种苦难与他自身的软弱有关。但丁④将可恶的灵魂划分入地狱的第一层，"他们自愿向悲伤投降"。我们必须向他展示同情，但我们同情的是一位有精神疾病的患者。因为他是一个悖论，"一个不具备英雄意志的英雄式天才"。作为艺术家，贝多芬是一位英雄；作为一个人，贝多芬更是一位英雄。而米开朗琪罗却只是一位艺术家英雄而已；作为一个人，米开朗琪罗被征服了。他不被爱，因为他不把自己交付给爱；他不满足，因为他对欢乐没有渴望。他是一个阴郁的人，出生在一颗阴郁的星辰之下。他不与忧郁作斗争，而是珍惜忧郁，与自己的忧郁一起玩耍。"忧郁就是我的快乐（La mia allegrezza è la malincolia）。"他坦率地承认，"千喜不如一悲。"从他生命的开始直到结束，他似乎一直在开辟自己的道路、开

①各各他（Golgotha），传说中古代犹太人的一个刑场，在耶路撒冷西北不远的一座小山上，据《圣经·福音书》记载，神的儿子耶稣基督曾被钉在此地的十字架上，"各各他"这一名称和十字架一直是耶稣基督被害的标志。（译注）
②西西弗斯（Sisyphus），古希腊神话中的人物，科林斯的建立者和国王。（译注）
③潘（Pan），古希腊神话里半人半羊的畜牧神，在森林中保护牧人和猎人。（译注）
④但丁·阿利吉耶里（Dante Alighieri，1265—1321），意大利诗人，为意大利民族语言的统一做出了重大的贡献。他与彼特拉克、薄伽丘被称为"文艺复兴三杰"。代表作为长诗《神曲》，全诗分为三部分：地狱、炼狱和天堂。（译注）

辟一条无尽的黑暗长廊，最终通向光明。这便是他的伟大之处，引领我们走向永恒。

罗兰觉得，米开朗琪罗的一生充满了伟大的英雄主义，但不能为那些受苦受难的人带去直接的安慰。在这种情况下，匮乏的人无法只靠自己的力量与命运和解，因为他需要一位超越他人生的调解人。他需要上帝，"那是所有在这世间未曾获得成功之人的避难所！"没有信仰就难以获得成就。没有信仰可以表现为对生活、对未来、对自己缺乏信心，缺乏勇气与快乐。我们知道米开朗琪罗是在经历了多少次失败之后才建立起这种痛苦的胜利。在这里，罗兰欣赏的是一项工作、是一种崇高的忧郁之情；但他在欣赏时，是带着一种充满悲痛的同情心，而不同于贝多芬的胜利所激发出的令人陶醉的热情。选择米开朗琪罗，只是将他作为一个例子，展示肉体凡胎的我们，在人生中是不得不忍受痛苦的。作为榜样，米开朗琪罗显示出了伟大性，但这种伟大中也蕴含了警告。谁在创作杰出作品的过程中克服了痛苦，谁就是真正意义上的胜利者。但这只是一半的胜利，因为它不足以与生活的苦难相抗衡。我们必须"看清生活的本来面目后，依然热爱生活"，这才是英雄主义的最高境界。

5

《托尔斯泰传》

　　《贝多芬传》和《米开朗琪罗传》取材于丰富的生活。它们是对英雄主义的召唤，是对能量的颂歌。几年后写成的《托尔斯泰传》则是一首安魂曲、一曲挽歌。罗兰曾在香榭丽舍大街的交通事故中险些丧命。在他康复后，传来了他所敬爱的大师托尔斯泰去世的消息。作为一种崇高的劝诫，此事意义深远。

　　对罗兰而言，托尔斯泰代表了英雄的苦难的第三种形式。贝多芬的耳疾是命运对他音乐生涯的打击。米开朗琪罗的悲惨命运与生俱来。托尔斯泰则在很大程度上故意选择了自己的命运。他所处的外部环境都保障他可以享受人生。他的健康状况良好，富有、独立、出名；他有家庭、妻子和孩子。但是，对于这样一位无忧无虑者而言，他的英雄主义在于，他通过怀疑"什么是最好的生活方式"来关照自己。困扰托尔斯泰的是他的良知，是他对真理近乎无情的追求。他摒弃了那些缺乏诚意者所享有的自由，那种自由是由关心低下的目标和微不足道的快乐构成的。像一个苦行僧那样，他用怀疑的尖刺戳向自己的胸膛。在折磨中，他向怀疑致以祝福，说道："如果我们对自己感到不满，我们必须感谢上帝。生命与其形式之间的裂痕是真正生活着的真实标志，是一切美好事物的先决条件。唯一的坏事就是对自己感到满意。"

对罗兰而言，这种明显的分歧才是真正的托尔斯泰；在罗兰看来，奋斗者才是唯一真正活着的人。米开朗琪罗认为自己看到了超然于人类生活之上的神圣生活，而托尔斯泰则从随意的日常生活背后看到了生活的真容。为了过上真正的生活，他摧毁了日常的生活。这位欧洲最负盛名的艺术家抛弃了他的艺术，就像一位骑士丢掉了他的剑，光着头走在忏悔的路上；他断绝了家庭关系；日日夜夜沉浸在他那狂热的问题之中。直到生命的最后一刻，他仍在与自己作战，试图与自己的良心和平相处。他是为无形事物斗争的斗士，这里所指的无形事物，其意义远超于幸福、快乐与上帝；他无法与任何人分享终极的真理，而他正是那个为真理鏖战的斗士。

这场英勇的斗争，就像贝多芬和米开朗琪罗所进行的斗争一样，发生在可怕的孤独中，发生在令人窒息的空间里。托尔斯泰的妻子、孩子、朋友和敌人都无法理解他。他们认为他像堂吉诃德①，因为他们看不到与他搏斗的对手。托尔斯泰的对手正是他自己。没有人能安慰他，没有人能帮助他。为了能够在平静中死去，他不得不在一个寒冷的冬夜离开舒适的家，像乞丐一样死在了路边。人类向往地仰望着的海拔最高处，那里的大气冰冷而孤独。那些为全人类做出了创造性贡献的人都必须承受这种孤独，他们每个人都是被钉在十字架上的救世主，每个人都为了不同的信仰而受苦、为了全人类的福祉而受苦。

---

①堂吉诃德（Don Quixote），西班牙作家塞万提斯·萨维德拉于1605年和1615年分两部分出版的同名长篇讽刺骑士文学和骑士制度的小说《堂吉诃德》中的主角。（译注）

6

未完稿的传记

在罗兰的第一部传记《贝多芬传》的封面上，写着一篇关于多位英雄人物生平的宣言。马志尼名列其中。在玛尔维达·冯·梅森堡这位伟大革命家的帮助下，多年来，罗兰一直在收集相关资料。在其他传记中，有一本是关于霍奇将军的；还有一本是关于伟大的乌托邦主义①者托马斯·潘恩的。最初的计划还涵盖了许多其他精神上的英雄人物。作者脑海中已经勾勒出不少传记的轮廓。最重要的是，在他日渐成熟的岁月里，罗兰曾经计划描绘一幅画面，它是关于歌德所生活的宁静世界；向莎士比亚致敬；展现他与玛尔维达·冯·梅森堡之间鲜为人知的友谊，作为对这段友谊的回报。

这些"名人传记"都尚未动笔。在随后的几年里，罗兰做的唯一一些传记研究，是关于那些更具科学性的人物，比如韩德尔②和米勒，以及关于胡戈·沃尔夫和柏辽兹的小传。因此，第三个构思宏伟

---

① 乌托邦主义（Utopianism），一种社会学的现实主义。既表示努力追求"福地乐土"的崇高，又表示寻找"乌有之乡"的徒劳。"乌托邦"一词后来成为"空想"的同义词。（译注）
② 乔治·韩德尔（George Handel，1685—1759），英籍德裔作曲家。代表作有《以色列人在埃及》《弥赛亚》等。（译注）

的创作循环同样也只是一些片段。但这次停工并非由于环境的不利或是读者的冷漠。放弃这一计划是作者出于自身道德信仰而决定的。他的历史学家特质已使他认识到，他最亲密的能量——真理，与创造激情的愿望，这两者之间是不可调和的。《贝多芬传》是个特例，它既能保持历史的准确性，又能给人带来慰藉，因为在这里，音乐的精神已经将灵魂提升到喜悦的境界之中。就米开朗琪罗而言，罗兰在试图将他这位天生忧郁的人物塑造为世界的征服者时，感受到了某种压力。他开凿石头，连自己也被石化了。甚至，连托尔斯泰也只是真实生活的先驱者，而非"丰富而迷人的生活，值得一过的生活"的先驱者。最终，当罗兰开始着手写作马志尼的传记，当他同情地研究这位被遗忘的爱国者痛苦的晚年时，他意识到，如果要通过这本传记教化他人，就必须篡改记录；如果记录真相，只会令读者感到更加抑郁。他认识到，出于对人类的爱，有些真相是我们必须隐瞒的。

　　突然之间，他切身体会了托尔斯泰不得不面对的那种冲突，以及悲剧性的困境。他开始意识到，"他不带感情色彩的眼光使他能够看到可怕现实的全貌，而他的同情心使他渴望掩盖这些恐怖，并保持读者的喜爱。这二者之间产生了冲突。我们所有人都曾经历过这种悲惨的挣扎。艺术家在思考一个他必须描述的真相时，常常会感到痛苦。因为明明是同一种健康而富有活力的真相，对某些人而言，就像他们呼吸的空气一样自然；对另一些人而言，却是绝对无法忍受的东西。这些人是软弱的，无论是他们生活的基调，还是他们简单的善意。我们该怎么办？是要压制这一致命的真相，还是毫不留情地道出它来？

两难的境地不断向我们施压，是选择真理，还是选择爱？"

这就是罗兰在写作生涯中期所无法抗拒的经历。无论是作为一位记录真理的历史学家，还是作为一个热爱人类、渴望带领同胞们走向完美的人，都无法书写伟人的历史。对于热心人罗兰来说，在这二者之间，历史学家的作用现在似乎显得不那么重要了。什么是关于人的真理？"描述一个人是如此困难。每个人都是一个谜，不仅对别人是如此，对自己也是如此。我们连自己都不甚了解，却声称自己了解某个其他人，这真是一种冒昧之举。但我们却情不自禁地对人的性格特点做出判断，因为这样做是生活中必不可少的一部分。我们认为自己认识的人，我们的朋友、我们所爱的人，其实都不像我们看到的那样。在许多情况下，他与我们的印象截然不同。我们迷失在自己创造的幻影中。然而，我们必须做出判断，我们必须采取行动。"

公正地对待自己，公正地对待自己崇敬的人，尊重真理，同情伙伴——这些原因结合在一起，终止了罗兰已然完成了一半的构思。罗兰将英雄传记搁置在一旁。他宁愿保持沉默，也不愿屈服于那种怯懦的、不得不否认事实的理想主义。他停在了一条他发现无法通行的道路上，但他没有忘记"捍卫地球上的伟绩"的目标。由于这些历史人物无法为他的信仰服务，他的信仰便为自己创造出了一个人物。由于历史拒绝为他提供安慰者的形象，他不得不求助于艺术，虚实结合，从当代生活中塑造出他所渴望的英雄，创造出属于他自己的，也是属于我们的约翰·克利斯朵夫。

第四部分
《约翰·克利斯朵夫》

　　史诗和哲学竟能融合于同一部作品中，这真是令人惊讶。就形式而言，整体上是如此优美。作品向外延伸，触及永恒，也触及艺术与生活。事实上，我们可以这样说，除了审美形式之外，这部罗曼史在任何方面都不受限制。而它超越形式之处，也正是它触及永恒之处。我会将它比作位于两片海域之间的一个美丽的岛屿。

　　席勒致歌德，关于《维廉·麦斯特》[1]

　　1796年10月19日

---

[1]《维廉·麦斯特》（Wilhelm Meister），歌德创作的长篇散文小说。作品主要塑造了一个不断追求人性完善和崇高社会理想的探索者。（译注）

1

圣克里斯托弗

在巨著《约翰·克利斯朵夫》的最后一页，罗兰提及了众所周知的关于圣克里斯托弗的神话。一天夜里，摆渡人听到一个小男孩的叫嚷，要求摆渡人扛着自己渡过溪流。好心的巨人报之以微笑，将小男孩抱上了自己的肩膀。但在他蹚水时，肩上的重量变得越来越大，直到他感到自己即将沉入水中。他使出了全身的力气继续前进。当他气喘吁吁地到达对岸时，才意识到自己所托举的正是世界的全部意义。这也是他名字的由来，克里斯托弗——肩扛耶稣基督者。

罗兰了解这样一种不见天日、漫长辛劳的工作。他设定了命运的重担，当他把工作扛在自己肩上，他只是想重新记录一个人的生命。在前进的过程中，原本轻巧的工作变得沉重起来。他发现自己所托举着的是整整一代人的命运，是整个世界的意义，是关于爱的讯息，是关于创造的最原始的秘密。我们看见他漏夜独行，没有认可，没有帮手，没有一句欢呼，没有友好的灯光从远处的海岸向他闪烁。我们想象着，他必然会屈服。从这面的岸边开始，就有不相信他的人跟着他，发出轻蔑的笑声。但在这十年里，他勇往直前，生命的河流在他的周围卷起猛烈的漩涡；他奋力拼搏，最终到达了不为人知的成功的彼岸。他弓着背，眼中的光芒却分毫不减，他终于渡过了河。痛苦的夜晚漫长而沉重，而他在这样的长夜里踽踽独行！这亲爱的重担是他为后来者们背负的，将它从我们的此岸带到那新世界尚未有人踏足的彼岸。现在他已经安然渡过了河。当这位摆渡者抬起双眸时，黑夜似乎结束了，黑暗已然消失。东方的天空一片光明。他充满喜悦地迎接新一天的黎明。对他而言，黎明的到来，象征着他已完成了使命。

然而，正在泛红的只有鲜血淋淋的战争之云和燃烧在欧洲大地上的火焰，那火焰要烧毁的正是旧世界的精神。除此之外，我们再没有什么神圣的遗产了，信仰已经勇敢地挣扎着从昨日的海岸来到了再次分崩离析的世界。大火已经熄灭，夜幕再次降临。但是我们要感谢您，摆渡人，虔诚的流浪者，感谢您在黑暗中踏出的道路。我们感谢您的辛勤工作，它为世界带来了希望的讯息。为了我们大家，您在暗夜里踽踽独行。仇恨之火将被熄灭，友谊精神将再次让人与人团结在一起。新一天的黎明即将到来。

2
复苏

　　罗曼·罗兰现在四十岁了。他的生活似乎仍是一片废墟。他信仰的旗帜，他对法兰西人民以及对全人类的宣言，已经在现实的风暴中被撕成了碎片。他的戏剧被埋葬于一夜之间。罗兰要将剧中的英雄人物打造成一系列展现整个民族历史的铜像，而现在却只有三尊塑像孤单地站立着，其他则是些粗糙的半成品，过早地损坏了。

　　然而，神圣的火焰仍然在他的心中燃烧。带着英勇的决心，他再一次将这些人物投入了他心中的熔炉，将金属熔化，以便重铸成新的形式。既然因为他对真相的坚持，使得他无法从任何一位历史人物身上获得最高的慰藉，他便决心创造出一位精神上的天才，一位不局限于某个民族，而是属于全人类的英雄。在这样一位人物身上，结合并凸显出历代英雄的普遍遭遇。罗兰不再将自己局限于史实之中，而是在一种新格局中，将真实与虚构相融合，寻求一种更高程度的和谐。他塑造出了一位虚构人物的史诗。

　　仿佛奇迹一般，他失去的一切现在都重新获得了。学生时代消逝的幻想，少年时代成为一位傲然而立、敢于对抗世界的伟大艺术家的梦想，青年时期在贾尼科洛山上所见的风景，再度在罗兰心中涌现。他戏剧中的人物，埃尔特和吉伦特派人，以全新的形象出现了。贝多芬、米开朗琪罗和托尔斯泰的形象从僵硬的历史中浮现，从我们的同辈人中脱颖而出。罗兰经历的幻灭不过是一种宝贵的经验。他经受的考验不过是通往更高境界的阶梯。看似结局，却变成了真正的开端，那便是他的杰作——《约翰·克利斯朵夫》。

创作《约翰·克利斯朵夫》时的罗曼·罗兰

3

作品的起源

约翰·克利斯朵夫很早就向诗人罗兰发出了召唤。最早时，这位少年尚在师范学校就读。这些年来，年轻的罗兰策划写出一部罗曼史，用以表现一位坚守初心的艺术家粉碎世间巨石的故事。提纲是模糊的，唯一明确的想法是，主角是一位不被同时代人所理解的音乐家。这个梦想并未实现，正如罗兰青年时代的众多梦想一样。

但身处罗马时，这一愿景又被重新唤起了。罗兰对诗歌的热情长久以来受到校园生活的限制，在罗马，一种基本力量打破了这种限制。玛尔维达·冯·梅森堡将自己的密友瓦格纳和尼采遭受的悲剧性苦难告诉了罗兰。这使罗兰意识到，英雄人物的形象尽管会被时代的骚乱和尘嚣掩盖，但实际上，他们属于每一个时代。在潜移默化中，他学会了将现世英雄所遭受的不幸经历与他想象中的人物的经历联系起来。在《帕西法尔》中，主角帕西法尔这位朴实的愚人启发了罗兰的怜悯之心，使他认出了艺术家的象征：艺术家用直觉引导自己走向世界，又用经验引导自己了解世界。一天晚上，罗兰登上了贾尼科洛山，约翰·克利斯朵夫的形象忽然清晰了起来。他是一位心地纯洁的音乐家、一位游历他乡的德国人，在自己的生命中寻找神明的存在。他是一个具有自由灵魂的凡人，他对伟大抱有信仰，甚至对人类抱有信仰。他深受信仰的鼓舞，尽管人类拒绝了他。

在罗马那段充满自由快乐的日子之后，是多年辛苦的工作。在此期间，日常生活中的义务使得罗兰将心中的构思抛诸脑后。罗兰一度变成了行动者，没有时间做梦。新的体验重新唤醒了他沉睡的愿景。我提到过，他参观了贝多芬在波恩的故居，也提到过，这位伟大作曲家的悲剧对罗兰的思想产生了怎样的影响。这为他的思想指明了新的方向。他的主人公是复活了的贝多芬、一位德国人、一个孤独的战士，但无论如何，他都是一位征服者。不成熟的青年罗兰将失败理想化，认为失败意味着被征服；而更为成熟的罗兰则认为真正的英雄主义在于"看清生活的本来面目后，依然热爱生活"。新的地平线展现出来了，它是如此雄伟壮丽，而这位长久以来备受珍视的人物就置身其间。我们的世俗斗争迎来了永恒胜利的曙光。《约翰·克利斯朵夫》的构想完整了。

现在，罗兰了解了他的英雄。但他还必须学会描述英雄的对手、英雄永恒的敌人：生活和现实。想要公平地描述一场战斗，就必须了解战斗的双方。通过这些年幻想破灭的经历，通过对文学的研究，通过对社会的虚伪和人群的冷漠的认识，罗兰对约翰·克利斯朵夫的对手相当熟悉了。在他开始描写工作之前，他必须经历巴黎岁月的炼狱之火。二十岁时，罗兰只熟悉自己，因此只能描述自己追求纯洁的英勇意志。三十岁时，他已能描绘一种同等强度的对抗性力量。他所珍惜的一切希望和他所遭受的一切失望，都在这个新出现的渠道里相互碰撞。数不胜数的剪报、多年资料的收集，几乎都是在没有明确目标的情况下做的，它们神奇地将自己变成了不断增加的工作中所需要的材料。个人的悲伤被视为宝贵的经验；男孩的梦想扩张成了他个人生命史中至关重要的一部分。

1895 年期间，作品的大纲完成了。作为序言，罗兰给约翰·克利斯朵夫的青年时代描绘了一幅崭新的景象。1897 年，在瑞士的一个遥远的村庄里，作品的第一章诞生了，那是伴随着音乐自然流淌出来的一章。之后（无疑此时关于作品的整体设计正在他的脑海里成形）他写下了第五卷和第九卷的一些章节。就像作曲家那样，罗兰跟随着由自己的心境引导的特定主题，他的艺术才能将这些主题和谐地融入伟大的交响曲中。秩序来自内在，而非外部强加。这部作品没有严格的顺序，各个章节的先后次序似乎受到了偶然性的影响。行文常常受到景色的启发，并被外部事件影响。例如，塞佩尔表明，约翰·克里利斯朵夫逃入森林这一段，就与罗兰敬爱的老师托尔斯泰的最后一次旅行有关。凭借适当的象征手法，这部以欧洲为范围的作品在欧洲各地创作而成。正如我们提到过的，开头写于瑞士的一个小村庄；"青年时期"的片段写于苏黎世①和楚格湖②畔；很多内容写于巴黎；很多内容写于意大利；《安多纳德》写于英国牛津③；同时，经过近十五年的努力，这部作品最终完结于巴韦诺④。

1902 年 2 月，《约翰·克利斯朵夫》的第一卷《黎明》在《半月刊》上发表，最后一篇则刊登于 1912 年 10 月 20 日。当第五卷《节场》刊登时，奥朗道夫书店愿意以书的形式发行这部浪漫史。在法文

---

① 苏黎世（Zurich），位于瑞士的中北部，是瑞士第一大城市和最重要的工商业城市。（译注）
② 楚格湖（Lake Zug），瑞士的淡水湖泊，位于瑞士中部。（译注）
③ 牛津（Oxford），英国著名古城，因牛津大学世界学府的地位和遍布当地的古迹而闻名。（译注）
④ 巴韦诺（Baveno），意大利的一个小镇。（译注）

原著完成之前，英文、西班牙文和德文的译本正在出版中，塞佩尔撰写的珍贵传记也已面世。因此，当作品于1913年受到法兰西文学院的认可时，它的声誉已然牢牢确立。在生命的第五个十年，罗兰终于成名了。他的使者约翰·克利斯朵夫，一位活生生的当代人物，正在世界各地展开朝圣之旅。

4

文无定法的作品

　　那么，《约翰·克利斯朵夫》是怎样的一部作品？能将它称之为一部罗曼史吗？这部作品像世界一样包罗万象，是我们这代人的世界图解，无法仅用一个术语来全面概括。罗兰曾说过："任何受到定义限制的作品，都是没有生命力的作品。"最适合描述《约翰·克利斯朵夫》的是这样一句话：拒绝允许这样一个活生生的人物被名字的限制束缚。《约翰·克利斯朵夫》试图创造一个整体，是一部具有普遍性以及百科全书性质的书，而不仅仅只是叙事；一部不断回到整个世界的中心问题的书。它结合了对灵魂的洞察与对时代的展望。它是整整一代人的写照，同时也是一位虚构人物的传记。格劳托夫①称之为"我们社会的一个横截面"。但它同样也是一本作者自己的宗教忏悔录。它至关重要且富有成效；既是对现实的批判，又是对潜意识的创造性分析；它是一首文字交响曲，是一幅当代思想的壁画；它是一首孤独的颂歌，也是一首赞颂欧洲伟大兄弟情谊的颂歌。但无论我们怎样尝试，都只能定义其中的一部分，而无法定义整体。在文学创作领

———————————

①奥托·格劳托夫（Otto Grautoff，1876—1937），德国艺术史家、小说家、记者、翻译家。（译注）

域，道德或伦理行为的本性是无法被精确说明的。罗兰的雕琢能力使他能够塑造出他所描述的人物的内在人性；他的理想主义是一种增强信仰的力量，是一种增添活力的补品。他的《约翰·克利斯朵夫》是对正义的一种尝试，是理解生活的一种尝试。这也是一种关于信仰的尝试、一种热爱生活的尝试。这些在他的道德要求（这是他为自由的人类制定的唯一要求）里结合起来，"看清生活的本来面目后，却依然热爱生活"。

这部作品的主要目的是借由主人公来解释一种与当代生活截然不同的差异，以及这种存在差异的艺术是如何变得支离破碎的。"今日的欧洲不再拥有一本普遍的书；没有诗歌，没有祈祷，也没有因为信仰而产生的行为。这些本是所有人的共同遗产。这种缺乏对我们这个时代的艺术来说是致命的。没有人为所有人写作，没有人为所有人战斗。"罗兰希望能化解邪恶。他希望为所有的国家写作，而不仅仅是为了他的祖国。不仅是艺术家和文人，所有渴望了解生活和自己所处时代的人，都将获得一幅关于他们所处的生活环境的图景。约翰·克利斯朵夫表达了造物主的意志，他说："向普通人展示日常生活——比海洋更深邃、更广阔的生命。即使是我们之中最渺小的人，也是'无限'的一个载体……描述这些普通人的简单生活……简单地描述它，如它实际发生的那样。不要为措辞而烦恼；不要像许多当代作家一样，为了追求艺术效果而虚耗精力。你想要对大众说话，因此，你必须说他们的语言……把自己投入你所创造的事物中；思考自己的想法；体验自己的感受。让你的心为语言设定节奏。风格就是灵魂。"

《约翰·克利斯朵夫》被设计成一部关于生活的作品。的确，它并不是一部艺术作品。它是一本与人性一样全面的书，曾经是，现在也是；"艺术是被驯服的生活（l'art est la vie domptée）"；艺术是被闯入的生活。这部作品与当今大多数富有想象力的作品不同，它没有将情爱问题作为主题。它没有中心特征。它试图理解所有问题，所有问题都是现实的一部分。从内部出发加以思考，正如格劳托夫所说的"从个人的范围"。它的中心就是个人的内在生命。这部罗曼史的原始主题就是阐述个人是如何看待生活的。或者更确切地说，个人是如何学着看待生活的。因此，这部书也被称为一部具有教育意义的罗曼史，正如席勒描绘《威廉·麦斯特》一书时所提到的那样。

这部具有教育意义的罗曼史旨在展示一个人如何在多年的学徒生涯和旅行中了解他人的生活，从而掌控自己的生活；经验是如何教会他，将他人传递的概念转化为自己的看法，因为他人的许多观点是错误的；他如何变得能够改变世界，使之不再只是外在的现象，进而成为内在的现实。这部教育罗曼史追溯了从产生好奇到获得知识的转变，追溯了感情从偏见到公正的转变。

但这部教育意义上的罗曼史同时也是一部历史的罗曼史，在巴尔扎克看来，这是一部"人间喜剧"；在阿纳托尔·法郎士看来，这是一部"当代历史"；在许多方面，它还是一部政治方面的罗曼史。但罗兰以一种更天主教派的处理方式，不仅描绘了他这一代人的历史，还讨论了当时的文化史，展现时代精神是如何向外辐射的；而他自己则关注诗歌和社会主义，关注音乐和高雅艺术，关注妇女问题和种族问题。

约翰·克利斯朵夫是一位完人，而《约翰·克利斯朵夫》这部作品则包含了人类精神世界中的一切。这部浪漫史关注的是一切问题；它力求克服所有障碍；它具有普遍的生命力，超越了国家、职业和信仰的界限。

它是一部艺术的罗曼史、一部音乐的罗曼史，也是一部历史的罗曼史。它的主人公并非歌德、诺瓦利斯①和司汤达②笔下的英雄——一群漫步人生者，而是一位创造者。与戈特弗里德·凯勒③的《绿衣亨利》一样，在这部书中，通往外部世界的道路同时也通向内心世界、通向艺术、通向圆满。音乐的诞生、天才的成长，是个人的经历，同时又被当作典型，呈现出来。在对经验的描绘中，作者不仅旨在对世界进行分析；他还渴望阐明创造的奥秘，而这正是生命最原始的秘密。

此外，这部作品还提供了一种看待宇宙的观点，从而成了哲学和宗教方面的罗曼史。对罗兰来说，为了生命的完整而奋斗意味着为理解生命的意义和起源而奋斗，为上帝、为个人自己的神明而奋斗。个人的节奏，在于探寻自身存在与普遍存在之间的终极和谐。在一首欢欣鼓舞的颂歌里，理想从尘世流回无限之中。

如此丰富的设计、如此充分的执行是前所未有的。罗兰只在一部作品——托尔斯泰的《战争与和平》中见过一种类似的图景。它将有关世界历史的画面、内心净化的过程和宗教狂喜的状态结合了起来。在这里，他才看到了对追求真理抱有的那种强烈责任感。但是，与这一光辉榜样不同的是，罗兰将他的悲剧置于当今生活的时代，而非拿

---

① 诺瓦利斯（Novalis，1772—1801），德国浪漫主义作家。（译注）
② 司汤达（Stendhal，1783—1842），原名马里-亨利·贝尔（Marie-Henri Beyle），司汤达是笔名，法国现实主义文学的主要代表之一。代表作为《阿尔芒斯》《红与黑》《巴马修道院》。（译注）
③ 戈特弗里德·凯勒（Gottfried Keller，1819—1890），瑞士德语作家，被誉为"瑞士的歌德"。（译注）

破仑时代的战争环境。而且，罗兰赋予他的英雄的那种英雄主义无关武力，而是艺术家被迫进行的无形斗争。在这里，他一如既往地以最具人性的艺术家为模范。对这样的模范而言，艺术本身不是目的，艺术从属于道德目标。按照托尔斯泰教导的精神，《约翰·克利斯朵夫》不是一部文学作品，而是一种行动。因此，罗兰伟大的交响曲不能受限于方便的公式。这部书忽略了所有普通的原则，但这丝毫不影响它成为时代中独树一帜的作品。站在文学角度之外，它是一种压倒性力量的文学表现。它常常无视艺术的规则，却仍是一种最为完美的艺术表达。它不是一部作品，而是一则讯息；它不是一段历史，却记录了我们的时代。它不仅是一部作品，而是日常生活中的奇迹。它揭示了一个道理：对于一位活出真理的人物而言，他的整个人生即为真理本身。

5

角色的精髓

　　作为一部罗曼史，《约翰·克利斯朵夫》在文学中没有原型；但书中人物在现实生活中却有原型。历史学家罗兰毫不犹豫地从伟人的传记中借用了一些特征，为他笔下的人物所用。同样，在很多情况下，他所描绘的人物也会让人想起当代生活中的人物。他以一种自己独特的方式，通过一个由他发起的进程，将想象力与历史相结合，将个人品质融合在一个新的综合体中。他的描绘往往是一些马赛克，而非全新的富有想象力的创作。归根结底，他的文学创作方法总是让人想起作曲家们的作品。他转述了关于主旨的回忆，但并没有过度模仿。《约翰·克利斯朵夫》的读者经常幻想，就像在阅读一部重要小说时那样，他已经认识了一些公众人物；但不久以后，他发现另一个人物的特征又闯入了进来。因此，每幅肖像都是由百变的元素鲜活地构建起来的。

　　起初，约翰·克利斯朵夫似乎就是贝多芬。塞佩尔在《约翰·克利斯朵夫》的序言中，将它称为"贝多芬的一生"，并无不妥。事实上，小说开头的篇幅向我们展示了约翰·克利斯朵夫的形象，他的形象是以贝多芬这位大师的形象为蓝本的。但随着时间的推移，作家让我们看到，约翰·克利斯朵夫不仅是一位音乐家，他的身上更体现出了所有伟大音乐家的精髓。音乐史上，万神殿中的人物以一张复合的肖像呈现出来；或者，用音乐术语来类比，大音乐家贝多芬正是和弦的根音。约翰·克利斯朵夫在贝多芬的故乡莱茵兰①长大；约翰·克利斯朵夫和贝多芬一样，血管里流淌着佛兰德人的血。他的母亲也是农民出身，他的父亲是个酒鬼。尽管如此，约翰·克利斯朵夫还展现出了约翰·塞巴斯蒂安·巴赫②之子弗里德曼·巴赫③的许多特质。又一次，年轻的再世贝多芬写给大公的信仿照了历史文献；他与费劳·冯·克里奇的相识让人想起了贝多芬和费劳·冯·布罗伊宁夫人④的交情。但是有很多事件，比如城堡里的场景，都让读者想起了莫扎特的青年时代；莫扎特与罗丝·坎纳比奇⑤的爱情插曲被转移到约翰·克利斯朵夫的生活中。随着约翰·克利斯朵夫的年纪渐长，他的性格越来越不像贝多芬。在外在特征上，他变得更像格鲁克⑥和韩德尔。关于韩德尔，罗兰在别处写道："他那令人生畏的率直震惊了每一个人。"我们可以一字不差地将罗兰对韩德尔的描述运用到约翰·克利斯朵夫身上，"他独立且易怒，永远无法使自己适应社会生活的习俗。他坚持直言不讳，一天里总有那么二十次，他会把所有与

①莱茵兰（Rhineland），德国莱茵河沿岸地区的通称。（译注）

②约翰·塞巴斯蒂安·巴赫（Johann Sebastian Bach，1685—1750），德国作曲家，巴洛克时期代表人物之一，被称为"西方近代音乐之父"。（译注）

③弗里德曼·巴赫（Friedemann Bach，1710—1784），德国作曲家、管风琴家，约翰·塞巴斯蒂安·巴赫的长子。（译注）

④费劳·冯·布罗伊宁夫人（Frau von Breuning），生卒年不详。德国人，贝多芬的朋友。贝多芬曾做过布罗伊宁家的钢琴教师。（译注）

⑤罗丝·坎纳比奇（Rose Cannabich），生卒年不详。德国古典乐钢琴家，是莫扎特的学生。（译注）

⑥克里斯托弗·威利巴尔德·格鲁克（Christoph Willibald Gluck），生卒年不详。德国作曲家。（译注）

他交往的人统统惹恼。"瓦格纳的生平对罗兰塑造约翰·克利斯朵夫的形象产生了很大的影响。正如尼采所说，起源于"来自本能的深处"；为小出版商做雇佣文人；日常生活中的卑劣细节——所有这些几乎一字不差地从瓦格纳的生平自传《德国音乐家在巴黎》中转移到了约翰·克利斯朵夫身上。

然而，恩斯特·德西[1]笔下的胡戈·沃尔夫的一生对罗兰书中主角形象的塑造产生了决定性的影响，使之几乎剧烈地背离了贝多芬的形象。我们不仅从德西的书中找到了个别事件，例如对勃拉姆斯的仇恨，对哈斯勒（瓦格纳）的访问，发表在《狄俄尼索斯》（《维纳沙龙布拉特》）上的音乐批评，失败了的悲喜剧《彭忒西勒亚》的序曲，以及对舒尔茨教授（埃米尔·考夫曼[2]）难忘的访问。此外，沃尔夫的整体性格、他的音乐创作方法，都被移植到了约翰·克利斯朵夫的灵魂之中。他原始的创作力，如火山喷发般奔涌而出的旋律充满了世界，在短短一天内写出了四首永恒的旋律，随后几个月却无所事事，从快乐的创造活动突然转向阴郁的沉思——胡戈·沃尔夫所特有的这种天才形式成了约翰·克利斯朵夫悲剧性设定的一部分。虽然他的外部特征让我们想起了韩德尔、贝多芬和格鲁克，但他的精神类型因其间歇性喷涌出的能量，而更像伟大的作曲家贝多芬。由于这种差异，约翰·克利斯朵夫在他更为辉煌的时刻里，增添了舒伯特[3]那种令人愉悦的宁静和孩童般的欢乐。他具有双重性格。

约翰·克利斯朵夫的个性结合了古典以及现代两种音乐家类型，

---

① 恩斯特·德西（Ernst Decsey，1870—1941），德国作家和音乐评论家。（译注）
② 埃米尔·考夫曼（Emil Kaufmann，1891—1953），奥地利著名建筑历史学家。（译注）
③ 弗朗茨·舒伯特（Franz Schubert，1797—1828），奥地利作曲家。（译注）

使得他的性格中甚至包含了古斯塔夫·马勒和塞萨尔·弗兰克①的许多特征。他并非某个音乐家个体、并非一个生活在特定时代的人物形象，他是音乐这一整体的升华。

然而，在约翰·克利斯朵夫的生活中，我们也发现了一些事件，取材自一些非音乐家的冒险经历。与法国演奏家的相遇取材于歌德的《诗与真》；之前我提到，托尔斯泰最后时日里的故事在约翰·克利斯朵夫逃入森林这一段中有所体现（尽管在后一案例中，我们在一瞬间，从这个漏夜前行的旅行者形象里看见尼采向我们瞟了一眼）。格拉齐亚代表不死的挚爱；安多纳德的形象以勒南的妹妹亨利特为蓝本；女演员弗朗索瓦兹·乌登让人联想到埃莉诺拉·杜丝②，但在某些方面，她又让我们想起了苏珊娜·德斯普雷斯③。伊曼纽尔的形象除了纯属虚构的特征外，还包含了来自查尔斯·路易斯·菲利普和查尔斯·佩吉各自的特征；在以较少笔墨勾勒的次要人物中，我们似乎看到了德彪西、维尔哈伦和莫雷亚斯④。《节场》出版后，议员鲁桑、评论家列维·科尔、报纸老板加马切和音乐销售商赫克特的形象伤害了不少人的感情，而罗兰无意借此针对谁。这些肖像画是在研究了普遍的人物形象后塑造出来的，代表了不断出现的平庸人物，他们具有永恒的真实性。在这一点上，他们不亚于那些罕见的、精致的稀有

---

① 塞萨尔·弗兰克（César Frank，1822—1890），法国作曲家、风琴演奏家、钢琴家。（译注）
② 埃莉诺拉·杜丝（Eleonora Duse，1859—1924），意大利戏剧女演员。（译注）
③ 苏珊娜·德斯普雷斯（Suzanne Desprès，1875—1951），法国女演员。（译注）
④ 让·莫雷亚斯（Jean Moreas，1856—1910），希腊诗人、散文家和艺术评论家。（译注）

人物。

然而，奥利维尔的形象似乎是纯属虚构的。正因如此，他被认为是最具生命力的角色，这完全是因为，我们不由自主地感到，在许多方面，我们面前出现的是艺术家本人，与其说展现了环境造成的命运，不如说展现了罗曼·罗兰那人性的本质。

像古典画家一样，他在介绍自己时几乎是不着痕迹的，只是在历史场景中略加了一些修饰。这些描述的正是他自己的形象，瘦削、衣着考究，微微弯腰；在这里，我们看到他自己的能量，这种能量指向内在，并在理想主义中自我消耗；罗兰的热情展现在奥利维尔清晰的正义感上，表现在他对自己命运的顺从上，尽管他从不放弃自己的事业。诚然，在小说中，这位托尔斯泰和勒南的学生秉持着这种温和的精神，将用武之地留给了他的朋友，然后作为过去世界的象征，他消失了。但约翰·克利斯朵夫只是一个梦想，一个性情温和的人有时会产生对能量的渴望。奥利维尔——罗兰，实现了他年轻时的梦想，在他的文学画布上描绘了自己的生活图景。

6

英雄交响曲

丰富的人物与事件，令人印象深刻的多重对比，是由单一的元素——音乐，结合在一起的。在《约翰·克利斯朵夫》中，音乐既是形式，也是内容。为了简单起见，我们不得不称这部作品为一部罗曼史或小说。但全书通篇都没有借鉴任何之前浪漫主义作家的叙事诗传统：无论是巴尔扎克、左拉还是福楼拜，他们的目标是像分析化学元素一样解析社会；而歌德、戈特弗里德·凯勒①和司汤达的作品则试图探求灵魂的结晶。罗兰既不是一位叙述者，也不是所谓的浪漫主义作家。他是一位音乐家，将一切和谐地编织在一起。归根结底，《约翰·克利斯朵夫》是一首从音乐精神中诞生的交响曲，正如尼采认为古典悲剧诞生于音乐精神中一样；它的法则不是叙事的法则，也不是讲座的法则，而是控制情绪的法则。罗兰是一位音乐家，而不是一位叙事诗人。

即使作为叙述者，罗兰也不具备我们所定义的"风格"。他不写古典法语；他的句子没有稳定的架构，没有明确的节奏；他的语言没有典型的色调，也没有属于他自己特有的措辞。他不把自己的个性强

---

①戈特弗里德·凯勒（Gottfried Keller, 1819—1890），瑞士德语作家。（译注）

加于人，因为他的叙述并非为了堆砌，而是顺其自然地完成叙事。他有一种灵感，能够调整他所描述的事件的韵律，使之与当时当刻的情绪相适应。他的头脑犹如一个共鸣器，开场白设定了节奏。然后，节奏在场景中涌动，伴随着情节，这些片段往往看起来像是各自独立的短诗，由自身的旋律支撑着——歌曲与旋律出现了，又消失了，迅速被新的乐章取代。《约翰·克利斯朵夫》的一些前奏曲是纯粹的歌曲，是一些精致的阿拉贝斯克曲[①]和随想曲[②]，是咆哮的大海中由音调构成的岛屿；接着是其他的情绪，阴郁的民谣，吐纳着基本能量与悲伤之情的夜曲。当罗兰的创作是音乐灵感的产物时，他显示出自己是一位语言大师。然而，有时他也会以一位历史学家、一位批判时代的学生的身份对我们说话。然后，辉煌消失了。这种历史性、批判性的段落就像音乐剧中冷静的宣叙曲段，是保持故事连续性所必需的段落。无论我们被唤起的感情如何后悔插入了这些段落，它们都满足了理智的需要。在罗兰的作品中，音乐家与历史学家之间的古老冲突始终不可调和。

只有通过音乐精神，才能理解《约翰·克利斯朵夫》的建筑美学。无论精心刻画的人物如何富有可塑性，只有围绕着主题，与变幻莫测的生命浪潮交织在一起，他们的力量才能得以展现。最重要的始终是这些角色发出的节奏，而这一最强有力的节奏来自音乐大师约翰·克利斯朵夫。作品的结构，其内在的建筑概念，是那些仅从"作品的篇幅分为十卷"这一点来考虑的人们无法理解的。这是由图书刊

---

①阿拉贝斯克曲（Arabesque），阿拉伯风格的钢琴曲。（译注）
②随想曲（Capriccio），音乐体裁的一种。富于幻想的即兴性乐曲，曲式结构较自由，带有随意性并富有生气。（译注）

发的迫切需要决定的。重要的是那些更小的部分之间的停顿，每处停顿都用不同的调性来编写。只有训练有素的音乐家，只有熟悉伟大的交响乐的人，才能于细节处了解到史诗般的《约翰·克利斯朵夫》是如何被构建成一首交响曲、一部英雄史诗的；只有音乐家才能意识到，在这部作品中，最具综合性的音乐作品是如何被转换到了语言世界之中。

让读者回忆起那如合唱般的低音吧，莱茵河的轰鸣之声。我们似乎在聆听某种原始能量，聆听生命之河在永恒中咆哮着前进的声音。一段小小的旋律从整体的轰鸣声中升起。约翰·克利斯朵夫这个孩子已经从伟大的音乐宇宙中诞生，与无穷无尽的声音之河融为一体。第一批人物戏剧般地登场了；神秘的合唱逐渐平息；这部凡人戏剧的童年篇章开始了。舞台上逐渐充满了个性与旋律；有人声应答了约翰·克利斯朵夫口齿不清的声音；直到最后，约翰·克利斯朵夫阳刚的音调与奥利维尔柔和的嗓音占据了主题。与此同时，在和谐与纷争中，生活和音乐的所有形式都得以展开。因此，我们看到贝多芬的忧郁悲剧性地爆发出来；以艺术为主题的赋格曲①；如《燃烧的荆棘》一卷中充满活力的舞蹈场景；歌颂无限，歌颂自然，就像舒伯特的作品一样纯粹。整体间的相互联系是如此绝妙，声浪再次退潮的方式是如此不同凡响！戏剧性的骚动平息了；最后的不和谐得到了化解，归入大和谐之中。在最后一幕里，伴随着无形的合唱，开场的旋律再次重现；咆哮的河流汇入了无垠的大海。

因此，《约翰·克利斯朵夫》这部英雄交响曲的结尾，是一曲展

---

①赋格曲（Fugue），复调乐曲的一种形式。（译注）

现生命无限力量的赞歌，以不朽的音乐海洋为终点。罗兰希望通过元素的意象，象征性地传达这些关于永恒生命力的概念。对于我们凡人而言，这些元素使我们能够与无限紧密相连。他希望能够在艺术中以象征的方式体现出这些力量，这些永恒的、自由的、不受国别限制的、不朽的力量。因此，音乐既是作品的形式，又是作品的内容，"是内核，同时也是外壳"，正如歌德对自然的描述。自然永远是艺术的法则。

7

创作之谜

　　《约翰·克利斯朵夫》的形式是一部生活书，而非一部艺术罗曼史。因为罗兰并没有具体区分诗意的人和缺乏创造天赋的人，而是倾向于认为，艺术家是最具有人性的人。正如歌德认为的，真正的生活等同于活动；对于罗兰来说，真正的生活等同于生产。一个把自己封闭起来的人，没有多余的生命力。无法放射出能量的人，无法超越个人的狭小限制的人，无法成为未来重要能量中的一部分。无疑他仍然是一个人，但却不是真正地活着。灵魂的死亡可以先于肉体的死亡，正如有的生命可以超越肉身而存在一样。我们从生到死的界限并非肉身的死亡，而是不再能够产生有效的影响。创造本身才是一种生命。"快乐只有一种，那就是创造。其他的快乐不过是影子，尽管它们盘旋在这个世界的上空，却与这个世界格格不入。欲望是具有创造性的；为了爱，为了才智，为了行动。所有人都是从热情中诞生的。我们是在身体范围内创造，还是在精神范围内创造，这一点并不重要。甚至，在创造中，我们寻求的是逃离身体的牢笼，将自己投身于生命的风暴之中，成为神明般的存在。创造即是消灭死亡。"

　　因此，创造是生命的意义、生命的秘密、生命的内核。尽管罗兰几乎总是将他的主角定成一位艺术家，但他做出这样的选择，并非出于浪漫主义作家的那种傲慢——那种喜欢将忧郁的天才与沉闷的人群对比的傲慢。他的目标是更接近关于"存在"的原始问题。艺术作品超越时间与空间，从虚无（或从一切中）产生的永恒奇迹在感官上显现出来，同时也向智者显露了它的奥秘。对罗兰而言，艺术创作是个难题中的难题，正是因为艺术家是最具人性的人。罗兰到处穿梭于创造性工作的晦涩迷宫中，以便他可以接近精神被点燃的那个时刻，接近分娩的痛苦行为。他看着米开朗琪罗用石头塑造痛苦；贝多芬在旋律中迸发激情；托尔斯泰听着自己充满负荷的胸膛中那充满怀疑的心在跳动。对每个人来说，与雅各搏斗的天使①以不同的形式显现；但对所有人来说，神圣斗争的狂喜力量仍在继续燃烧。多年来，罗兰唯一的努力就是发现这种终极类型的艺术家，这种原始的创作元素，就如同歌德寻找的原型植物一样。罗兰希望发现本质的创造者，发现创造的本质行为，因为他知道，在这个谜团中包含了整个生命之谜的根源与花朵。

作为历史学家，罗兰描绘了人类艺术的诞生。现在，作为一位诗人，他正以不同的形式来处理同样的问题，并努力描绘艺术在一个人身上的诞生。在他的《论现代歌剧的起源（吕里与斯卡拉蒂之前的欧洲戏剧史）》和《昔日音乐家》中，他展示了音乐之花是如何"在各个时代绽放"，萌发出它的花苞；是如何嫁接于不同种族、不同时期，以新的形式继续生长的。创造之谜始于此处。每一个开始都笼罩在朦胧之中；全人类的道路都象征性地显示在每个个体的道路中，而这一

---

①与雅各搏斗的天使（Jacob's angel），雅各与天使搏斗是《圣经·创世纪》中的故事，这一题材在中世纪常被画家们当作"基督在人间的斗争"或"美德与恶德的较量"的象征来表现。（译注）

奥秘也在每个人的经历中得以重现。罗兰知道，智力永远无法解开这个终极谜团。他不同意一元论者的观点。对一元论者来说，创造是一种微不足道的机械效应，他们像谈论原始气体以及类似的废话那样来解释这一点。他知道大自然是谦逊的，万物在大自然中繁衍的隐秘时刻，大自然都会躲避观察；他知道，在水晶与水晶相互结合时，当花朵从花蕾中绽放时，我们无法看到大自然在工作。她内心深处的魔法、永恒的繁衍和关于无限的秘密都被隐藏起来，没有什么比这更令人嫉妒的了。

因此，创造，这种生命的生命，对罗兰而言是一种神秘力量，远远超越人类的意志与智慧。每个活着的灵魂除了是一个有意识的个体以外，还有一个作为客人的陌生人。"自从人类成为人类以来，最主要的努力就是建造堤坝，通过理性和宗教的力量来控制心灵这片内海。但当风暴来临时（那些最天赋异禀的人特别容易受到影响），基本力量就被释放了出来。"

热浪在灵魂中泛滥，从无意识中喷涌而出；不是出于意志，而是违背意志；更是出于一种超级意志。这种"灵魂及其守护神的二元论"无法被理性清晰的光芒克服。创造精神的能量从血液深处涌出，它们通常来自父母或更远的祖先，并非通过正常、清醒的意识门窗进入，而是像大气中的精神一样渗透了整个生命。突然间，艺术家陷入了陶醉，受到了一种独立于意志之外的意志的启发，正如歌德在定义"恶魔性"时所说的"关于世界与生命难以言喻的谜团"的力量。神性像飓风一样向他席卷而来，或者像深渊一样在他面前展开，他不假思索地将自己投入其中。以罗兰的定义，我们不能说"真正的艺术家自有属于他的艺术"，而是说"艺术拥有属于自己的艺术家"。艺术是猎人，艺术家是猎物；艺术是胜利者，而艺术家则因为自己一次又一次地被艺术征服而感到快乐。因此，在创造之前，我们必须有创造者。天才是命中注定的。天才的血液在血管中流淌，当感官仍处在沉睡状态时，这种来自外部的力量为孩童准备了巨大的魔力。罗兰的描述精彩绝伦，约翰·克利斯朵夫的灵魂在听到第一个音节之前，就已充满了音乐。他年轻胸膛中的守护神在被激活之前，还在等待一个信号，好让自己灵魂的双生子知道，彼此具有相似的灵魂。

当男孩牵着祖父的手走进教堂，迎接他的是一阵管风琴音乐。男孩内心的天才为远方兄弟的作品喝彩，他感到充满了喜悦。还有一次，坐在马车上，听着悠扬的马蹄声，他的心在无意识中与同类结下了兄弟情谊。然后，书中最美的段落之一出现了，它们可能也是在音乐处理方面最为优美的段落。小小的约翰·克利斯朵夫爬上了充满魔力的黑箱子前的音乐凳，第一次将手指伸进了充满着和谐与不和谐的琴键的灌木丛中。他敲出的每个音符，似乎都在对内在的陌生人提出的无意识的问题做出"是"与"否"的回答。很快，他就学会了发出他想听的音调。起初，是氛围呼唤着他，而现在，他可以召唤它们了。他那渴望音乐的灵魂，长久以来一直在音乐中热切地豪饮。现在它创造性地越过了障碍，进入世界之中。

艺术家与生俱来的守护神随着男孩一起成长、成熟，又随着他年纪渐长而变老。就像吸血鬼一样，它被宿主的所有经历滋养，饮下宿主的喜怒哀乐，逐渐将宿主的整个生命吸入自己的体内。这样，对于具有创造性的个体而言，除了对创造永恒的渴望，除了受到来自创造的折磨，什么也没有留下。在罗兰看来，艺术家并非具有创造的意愿，而是必须创造。对他来说，生产不是（诺尔道①和诺尔道的同类人朴素想象中的那样）一种病态的产物、一种不正常的生活，而是唯一真正的健康。生产力低下是一种疾病。再也没有哪部作品比《约翰·克利斯朵夫》更加精彩地描述出缺乏灵感的痛苦了。这种情况下，灵魂就像烈日之下的干涸土地，它所需要的东西比死亡更糟糕。没有一缕风能带来凉爽；万物都枯萎了；喜悦和能量消失了；意志则彻底放松了。突然间，阴云密布的天空中出现了一阵风暴，带来了象征蓬勃发展之力的雷声和象征灵感的闪电；溪流携带着灵魂以及永恒的欲望，从源源不断的泉水中涌出；艺术家变成了整个世界、变成了上帝、变成了所有元素的缔造者。他会带上他所遇到的一切；"一切都是他源源不绝的繁育力的缘由（tout lui est prétexte à sa fécondité intarissable）"；他把整个生命变成了艺术；像约翰·克利斯朵夫一样，将死亡谱写成了一首交响乐。

为了把握生命的全貌，罗兰力图描绘生命中最深刻的奥秘；他描述创造，描述一切的起源，描述艺术家的艺术发展。他生动地刻画了创造与生命之间的联系，而这正是弱者避之不及的一件事。约翰·克利斯朵夫是一位工作的天才，同时也是一位受苦受难的人；他因创造而受苦，并在苦难中创造。正是由于罗兰本人是一位创造者，艺术家约翰·克利斯朵夫这位虚构人物才得以超然而立、卓尔不群。

---

①马克斯·诺尔道（Max Nordau, 1849—1923），作家，医生，犹太复国主义者的领袖。（译注）

8

约翰·克利斯朵夫

　　艺术有很多形式，但其中最高超的始终是那类在规律和表现形式上最接近自然的形式。真正的天才注重基础性的工作，注重自然而然地工作，像世界一样广阔，像人类一样丰富。创造是出于自身的丰盛，而非自身的弱点。因此，它的持久效应是为了创造出更多的力量，为了赞美自然，为了使生命突破短暂的限制，提升到无限的境界。

　　约翰·克利斯朵夫深受这种天赋的启发。他的名字是象征性的。

　　约翰·克利斯朵夫·克拉夫特本身就代表着能量，一种源自农民先祖血统中不知疲倦的能量。它像炮弹一样投入生命中，强行克服了每一个障碍。现在，假如我们将生命的概念等同于静止的、不活跃的存在，等同于事物的本来面目，这种属于自然的力量就必定永远与生命交战。然而对罗兰来说，生命不是静止的，而是与静止的斗争；它是一种创造，是一种永恒的、向上向前的冲动，对抗"一成不变"的惯性。在艺术家中能称得上是斗士与创新者的人必须是这样的天才。在他周围站着的是其他从事相对和平的活动的艺术家，他们是一群沉思者、圣人的观察者、现存事物的完成者、既成事实的冷静组织者。他们作为过去的继承人，已经睡去；而他作为先驱者，却面临着风暴。将生活变成艺术品是他的使命；他却不能像享受艺术品那样享受生活。首先，他必须按照他的意愿去创造生活，创造它的形式、传统、理想、真理还有神明。对他而言，没有什么是现成的；他永远都必须面对：从零开始。生活并未为他准备好一座温暖的房子，在那样的房子里，他可以立即让自己感到惬意舒适。对他来说，生活不过是塑料，是搭建新的大厦所需要的材料，后来者们将生活在其中。因此，他这样的人不知休息为何物。"不懈工作"，他的神明对他说，"你必须不停战斗。"

从少年时代到去世之日，他服从命令，沿着这条路不停地战斗，手中握着燃烧的意志之剑。他常常感到疲倦，想知道斗争是否真的无休无止。他问自己，为了这份事业，是否要把自己的日子"过得像个干杂活儿的雇工"？但很快，他摆脱了昏昏欲睡，认识到"当我们不断问自己为什么活着时，我们就不可能真正活着；我们必须为了生命本身而活"。他知道劳动本身就是回报。在受到启发的时刻，他用一句精彩的话来总结自己的命运："我不寻求平静；我寻求的，是生命。"

但斗争意味着使用武力。尽管约翰·克利斯朵夫天性善良，但他仍是一位武力的倡导者。我们在他身上看到了某种野蛮和原始的东西、一股风暴或洪流般的力量，它不服从于自己的意志，而是服从于未知的自然法则，从生命的高处冲向低处。他的外表是一个战士。他又高又壮，几乎有点粗鲁，有着一双大手和粗壮的手臂。他性情乐观，容易爆发出汹涌的激情。他的脚步沉重，步态笨拙；尽管他总是不知疲倦。这些特征来源于他母亲一方农民出身的先祖所具有的原始能量；他们的原始之力使他在最艰巨的生存危机中依然坚定不移。

"在生活的不幸中，一股强韧的力量支撑着他，当这个孩子感到疲倦时，父亲和祖父的脚便推动着他继续向前。像这样继承了更为强健的祖先的精力，使他得以精力充沛地成长，令破碎的灵魂得以重新振作。"这种体力赋予了我们韧性的力量，以抵抗生活的压迫。更有帮助的是约翰·克利斯朵夫对未来的信念，他健康坚定的乐观主义，他对胜利的无敌信心。"我有几个世纪可以期待，"他在幻灭的时刻兴高采烈地喊道。"生命万岁！欢乐万岁！"他从德国人身上继承了齐格弗里德①对成功的信心，因此他永远是一名斗士。他知道，"天才渴望障碍，因为障碍造就天才（le génie veut l'obstacle, l'obstacle fait le génie）"。

然而，对年轻人约翰·克利斯朵夫而言，力量总是任性的。此时他的精神力量尚未开悟，尚未在道德上被驯服，除了自己，他谁也看不见。他对他人不公，对规劝充耳不闻，毫不在意自己的行为是否会令人不悦。他像个樵夫，手持斧头，在森林中疾驰而过，左伐右砍，只是为了给自己争取光明与空间。他在不了解德国艺术的情况下就鄙视它，在对法国艺术一无所知的情况下就蔑视它。他被赋予了"无礼得令人吃惊的固执青年"的名号；这位青年人说，"世界由我创造，在这之前，世界并不存在。"他的力量在于争论；因为只有在斗争时，他才能感到他是他自己，才能享受自己对生活的激情。

多年来，约翰·克利斯朵夫的斗争一直在持续，因为他的笨拙与他的力量一样引人注目。他不了解他的对手。在学习"生活"这门功课时，他的速度很慢；也恰恰因为他吸取经验教训的速度如此缓慢，

---

① 齐格弗里德（Siegfried），德国民间史诗《尼贝龙根之歌》中的英雄人物。（译注）

他一点一点地学，每个阶段都沾满了鲜血和泪水，这部小说才令人如此印象深刻，如此富有帮助。对他而言，没有什么是容易的；他的手里从未接到过落下的成熟果实。他像帕西法尔一样简单、天真，充满活力而又有些偏狭。他没有在社交生活的磨刀石上磨掉自己的棱角，却因为动作笨拙而擦伤了自己。他是个直觉上的天才，不是个心理学家；他什么都无法预见，却必须在知道所有事情之前忍受一切。"他没有法国人和犹太人那种鹰一般锐利的目光，他们只看到他们所看到的一切最微不足道的特征。他静静地吸收所接触到的一切，就像海绵吸收水分一样。直到几天或几个小时过去，他才完全意识到，现在已经成为自己的一部分的东西，究竟是什么。"只要保持客观，对他来说，没有什么是真实的。为了发挥作用，每一次经历都必须被他的血液吸收。人们不能像交换纸币一样彼此交换思想和概念。在长时间的恶心之后，他终于从年轻时社会就灌输给他的一切传统的谎言和琐碎的观念中解脱出来，并最终能够吸收新鲜的营养。在他了解法国之前，他不得不一个接一个地揭开她的面具；在他遇到格拉齐亚，"永不逝去的爱人"之前，他不得不经历一些不甚崇高的冒险。他必须度过一生，才能发现自己、发现他的神明。直到他到达彼岸，这位肩扛基督的克里斯托弗才意识到，他的负担是一则讯息。

他知道"对坚强者来说，受苦是有益的"，所以他喜欢遇到障碍。"一切伟大的事物都是美好的，痛苦到极点，就接近了解放。唯一无法挽回的打击，唯一摧毁灵魂的东西，就是平庸的痛苦与快乐。"他逐渐学会认清自己的敌人，认清自己的浮躁；他学着变得公正；他开始了解自己与世界。对他来说，激情的本质变得清晰起来。他意识到，他所遭遇的敌意并不是针对他个人的，而是激励他继续前行的永恒力量；他学着去爱他的敌人，因为他们帮助他找到了自己，因为他们也正通过其他道路朝着同一目标前进。多年的学徒岁月已经结束。正如席勒在写给歌德的令人钦佩的信中指出："学徒期是一个相对的概念。学徒期的长短暗示着它与'掌握'之间的相关性。'掌握'的概念是阐明和奠定'学徒'概念的基础。"逐渐成熟的约翰·克利斯朵夫开始看到，通过他的所有转变，他逐渐变得更加真实。先入为主的观念已被抛弃；他摆脱了信仰和幻想，摆脱了种族和国籍的偏见。他已明白自己必须走的道路的意义，他变得既自由又虔诚。在年轻人的坦率和喧闹的乐观中，他喊道："生命是什么？一场悲剧。万岁！"现在，"因信仰而改变（transfiguré par la foi）"，这种乐观主义已经转化为一种温和的、包罗万象的智慧。他那自由思想家的自白这样说道："服务上帝与热爱上帝，意味着服务生命与热爱生命。"他听到了子孙后代的脚步声。他向不朽的生命精神致敬，即使是对那些怀有敌意的人。他看到自己的名声日益增长，像一座伟大的大教堂一样，却觉得它与自己相距甚远。他曾是一个漫无目的的急躁者，现在成了一位领导者；但直到死亡的巨浪将他包围，他自己的目标才变得清晰，他漂进了浩瀚无垠的音乐海洋，进入了永恒的和平。

约翰·克利斯朵夫的斗争之所以如此英勇，是因为他唯一的追求是最伟大的事业，是生命本身。这位奋斗者必须为自己建立一切：他的艺术、他的自由、他的信仰、他的上帝、他的真理。他必须摆脱别人教给他的一切，摆脱所有艺术、国籍、种族和教条方面的伙伴关系。他的热情从不为任何个人目的、成功或快乐而奋斗。"激情与快乐之间没有关联（Il n'y a aucun rapport entre la Passion et le plaisir）"。约翰·克利斯朵夫的孤独使得这场斗争变得悲壮。他不是为了自己而奋力追求真理，因为他知道每个人都有自己的真理。然而，他能成为人类的帮助者，并非通过言语，而是通过他自己的本质。正是他那充满活力的善良，产生了一种惊人的和谐的影响。无论谁接触到他——书中虚构的人物，以及读过这部书的人——都会因为结识了他而变得更好。他战胜的是我们所共享的生命之力。出于我们对他的爱，我们也变得能够珍惜这种对于人类世界的热切之爱。

9

奥利维尔

约翰·克利斯朵夫是艺术家的一幅肖像。但是艺术以及艺术家的每种形式、每种公式必然都是片面的。因此，罗兰在克利斯朵夫的生命中，"在道路中间（nel mezzo del cammin）"，介绍了一个对手，一位法国人，作为德国人克利斯朵夫的陪衬。一位是思想上的英雄，一位是行动上的豪杰，二人形成了鲜明的对比。约翰·克利斯朵夫和奥利维尔是互补的两个人，凭借极性定律相互吸引。"他们截然不同，却也因为这种差异而相亲相爱，成为同一类人"——最崇高的那一类。奥利维尔代表着法国精神的精髓，正如约翰·克利斯朵夫是德国最精力充沛者的后代；他们是理想中的人物，同样地，二者的形象也以最高理想的形式塑造而成；像大调和小调一样相互交替，将艺术与生活的主题转化为精妙绝伦的变奏曲①。

表面看来，无论是身体特征还是社会出身，他们之间的对比都是显著的。奥利维尔身材瘦小，苍白而精致。约翰·克利斯朵夫出身于劳动人民家庭，而奥利维尔出身于古老而有些衰败的资产阶级家庭，

---

① 变奏曲（Variation），音乐术语，指主题及其一系列的变化反复，按照统一的艺术构思而组成的乐曲。（译注）

尽管他热情洋溢，但他对庸俗事物却有着如贵族般的冷漠。他的生命力不像他健壮的同伴那样，来自身体过剩的体力、来自肌肉与血液，而是来自神经与大脑、来自意志与激情。他善于接受，却不够有成效。

"他就像常春藤，他的灵魂是温柔的，必须永远爱人与被爱。"艺术对他而言，是逃避现实的避难所，而约翰·克利斯朵夫则将自己投身于艺术中，并在其中使自己的生命变得纵深而宽广。从席勒的定义上，奥利维尔是一位多愁善感的艺术家，而他的德国兄弟则是一位天真的天才。奥利维尔代表着文明之美；他象征着"法国广博的文化与精神"；约翰·克利斯朵夫则代表着大自然的造化。法国人代表了沉思；德国人代表了行动。前者体现在很多方面；后者则体现在自己光芒闪耀的天赋上。奥利维尔"将他从行动中汲取的所有能量转移到了思想领域"，在克利斯朵夫散发出活力的地方，奥利维尔产生的则是想法。并且，他希望改善的不是世界，而是他自己。他满足于在自己的内心展开关于责任的永恒斗争。他不动声色地思考着世俗势力的游戏，带着老师勒南那怀疑的微笑看着，就像预先知道邪恶会不可避免地卷土重来，正如不公与错误的出现也是永远不可避免的一样。因此，他爱的是人性的抽象概念，而不是现实的个体。将一个实际个体作为一个概念的体现，始终是不尽如人意的。

起初我们倾向于认为奥利维尔是一个弱者，胆小且不活跃。一开始，他那强硬的朋友就持有这样的观点，他几乎愤怒地说："你就没有仇恨的能力吗？"奥利维尔笑着回答："我讨厌仇恨。我厌恶与我所鄙视之人斗争。"他不曾与现实妥协，孤立是他的力量所在。没有失败可以吓倒他，没有胜利可以说服他：他知道武力统治世界，但他拒绝承认胜利者。约翰·克利斯朵夫被条顿异教徒的怒火激怒，总是冲向障碍物并将它们踩在脚下；奥利维尔知道，第二天，被踩扁在地的杂草会再次生长出来。他不喜欢为了斗争而斗争。他逃避斗争，不是因为他害怕失败，而是因为他对胜利毫不在意。他是个思想自由的人，事实上是受到了基督教精神的鼓舞。"那样做，我会冒着扰乱我灵魂平静的风险。平静对于我，比任何胜利都更宝贵。我拒绝仇恨。即使是对待敌人，我也渴望做到公正。在激情的风暴中，我希望能够保持清晰的视野，这样我才能理解一切、热爱一切。"

约翰·克利斯朵夫很快就认识到奥利维尔是他精神上的兄弟，认识到思想上的英雄主义与行动上的英雄主义同样伟大，认识到他朋友的空想无政府主义①与自己原始的反抗同样勇敢。在这个明显的弱者身上有着他所崇敬的钢铁般的灵魂。没有什么能动摇奥利维尔，没有什么能扰乱他平静的智慧。即使是不可抗力也不能打倒他。"在做出判断方面，他保有一种没有任何事物可以战胜的独立性。当他爱上任何事物，他可以不惜为了这份爱对抗世界。"他的意志之针准确无误地指向"公正"这个唯一的极点；公正是他的狂热的唯一形式。埃尔特是奥利维尔的原型，但他比奥利维尔弱小，他们都渴望公正。在奥利维尔看来，每一种不公正，甚至是属于遥远过去的不公正，都是对世界秩序的扰乱。因此，他不属于任何派别；他始终是所有不幸者和受压迫者的代言人；他永远"与被征服者同在"；他不希望在社会上帮助大众，而是帮助个人的灵魂，而约翰·克利斯朵夫则渴望为全人

①无政府主义（Anarchism），小资产阶级社会政治思潮，其目的在于废除政府当局与所有的政府管理机构。（译注）

类征服每一个艺术与自由的天堂。对于奥利维尔而言，只有一种真正的自由，即由衷的、作为一个人必须为自己赢得的自由。群众的幻觉，为了权力而进行的永恒的阶级斗争和民族斗争使奥利维尔苦恼，但不会引起他的同情。当德法战争迫在眉睫时，当所有人的信念动摇时，甚至当约翰·克利斯朵夫都觉得他必须回家为祖国而战时，奥利维尔独自一人站着，保持着精神上的镇定。"我爱我的国家，"这位法国人对他的德国兄弟说，"我爱她，就像你爱你的祖国一样。但我是否该为此而出卖我的良心，杀死我的灵魂？这将意味着我对祖国的背叛。我属于精神的军队，不属于武力的军队。"但是蛮力报复了这位鄙视武力的人，他在一次偶然的混战中被杀死。只有他的理想，那是他真实的生命，幸存了下来，为后人复兴了神秘的理想主义——他的信仰。

关于精神力量的拥护者对肉体力量的拥护者的回答、关于精神的天才对行动的天才的回答，书中的描写令人惊叹。两位英雄由于对艺术的热爱、对自由的激情和对精神纯洁性的需要而紧密团结在一起。每个人在自己的意义上都"虔诚而自由"；他们是终极领域的兄弟，罗兰将其称为"灵魂的音乐"——善良。但是约翰·克利斯朵夫的善良是出于本能。因此，它是基本的，很容易被复生的恨意打断。奥利维尔的善良是理性而智慧的，有时只是带点讽刺的怀疑论。但正是他们之间的这种对比，以及他们对善良的渴望是互补的，才令他们聚到一起。克利斯朵夫坚定的信念帮孤独的奥利维尔重获了生活的喜悦。反过来，克利斯朵夫也从奥利维尔那里学会了公正。圣人因强者而升华，而强者自身亦因圣人的明澈而受到启迪。这种互惠互利象征着两国之间的关系，二人之间的友谊正是两个兄弟民族之间精神联盟的原型，法国和德国是"西方的两个小齿轮"。欧洲精神在过去充满血腥的领域上自由地翱翔。

10

格拉齐亚

　　克利斯朵夫代表了创造性的行动；奥利维尔代表了创造性的思维；为了使得创作形成一个闭环，第三种形式的存在是必需的，即格拉齐亚这个创造性的存在。她通过她的美丽和风采来确保实现创作的目标。在她的例子中，名字同样也具有象征性。约翰·克利斯朵夫·克拉夫特是阳刚之气的化身，他在生命较晚的时期里遇到了体现女性平静之美的格拉齐亚，从而帮助他由性情浮躁转而实现了最终的和谐。

　　约翰·克利斯朵夫在迈向和平的长征中，遇到的都是战友和敌人。格拉齐亚是他接触到的第一个不令他感到神经紧张的人。她的个性平静、和谐，这正是克利斯朵夫多年来在音乐中寻求的东西。格拉齐亚没有火一样的个性，不像他那样热烈。在这之前，她的热情早已因为某种对生活的厌倦、一种温和的惰性而冷却下来。但她身上也发出了"灵魂的音乐"之声；她也受到了善良的启发，这种善良正是引起约翰·克利斯朵夫的喜爱之情所必需的。她不鼓动他采取进一步的行动。

　　由于生活中的许多压力，他已经两鬓斑白。她带他去休息，向他展示"意大利天空的微笑"。在那里，一直以来，他不断感到的不安最终像夜晚天空中的云彩一样消散了。过去曾使他全身颤抖的野性不羁的爱恋，在《燃烧的荆棘》一卷中体现出的那种以自然之力点燃的爱的需求，那种威胁力大到将会摧毁他的存在的爱的需求，在这里被澄清为与格拉齐亚"超越感官的婚姻""不朽的挚爱"。

通过奥利维尔，约翰·克利斯朵夫变得清醒了；通过格拉齐亚，他变得温柔了。奥利维尔使他与世界和解；格拉齐亚使他与他自己和解。奥利维尔是维吉尔①，引领他度过炼狱之火；格拉齐亚是比阿特丽斯②，指向大和谐的天堂。

关于欧洲的三位一体，从未有过比这更崇高的象征了。有德国内敛的勇猛，有法国的清澈明晰，以及意大利精神的柔和之美。约翰·克利斯朵夫的生命旋律正是由这样的三和弦构成的；现在的他已然获得了世界公民的身份，可以自如地适应所有的感情、国家和语言，并且可以在生命的终极统一中面对死亡。

格拉齐亚，"la linda（温柔女子）"，是书中最平静的人物之一。我们几乎不曾意识到她路过了这个激情燃烧的世界，但她温柔的、蒙娜丽莎似的微笑，像一束光线横穿过了激情的世界。如果没有她，这部作品和这个男人就会缺乏"永恒的女性"的魅力，这也正是终极谜题的解答。当她消失时，她的光芒依然存在，使这部充满活力与挣扎的作品充满了柔和抒情的忧郁，并且为它注入了一种新的美、一种平和之美。

---

① 维吉尔（Virgil，公元前70—公元前19），古罗马最伟大的诗人，世界文学史上最伟大的文学家之一。主要作品有《牧歌集》《农事诗集》《埃涅阿斯纪》。（译注）
② 比阿特丽斯（Beatrice，约1229—1267），那不勒斯国王卡洛一世的第一任妻子，以美貌著称。（译注）

11

约翰·克利斯朵夫与同伴

尽管前几章描述了亲密关系，但艺术家约翰·克利斯朵夫的道路依旧是孤独的。他踽踽独行，追求着一项孤独的事业，在他自己的迷宫中越走越深。先辈们驱使着他独自前行，从一个令人无限困惑的起源，走向另一个无限，即无限的创造。他在人生旅途中遇到的，不过是阴影和暗示，是经验的里程碑，是上上下下的步伐，是插曲与冒险。但知识不正是经验的总和吗？生活不正是相遇的总和吗？他人并非约翰·克利斯朵夫的命运，而是他创造的素材。他们是无限的元素，他觉得自己与他们是相似的。既然他希望过完整的生活，他就必须接受生命中最为苦涩的一个部分，人类。

他遇到的一切都有助于自身。他的朋友帮了他许多忙；但他的敌人对他的帮助更大，增加了他的活力，激发了他的能量。因此，甚至那些想要阻碍他工作的人，反而对他助益良多；如果他所从事的工作都不能使他成为真正的艺术家，那么真正的艺术家又该是怎样的？在他充满激情的伟大交响乐中，他的同伴们高高低低的声音与宏大的节奏相互交织，密不可分。有许多单独的主题，他在一段时间后就漠不关心地摒弃了；但在另一些其他的主题上，他选择坚持到底。他的童年时代曾遇到了戈特弗里德，一位善良的老人，他身上的精神或多或少来源于托尔斯泰。他的出现很偶然，不过是在一个晚上，背着他的包，仿佛是那位不朽的亚哈随鲁①。但他是开朗和蔼的，从不反抗也不抱怨，身躯伛偻但意志仍坚定不移，朝着上帝的方向前进。对克利斯朵夫而言，戈特弗里德只是生活中的匆匆过客，但这次短暂的接触足以使他的创作精神活跃起来。再想想作曲家哈斯勒。当约翰·克利斯朵夫这个年轻人开始创作时，哈斯勒的脸庞闪过了他的脑海，投来惊鸿一瞥；但是在这一刻，约翰·克利斯朵夫意识到，他可能会面临一种危险，变得像哈斯勒一样懒惰。于是，他把力量集中起来，将其他人带给他的暗示、呼吁、迹象收集起来。

人人都是一种刺激，有些是出于爱，有些是出于恨。

老舒尔茨以一种富有同情心的理解，帮他度过了绝望的时刻。费劳·冯·克里奇家族的自傲和哥达米特家族的愚蠢使他再次陷入绝望，这种绝望在这一次逃亡中达到顶峰，从而最终救赎了他。毒药和解毒剂有着可怕的相似之处。然而，对他的创造精神而言，没有什么是毫无意义的，因为他将自己的意义印在了所有人的身上，将那些阻碍潮流的事物统统扫入了自己的生命之河。知识带来的痛苦对他是十分必要的。

他从悲伤中、从生命的动荡中锤炼出了最强的力量。

在罗兰的有意设计下，约翰·克利斯朵夫最优美、最具想象力的作品是在他遭受到最大精神压力的期间创作而成的。那正是奥利维尔去世后的日子，在那之后，格拉齐亚也离开了。反对与苦恼是普通人的敌人，却是艺术家的朋友，正如他在他的艺术生涯当中所经历的那

---

①亚哈随鲁（Ahasuerus），《圣经·旧约》中的人物。（译注）

样。恰恰是他为了创造而忍受的最深远的孤独，使他需要汲取从伙伴们身上散发出来的影响。

诚然，他花了很长时间才学会这一课。起初他对人的判断总是错误的，因为他是从性情上而非知识上来看待他们。一开始，约翰·克利斯朵夫用他自己洋溢的热情美化了所有人，幻想着他们与自己一样正直、一样天性善良；幻想着他们的谈吐方式与自己一样坦诚、率性。之后，在最初的幻想破灭后，他的观点因为痛苦和怀疑而被歪曲到了相反的方向。但渐渐地，他学会了在高估和低估之间做出保持公正的权衡。

克利斯朵夫在奥利维尔的帮助下走向了公正，在格拉齐亚的引导下走向了温柔，从生活中汲取了经验。他开始理解了，不仅理解了他自身，同样还理解了他的敌人。几乎到了这部作品的最后，我们才发现了一个乍看起来微不足道的小场景。约翰·克利斯朵夫遇到了他曾经的敌人莱维·科尔，并主动向他伸出了手。这种和解不仅意味着短暂的同情，它表达了长途朝圣之旅的意义。它将我们引向他最后的告白，这与他之前对真正的英雄主义的描述略有不同，他说道："了解人类的真谛，却依然热爱人类。"

12

约翰·克利斯朵夫与列国

　　这位倔强的年轻人怀着激情和偏见看待他的同伴，无法理解他们的本性；起初，他怀着同样的激情和偏见思考着人类的家庭与民族。一开始，这是我们命运中不可避免的一部分，对于我们中的许多人而言，我们只是从内部了解自己的祖国，也只是从外部了解国外的世界。直到我们学会了从外部看待自己的国家，并像外国人理解他们的国家那样，从他们国家的内部来理解外国，我们才能获得一种关于欧洲的观点，我们才能意识到，这些不同的国家是一个整体中互补的部分。约翰·克利斯朵夫为生命这一整体而奋斗。因此，他必然追求走上这样一条道路：由一位民族主义者变身为一位世界公民，并获得一个"属于欧洲的灵魂"。

　　一开始，约翰·克利斯朵夫是怀有偏见的，这一点是必然的。首先，他高估了法国。他脑海中关于法国人的深刻印象，是充满艺术性的、开朗的、具有自由精神的。他认为自己的祖国德国是一片充满限制的土地。当他第一眼看到巴黎时，幻想就破灭了；他只看到谎言、喧嚣与欺骗。然而，渐渐地，他发现一个民族的灵魂并不像街道上的铺路石那样显而易见且表面化，一位外国观察者必须穿透一层厚厚的幻觉和虚假，才能挖掘出属于一个民族的灵魂。不久之后，他戒掉了谈论法国人、意大利人、犹太人和德国人的习惯，这些说法就好像这些国家或种族的成员统统属于同一个整体，可以通过如此简单的方式进行分类和记录似的。每个民族都有自己的尺度、形式、习俗、缺点和谎言；正如每个国家都有自己的气候、历史、天空和种族一样；这些事不可能通过三言两语来简单概括。正如所有经验一样，我们对一个国家的经验必须从内部积累。凭借文字，我们建造出的就只是一座纸牌屋而已。"真理对所有国家都一样，但每个国家都有自己的谎言，它被称为'理想主义'。从摇篮到坟墓，每个国家的每位公民都生活在一种氛围中，它化为日常生活中空气般的存在，这便是一种带有欺骗性的理想主义。只有处境孤立的天才才能通过英勇的斗争来解放自己。在此期间，他们孤身处于由自己的思想构建而成的自由宇宙之中。"如果我们要自由地判断，我们必须冲破偏见的藩篱。没有其他公式可循，也没有其他心理上的处方可开。对于一切创造性的工作，我们必须参透需要处理的材料，必须毫无保留地全心投入。对待人类个体需要如此，对待不同民族亦然。了解这些的人会发现，这其中只存在着一门科学，它无关于书本，而是关乎心灵。

只有这种灵魂间的相互理解，才能将各国凝聚在一起。每个国家的人都认为，自己的信仰是唯一正确的、自己的本性是唯一善良的，正是这样的误解造成了民族间的分裂。这种毛病常在那些傲慢之人身上发作，他们认为其他所有人都是错误的。

国与国之间的隔阂是由于国家成员的集体自负，是由被尼采称之为"世纪弊病"的"欧洲民族自豪感大瘟疫"造成的。它们犹如林中的树木，每一根枝干都以自己的独立为荣，尽管它们的根系在地下盘根错节，它们的树梢在顶部枝叶扶疏。生活在深渊之中的普罗大众与无产阶级，出于普遍的人的情感，对民族差异是一无所知的。约翰·克利斯朵夫结识了布雷顿的女仆西多尼，惊讶地认识到"她与受人尊敬的德国人是那么相似"。

　　再看看那些"树梢"，看看那些精英人士吧。奥利维尔和格拉齐亚长期以来一直生活在一个崇高的圈层里，正如歌德所言，"在这个圈子里，我们能像感受自己祖国的命运一样，对他国的命运感同身受"；手足之情是真理，相互仇恨则是谎言；正义是人与人、国与国之间相互连接唯一真正的纽带。"我们每个人、每个民族，都对他人和他国有亏欠或恩惠。那就让我们一起还债、报恩，共同履行我们的职责吧。"约翰·克利斯朵夫在每个国家都受过苦，也接受过每个民族的恩惠；为此他曾失望透顶，却也从中受益匪浅。对于这位世界公民而言，当他的朝圣之旅结束时，所有的民族都是一样的。无论身处哪个国家，他的灵魂都能安然自在。他这位音乐家梦想着创作出一部崇高的作品、一部伟大的欧洲交响乐。这部作品融合了各国人民的声音，消弭了其间的不和谐，将在最后和最高的和声——全人类的和声中，达到高潮。

13
法国的景象

在这部伟大的罗曼史中，法国的形象引人注目，因为我们在这里看到了一个国家的双重图景，分别来自一位德国人的外部角度和一位法国人的内部视野。同样值得注意的是，克利斯朵夫的判断也不仅仅出于他的双眼所见，更是从他透过表象去学习的过程中得来的。

这位德国人的思维过程，被作者从各个方面有意识地通过典型形式加以呈现。在他家乡的小镇上，他从未见过法国人。对于法国人，他没有任何实际的经验，他对他们的感觉表现为一种和蔼可亲却带着一点轻蔑的同情。"法国人是些不错的家伙，但是相当懒散"，这似乎是他作为德国人对法国人抱有的偏见的总结。这是一个由缺乏骨气的艺术家、糟糕的士兵、腐败的政客、轻浮的女人组成的国家，但是他们聪明、有趣、思想开放。身处秩序井然与清醒持重的德国生活中，他对法国的民主自由怀有一种向往。他与法国女演员科琳的第一次邂逅，与歌德笔下的菲林情况相似，似乎证实了这一轻率的判断；但很快，当他遇到安多纳德时，他意识到另一个法国的存在。"你是如此严肃。"他惊讶地对这个端庄却又期期艾艾的女孩说。她在这个异国他乡一个自命不凡的新贵家庭里教书，努力地工作着。她的性格与他的传统偏见不符。一个法国女人应该是浅薄、俏皮而放荡的。法国第一次向他展示了"双重天性的谜团"。这种来自远方的最初吸引力具有神秘的诱惑力。他开始意识到这些陌生国家具有无限的多样性。与格鲁克、瓦格纳、梅耶贝尔①和奥芬巴赫②一样，他逃离了德国狭隘的乡土生活，逃到了巴黎这个传说中的世界艺术之乡。

初到巴黎时，他的感觉陷入了一片混乱，这种印象一直留在他记忆里。作为一名德国人，他常常恢复本性，他最初的以及最终的印象，也是最强烈的一种印象是，缺乏约束导致法国人的巨大能量被浪费了。他在集市上遇到的第一位向导，是一位虚有其表的"真正巴黎人"。他是一位移民，但举止却比那些土生土长的巴黎人更像本地人。他是一位祖籍德国的犹太人，名叫希尔万·科恩。在这里，人们称他为"哈密尔顿"。他的手中掌握着所有艺术品交易的线索。他向约翰·克利斯朵夫介绍了画家、音乐家、政治家和新闻记者；而约翰·克利斯朵夫却失望地转身而去。在他看来，他们的作品都散发着一股令人不快的"女人气"，阴柔有余、阳刚不足。他耳闻目见的，是人们对二流人物的大肆赞美，是喧哗吵闹的溢美之词，却不曾找到一件真正惊世绝伦的艺术品。在这样一种大杂烩中，确实存在着某种艺术，但它是过度修饰的、是堕落的；出于品位而非力量；包含过多的讽刺，却缺乏整体性；属于希腊亚历山大学派③的文学与音乐。它是

---

①贾科莫·梅耶贝尔（Giacomo Meyerbeer, 1791—1864），德国作曲家、指挥家。以歌剧《恶魔罗勃》《法国清教徒》《非洲女》最为著名。
②雅克·奥芬巴赫（Jacques Offenbach, 1819—1880），法国作曲家，原籍为德国。法国轻歌剧的奠基人和杰出代表之一。代表作有歌剧《霍夫曼的故事》，轻歌剧《地狱中的奥菲欧》《美丽的海伦》。
③亚历山大学派，希腊化时代（前334—前30）与罗马帝国时期（前30—公元476）以埃及亚历山大城为中心的哲学学派。

属于垂死民族的最后一丝气息，是属于正在消亡的文明的一朵温室之花。他看到的是结局而非开端。他内心的德国本性使他已然听到了隆隆的炮声，它将摧毁这个衰弱的希腊。

克利斯朵夫开始学会分辨人的好坏；他们中的许多人自负而愚蠢，乏味又缺乏灵魂；他在巴黎的社交生活中，不曾遇到一人，能使他恢复对法国人的信心。第一位信使来自远方，她就是西多妮，一位在他生病时照料他的农家女子。忽然之间，他意识到法国的土壤与腐殖质是如此平静而神圣，肥沃且强大，使得身处巴黎的外乡人得以从中汲取力量。他开始与法国人熟络起来，充满活力、思想严肃的法国人耕耘着这片土地，无视名利场上的喧嚣纷杂。他们以充满威力的怒火掀起了革命，以激情发动了拿破仑战争。此时此刻，他感到必然有一个他不了解的真正的法兰西存在。在与西尔万·科恩的对话中，他问道："我在哪里能够找到法兰西？"科恩大言不惭地说："我们就是！"约翰·克利斯朵夫苦笑着，知道自己的探索之路还很漫长。而他正在寻觅的、怀有真正法兰西精神的人，就在人群之中。

最后，他命运的转折点来了；他遇到了奥利维尔，安多纳德的弟弟，一位真正的法国人。正如但丁在维吉尔的引导下，不断地在更新了的知识范畴内畅游一样，约翰·克利斯朵夫在奥利维尔的带领下，惊奇地发现，在这吵闹的面纱之下，在这喧嚣的表象背后，一位精英正在默默耕耘。他看到了那些名字从未登上过报纸的人的作品；也看到了大众，那些远离喧嚣，平静地追求日常生活的人。他学着去了解法国的新理想主义，它的灵魂因失败而坚强。起初，这一发现使他勃然大怒。"我一点儿也无法理解你们，"他对温和的奥利维尔喊道，"你们生活在世界上最美的国度，天资聪颖，拥有人类最崇高的情感，但你们却无法将这些优势转化为成果，任凭自己被一小撮流氓支配和践踏。振作起来！团结起来！把你们的屋子打扫干净！"这位德国人最初的也最自然的想法是组织起来，把有利的元素聚集到一起；强者首先想到的是战斗。然而，法国最优秀的人物保持着超然物外的冷漠，他们中的一些人满足于一种谜一般清晰的视野，而另一些则选择轻易放弃和听天由命。对于这些拥有着卓越见识的人所持有的悲观态度，勒南做出了清晰的表达：他们在斗争中退缩了。行动对他们来说是不和谐的，最困难的事情就是将他们联合起来，共同行动。

"他们过于谨慎，在战斗开始之前就想象失败。"由于他们缺乏德国人的乐观主义，他们仍然保持着个体的独立性，一些是出于谨慎，而另一些人则是出于骄傲。他们似乎受到一种排外精神的影响。约翰·克利斯朵夫可以在自己的住所研究这种精神的运作方式。每一层楼都住着非常杰出的人物，他们本可以很好地团结在一起，但他们彼此却互不相干。二十年来，他们在同一段楼梯里上上下下，相互之间却并不熟识，对他人的生活也漠不关心。因此，法国最优秀的艺术家们相互之间，也依然是陌生人。

约翰·克利斯朵夫忽然意识到，尽管法国人有着自己的优点和缺点，他们最重要的个性特点是对自由的渴望。每个人都希望保持自由，远离束缚。他们浪费了巨大的精力，因为每个人都将时间耗费在孤立无援的挣扎中。因为他们不允许自己被组织起来，因为他们拒绝齐心协力。尽管他们的行为因为这一理由而陷入瘫痪，但他们的思想却仍然保持着自由。因此他们能够带着一位孤独者对宗教的狂热，参与每一次革命运动，而且他们能够不断更新自己的革命信仰。这些东西是他们的救赎之道，使他们免受过分僵化的秩序所累，免受被强加了过度统一性的呆板系统所累。约翰·克利斯朵夫终于明白，喧闹集市的存在，只是为了吸引缺乏思考的人，并为真正活跃的灵魂保留一份具有创造性的孤独。他看到，在法国人的气质中，这种喧闹是必不可少的一部分，它是法国人互相影响、开展劳动的一种手段；他还发现，他们思想中存在的明显不合理之处，正是一种形式，它显示了处在不断更新之中的节奏。和许多德国人一样，在克利斯朵夫的第一印象中，法国人是软弱的。但二十年后他意识到，事实上他们总是为迎接新的开始而做好准备，在他们精神上的明显矛盾中，有一种隐藏的秩序支配着他们。这种秩序与德国人所知的秩序不同，正如他们的自由也是一种不同的自由。这位世界公民不再希望把自己的特点强加给其他任何国家，现在的他正高兴地思考着各个种族永恒的多样性。世上的光线是由七种颜色的光谱组成的；同样的，从种族差异中也生出了一种团结在一起的奇妙多样性，即全人类的友谊。

14

德国的景象

在这部罗曼史中，同样的，作者也从两方面来看待德国；在描述时，先借由一位德国人的眼光从外部看法国，再由一位法国人从内部视角进行观察。描述德国时，则是先从内部视角观察，再借由外国人的视角描述。此外，如同描述法国时一样，这两个世界在不知不觉中相互叠加在一起。两种文明，一种喧闹、一种安静。两种文化，一种虚假、一种真实。相对而言，我们看到旧德国在精神事物中寻求英雄主义，在真理中发现了它的深刻性；而新德国则陶醉在自己的力量中，抓住了改变世界的理性力量，并将之滥用到了提升商业效率的方面。这倒不是说德国的理想主义已然灭绝，而是说，关于一个更为纯洁和美好的、避免因人类命运而妥协的世界的理想，已然不复存在。问题在于，这种理想主义已经被传播得过于广泛，已经普遍到使它本身变得稀薄而肤浅。德国人对上帝的信仰变得实际了，指向了世俗的结果，它已被转化成了对整个民族的未来的宏愿。艺术方面则是多愁善感的。属于艺术的新的表现形式，淋漓尽致地体现在了威廉皇帝廉价的乐观主义中。这场失败使得法国理想主义精神化；而从德国的角度看，则是一项胜利，代表着理想主义的物质化。"胜利的德国人为世界带去了什么？"约翰·克利斯朵夫问道。他回答了自己所提出的问题，说道："是闪着光的刺刀、缺乏气度的活力、野蛮的现实主义、为逐利而将武力与贪婪相结合，以及商业版图的大肆扩张。"他悲痛地意识到，德国已经受到了胜利的伤害。他遭受着煎熬，因为"他对自己国家的期望比对法国的期望更高，因为自己国家的错误受到的伤害也比因为法国的错误受到的伤害更大"。革命者克利斯朵夫厌恶喧闹的自我主张、军国主义者的傲慢和社会等级制度的粗鲁。在他与军事化的德国之间的冲突中，在他与阿尔萨斯乡村旅馆舞会上与一位中士的争吵中，我们这位热爱自由的艺术家对于纪律的恨意猛烈地迸发了；我们看到他对思想野蛮化的抗议。他不得不将德国的尘土从脚上抖落。

然而，当他到达法国时，他开始意识到德国的伟大。"在异国他乡，他的判断力得到了解放。"这句话适用于他，也适用于我们大家。在法国的混乱中，他学会了珍视德国的积极有序；法国人的怀疑顺从使他敬重德国人的积极乐观；一个机智诙谐的国家和一个深思熟虑的国家间的对比令他印象深刻。然而，他对新德国所持有的乐观主义态度并不抱幻想，他认为这往往是虚假的。他开始意识到，理想主义常常采取"将独裁意志理想化"的形式。即使是在大师们身上，他也看到同样的情况。引用歌德的一句妙语，"对德国人而言，理想是多么容易被镀上一层多愁善感的蜡啊！"在法国清晰的氛围中，他热情洋溢的真诚变得无情。他反抗这种朦胧的理想主义，它在真理与欲望之间妥协，以文明为借口为滥用权力辩护，并且认为武力足以保证胜利。在法国，他意识到法国的缺点；在德国，他认识到德国的不足。他热爱着这两个国家，因为它们是如此不同。每个国家在其优点以外，都有与之对应的缺陷。在法国，过于广泛地传播"自由"导致了混乱，只有少数精英人士将他们的理想主义保持得完好无损。在德国，渗透在大众中的理想主义被裹上了伤感主义的糖衣，并被浇灌成了商业的乐观主义；在这里，更小规模的一部分精英远离人群，保留着完全的自由。每个国家都拥有被过度发展了的民族特色。正如尼采所说，民族主义"在法国败坏了个性，在德国败坏了精神和品味"。但当两国人民团结在一起，并牢记他们彼此最好的品质，他们就会欣喜地发现，正如克利斯朵夫所发现的，"他的德国梦越丰富，对他而言，拉丁思想的清晰也就越珍贵。"

奥利维尔和克利斯朵夫缔结了友谊的契约，希望有一天，他们的个人情感能在两国人民的联盟中得以永续。在国际争端的悲惨时刻，法国人用尚未实现的语言对德国人呼喊道："我们向你们伸出双手。尽管有着谎言与仇恨，我们还是不能分开。为了我们伟大的精神和种族，我们需要彼此。我们是西方世界的一对翅膀。如果其中一个受损了，另一个也会变得毫无价值。即使战争来临，也不会松开我们的手，也无法阻止我们一起向上翱翔。"

15

意大利的景象

当约翰·克利斯朵夫开始了解第三个将会成为未来欧洲综合体一部分的国家时，他正在逐渐变得衰老和疲乏。他从未被意大利吸引过。正如多年前在法国的情况一样，在意大利，他也接受了灾难性的、带有偏见的公式，这些公式在各国之间强加了障碍，并各自将本国的独特之处颂扬得特别正确、异常强大。这些冷却了他的同情心。然而，他在意大利只待了不到一个小时，这些偏见就被热情的赞美所取代。他的激情被不熟悉的意大利风光点燃了，他意识到一种新的生活节奏。他看不到德国那样充沛的精力，也看不到法国那样紧张的流动性；但这些"数百年古代文化与文明"的甘美，对北方的野蛮人有着强烈的吸引力。迄今为止，他总是将目光投向未来，但现在他开始意识到了过去的魅力。德国人仍在寻找最佳的自我表达方式；而法国人通过持续的变化来更新自己；在意大利，他发现了一个有着清晰传统历史的民族，一个为了使自然之美得到最大程度的绽放，为了实现"美"仅需忠于自己的过去与自己的风景的民族。

诚然，克利斯朵夫怀念奋斗，对他而言，奋斗这一因素的重要性堪比呼吸之于生命。轻微的睡意似乎是普遍存在的，那是一种令人愉悦的，同时也是虚弱而危险的疲劳感。"罗马随处是坟墓，这座城市呼出了死亡的气息。"马志尼和加里波第①点燃的统一意大利的火焰，仍然闪耀在意大利孤独的灵魂中。这里也存在着理想主义，但它不同于德国和法国的理想主义，它并不针对世界公民，而是保存着纯粹的民族性："意大利的理想主义只关心自身，只关心本国的欲望、种族与声誉。"在平静的南方氛围中，这股火焰燃烧得并不猛烈，无法照亮整个欧洲；但它在这些年轻的灵魂中，燃烧得明亮而美丽，适宜一切激情，尽管最激情的时刻尚未到来。

但是，当约翰·克利斯朵夫开始爱上意大利时，他开始害怕这种爱。他意识到，意大利对他来说是至关重要的。这是为了在他的音乐与生活中，将感官的浮躁净化为一种完美的和谐。他知道南方对北方的必要性，现在他意识到，只有德国、法国和意大利这三个国家三位一体，每个声音的全部含义才会变得清晰。在意大利，人们幻想得更少，更注重现实；但这片土地实在太美了，容易使人耽于享受，扼杀了行动的冲动。正如德国在自己的理想主义中发现了危险，因为理想主义在普通人中被传播得过于广泛，从而变得虚假了；正如法国一样，法国的自由被证明是灾难性的，因为它鼓励个人秉持一种绝对独立的观念，这种观念使人疏远了社会；因此，对意大利来说，她本身的美丽是一种危险，因为这使得她懒惰、易受影响和自满。对个人来说，最危险的是那些最个性化的特征；对国家而言，最危险的是那些最民族化的特征。而这些特征，恰好是人们所推崇的东西。因此，似乎国家和个人必须通过尽可能地与自己的对立面相结合来寻求救赎。

---

① 朱塞佩·加里波第（Giuseppe Garibaldi，1807—1882），意大利复兴的杰出领袖，军事家、民族英雄。（译注）

这样，他们将更接近最高理想，即欧洲统一，也即普世的人道。在意大利，就像之前在法国和德国一样，约翰·克利斯朵夫重新梦到了罗兰二十二岁那年第一次在贾尼科洛山上做的梦。他预见了属于整个欧洲的一首交响乐。迄今为止，只有诗人们在超越国籍的作品中创作了这种交响乐，而欧洲各民族却尚未实现这一点。

16

犹太人

现在，在这三个既吸引了他也排斥了他的多元化国家里，克利斯朵夫发现了一种统一的元素。这种元素适用于每个国家，但却并未完全融入——犹太人。"你注意到了吗？"有一次，他对奥利维尔说，"我们总是遇到犹太人。人们可能认为，是我们是用咒语引来了他们，因为我们不断在我们的道路上发现他们，有时是敌人，有时是盟友。"的确，他无论走到哪里都会遇到犹太人。在他的家乡，第一批向他伸出援助之手的人（当然是为了他们自己的目的）是经营"狄奥尼索斯"的犹太富人；在巴黎，西尔万·科恩是他的向导，莱维·科尔是最令他痛苦的敌人，威尔和穆奇则是他最好的朋友。同样地，奥利维尔和安多纳德经常就"友谊或敌意"的主题与犹太人交流。在艺术家走过的每个十字路口，犹太人都像路标一样指向前方，指向或善良、或邪恶的方向。

克利斯朵夫对犹太人的第一感觉是敌意。虽然他心胸开阔，不会对犹太人抱有仇恨的情绪，但他却从虔诚的母亲那里汲取了某种厌恶；尽管他们的目光敏锐，但他质疑他们真正理解自己作品的能力。

然而，一次又一次，他意识到，他们是唯一真正关心他作品的人，也是唯一一群为了创新本身而重视创新的人。

奥利维尔是二人之中头脑更为清醒的一个。他能向克利斯朵夫解释，表明与传统隔绝的犹太人在无意识之下成了创新的先驱，向传统发起了攻击；这些没有祖国的人正是反对民族主义运动的最佳助手。"在法国，一个自由的人唯一可以与之讨论新鲜事物、真正有活力的事物的对象，几乎只有犹太人。其他人采取的立场是站在过去，坚定地植根于已经死亡的事物。非常重要的是，对于犹太人来说，传统意义上的过去并不存在；或者，就算它是存在的，也与我们的过去有所不同。其结果是，我们可以与犹太人谈论今天，而对于我们的种族同胞，却只能谈论昨天……我并非暗示，我始终觉得犹太人所做的事是令人愉快的。相反，我常常认为这些行为事实上令人厌恶。但至少他们是真正在生活，并且知道如何珍视活生生的东西……在现代欧洲，犹太人既是善良的主要代表，也是邪恶的主要代表。在不知不觉中，他们会促进思想种子的萌芽。你不正是在犹太人中找到了你最坏的敌人和最好的朋友吗？"

克利斯朵夫对此表示同意，说道："他们确实鼓励和帮助过我，他们说的话鼓舞我奋起斗争，表明我得到了他们的理解。然而，这些人已不再是我的朋友了；他们的友谊不过是稻草燃起的点点星火。没关系！在夜里，哪怕转瞬即逝的光辉也是受到欢迎的。你是对的，我们不能忘恩负义。"

在克利斯朵夫描绘的祖国图景中，他为这些没有祖国的犹太人找到了位置。他没有忘记犹太人的错误。他意识到，对于欧洲文明来说，犹太人并非最高意义上的生产要素；他认为他们的工作，本质上倾向于"促进分析和分解"。但在他看来，这项分解工作很重要。因为犹太人破坏了传统，传统是一切新事物世袭的敌人。他们摆脱了国家的束缚，像牛虻一样，折磨着"肮脏的民族主义野兽"，直到它失去理智。他们的分解作用有助于我们摆脱已死的过去，摆脱"永恒的昨日"；脱离民族关系的束缚有利于新精神的成长，而这种精神本身是无法产生成果的。这些没有祖国的犹太人是未来"优秀的欧洲人"的最佳助手。在许多方面，克利斯朵夫都受到他们的排斥。作为一个珍惜生命信仰的人，他不喜欢犹太人的怀疑主义；对于性格开朗的人而言，犹太人的讽刺是不和谐的；他自己努力实现无形的目标，他厌恶犹太人的物质主义，他们的准则是成功必须是有形的。即使是聪明的朱迪思·曼海姆，凭借其"对智慧的热情"，也只是了解他的作品，却不了解作品背后的信仰。

然而，犹太人的坚强意志吸引了他自己的力量，他们的活力吸引了他旺盛的生命力。他从他们身上看到了"行动的发酵体、生命的催化剂"。作为一个无家可归者，他发现自己在这些"圣人"这里得到了最亲密、最迅速的理解。

此外，作为一个自由的世界公民，他有能力从自己的角度理解他们生活中的悲剧。他们漂泊在外，远离一切，甚至连相互之间也断了联系。他认识到，他们可以作为处理事情、达成目的的有用手段，尽管他们并非目的本身。他看到，像所有国家和种族一样，犹太人必须受到与之相反的约束。"这些神经质的人……必须受到法律的约束，法律将给他们带来稳定……犹太人就像女人，在受到控制时是极好的。但是，无论受到犹太人还是女人的统治，都是无法容忍的。"

正如法国精神或德国精神不能做到的一样，犹太人的精神也难以被普遍应用。但克利斯朵夫不希望犹太人的待遇与他们这些人所受到的有所不同。每个种族的存在都是必要的，因为每个种族独有的特征，都是丰富民族多样性，以及借此扩展生命的必要条件。约翰·克利斯朵夫已步入晚年，与世界和解了。他发现一切在整个计划中都有其指定位置。每一个强烈的音调都为大和谐做出了贡献。孤立时可能引起敌意的东西，可以将整体联系在一起。不仅如此，在我们开始重建之前，有必要拆除旧建筑并清理地面；分析的精神是进行综合建设的前提。在所有国家，克利斯朵夫都称赞这些没有祖国的人是建立一个普世祖国的好帮手。

他接受所有人进入他关于新欧洲的梦想之中，建立新欧洲这一尚且遥远的梦想，其韵律激起了他回应的渴望。

17
世代更替

　　因此，整个人类群体都被困在一圈又一圈的栅栏之中。如果生命力要赢得自由，就必须打破这些障碍。我们的祖国面临着障碍，它将我们与其他国家隔离开来；语言的障碍使我们的思想受到限制；宗教的障碍使我们无法理解外来的信条；我们自己本性的障碍，由于偏见和错误的学习阻碍了通往现实的道路。由此产生的隔阂是可怕的。人们互不理解；种族、信条、个人之间也无法相互了解；人们是相互隔离的；每个群体或每个人都只体验到一部分的生活、真理和现实，但每个人都把自己经历的那部分误认为是整体。

　　即使是"从祖国、信仰和种族的幻觉中解脱出来"的自由人，即使是似乎逃离了所有束缚的人，也仍然被封闭在一个终极的障碍圈中。他被限制在自己那一代人的范围内，因为世代更替是人类提升的阶梯。每一代人都在前人成就的基础上发展；后人不可能重蹈我们的覆辙；每一代人都有自己的规律、形式、伦理以及内在意义。这种强制性的悲剧由此而生，一代人不以友好的方式接受前人的成就，不乐意继承他们获得的发展。个人如此，国家如此，一代又一代人对邻国充满了带有敌意的偏见。同样，在这里，斗争和怀疑是永恒的法则。

　　后一代人拒绝前一代人所做的事情；第一代人的事迹直到第三代

人或第四代人才得到认可。所有的进化都是按照歌德所说的"螺旋式的循环"发生的。当我们在上升时，我们都是在逐渐变小的螺旋里围绕着同一个轴旋转。因此，人们世代奋斗、永不停歇。

每一代人对他们的前辈必定都是不公平的。"由于一代人总是强于一代人，相比使人们团结一致的事物，人们对使他们彼此分裂的事物具有更强的感知力。他们感到有必要肯定自己存在的必要性和重要性，即使是以自己的不公或虚假为代价。"与人类个体一样，他们也生存在"一个必须不公才能生存的时代"。他们必须积极地过自己的生活，在思想、形式和文明方面坚持自己的特点。对他们而言，他们这一代人为后代考虑的可能性很小，就像先辈们也很少为他们考虑周全一样。在这种自我主张中盛行着永恒的森林法则，年轻的树趋向于将老树树根处的土壤推开，消耗老树的能量，以便活着的一代踩着逝者的尸体前进。

几代人都处在战争之中，每个人都在不知不觉中成了自己时代的捍卫者，即便他觉得自己并不同情这个时代。

约翰·克利斯朵夫这位年轻人在孤独中反抗着自己的时代，他并不知道这种行为恰恰代表了大家共同的思想。他自己，以及通过他，他这一代人向垂死的一代宣战，这种看法是从他的偏见中得来的，有失公允；是从他年轻时得来的，并不成熟；是从他的激情中得来的，慷慨激昂。

他和他这一代人逐渐老去，他目睹了新的浪潮席卷了自己和自己的作品。他已然获得了智慧，不肯再向那些讨厌他的人吹胡子瞪眼睛了。他看到他的敌人表现出昔日的自己所表现出的不公与急躁。他曾以为死板机械的命运会占得上风，现在生活教会了他如何看待流动的变化。那些他年轻时的革命伙伴现在变得保守起来，他们反对新青年，正如他们自己年轻时反对老一辈一样。只有战斗者在不断更新，斗争则是不变的。对约翰·克利斯朵夫而言，他对新一代报以友好的微笑，因为他热爱生命胜过爱他自己。他的朋友以马内利劝他，通过对一代人作出道德评判来为自己辩护，克利斯朵夫却不以为然。这一代人宣称，他们的先辈以牺牲生命换来的、被视作真理的一切，都毫无价值。

克利斯朵夫回答说："什么是真实？我们不能以过去的标准来衡量新一代人的道德。"以马内利反驳道："那么，我们为何要寻求一种衡量生命的标准呢，如果我们不能使之成为他人所参照的一种准则的话？"克利斯朵夫向他指出了永恒的变化，他说："他们向我们学习，却并不因此而感激；这是事物演替过程中不可避免的。他们从我们的努力中获益，取得了比我们所能取得的更大的进步，这终将使他们意识到我们这代人奋力达成的成果。如果我们心中还留存着青年时期饱满的精神，让我们向他们学习，以求恢复自身的活力吧。如果这超出了我们的能力，如果我们老得无法做到这一点，那么我们至少能为他们还年轻而欢欣鼓舞。"

人有生老病死，每代人都是如此。地球上的万事万物都受制于自然法则。信念强大的人、虔诚的自由思想者，都遵从于法则。但他们也并非没有认识到（在此，我们看到了这部作品最为深刻的文化造诣），这种变化、这种价值上的重新评估有着自己的世俗节奏。从前，一个时代、一种风格、一种信仰、一种哲学可以持续一个世纪；到了现在，持续的时间不会超过一代人，几乎只能维持十年。斗争变得更为激烈，也更缺乏耐性。人类的进步比过去更快，新一代人也能比老一代人更快地消化各种思想。"欧洲思想的发展正以更为活跃的步伐行进着，仿佛它的加速伴随着我们在机械动力方面的进步……关于偏见和希望的储备，在过去原本足以滋养人类二十年，现在却缩短到了短短五年。在知识方面，几代人不断奋进，有时甚至取得了飞跃性的突破。"这些精神转变的节奏正是《约翰·克利斯朵夫》一书所处的时代特点。当主人公从巴黎回到德国时，他几乎快认不出自己的祖国了。

当他从意大利重回巴黎时，这座城市对他而言似乎非常陌生。他仍然不时地发现往日的"节场"，但它的事务是以新的货币来交易的；一种新的信仰激励着它；新的思想在市场上流动；只有喧嚣一如既往。奥利维尔和他的儿子乔治之间仿佛有一道深渊，分隔了两个世界。但对于儿子轻视的态度，奥利维尔却感到高兴。这可是一个时隔二十年的深渊啊！

生命必须永远以新的形式来表达自己；它拒绝使自己受到陈腐思想的裹挟，受到过去的哲学和宗教的束缚；在它任性而固执的进程中，它将那些人们公认的观念扫除了出去。每一代人都能理解自己；它将遗产传递给了未知的继承人，这些人将以他们认为最好的方式来诠释和实践。罗兰展现了一幅由他创作的自由灵魂的伟大画卷，用来作为他那悲剧而孤独的一代人的遗产。他把它献给"所有国家的自由灵魂；献给那些正在受苦、挣扎，并将要征服的人们"。他献出了自己的作品，说道：

"我写下了正在消失的一代人的悲剧。我没有试图掩盖它的恶习或美德，隐藏它的悲伤、它混乱的骄傲、它英勇的努力，以及它在超越常人的任务所带来的压倒性重担下所经历的挣扎——一个重建整个世界的任务，重建伦理学、美学和信仰，建立一个新人类的任务。我们这一代就是这样的人。

"今天的人们，年轻人啊，你们的时代到来了。踏着我们的身体前进吧！比我们这一代人更伟大、更幸福。

"而我则要向我旧的灵魂告别了。我把它像一个空壳那样抛在身后。生活是一系列的死亡与复活。让我们死去吧，克利斯朵夫，这样我们便可以重获新生。"

18

别离

　　约翰·克利斯朵夫已经到达了更远的彼岸。他跨过了生命之河，被汹涌的音乐浪涛所包围。看起来，他穿越千难万险，肩负着的遗产——整个世界的意义和生命的信仰，已然安全抵达。

　　他再一次回望留在对岸土地上的同伴。对他来说，一切都变得陌生了。他再也无法理解那些在幻想的狂热中劳作与受苦的人。他看到了新的一代，年轻的他们与年轻时的他有所不同，他们更有活力、更野蛮、更急躁，受到一种不同的英雄主义的激励。新时代的孩子们通过体育锻炼强健了身体，在飞行中锻炼了勇气。"他们为自己强健的肌肉和宽阔的胸膛而自豪"。他们为他们的国家、宗教、文明而自豪，为他们认为属于自己的一切而骄傲；他们从每一种骄傲中，为自己锻造出了武器。"他们宁愿去行动也不愿去理解"。他们希望展示自己的实力，考验自己的能力。垂死的克利斯朵夫惊恐地意识到，从未经历过战争的这一代人，正在发出对战争的渴望。

　　他颤抖地环顾四周："一直在欧洲森林中闷烧的火苗现在爆发出了烈焰。一处的火焰熄灭了，另一处的火焰立刻燃烧起来。在旋风般的烟雾和雨点般的火苗中，星星之火肆虐开来，点燃了干涸的灌木丛。东部前哨的小冲突已经出现，这是国家大战的前奏。整个欧洲，整个仍然充满怀疑和冷漠的欧洲，犹如一片枯死的森林，都是这场大火的燃料。战斗的精神无处不在。每时每刻，战争似乎都迫在眉睫。熄灭之后，火苗会不断重生。即使最微不足道的借口也能增强它的力量。整个世界绷紧了弦，不知会因为怎样的缘由而触发可怕的战争。一切都处于等待之中。压迫感笼罩在每一个人——即使是最崇尚平和的人身上。战争的发生是一种不可阻挡的必然。这些理论家躲在巨人蒲鲁东①的阴影之下，称赞战争是使人类通向崇高的最壮丽的要求。"

"正因如此，西方民族才得以在物质上和道德上重生！正是因为这些屠宰场，行动与激情的信仰洪流才得以加速流动！除了像拿破仑那样的天才以外，没有人能将这些盲目的冲动引导到一个可预见的、刻意选择的结局。但在欧洲，却无人具有这样的行动天赋。世界似乎选出了最平庸的子孙来担当统治者。人类精神的力量只好通过其他渠道得以体现。"

克利斯朵夫回忆起早年间，他与奥利维尔就一直担心着战争的前景。那时，暴风雨尚在远处隆隆作响。现在，风暴的云层已然覆盖了欧洲的整个天空。团结的呼声毫无结果，指出黑暗中的道路也是徒劳无功。先知者只能站在远处，悲痛地凝视着《启示录》②中的骑兵，他们正是自相残杀的先驱。

但在垂死之人身旁还有一个孩子，他微笑着，充满了智慧；这孩子便是"永恒的生命"。

---

①皮埃尔-约瑟夫·蒲鲁东（Pierre-Joseph Proudhon，1809—1865），法国政论家，经济学家，小资产阶级社会主义者，无政府主义奠基人之一。被称为"无政府主义"之父。（译注）
②《启示录》（*Apocalypse*），基督教圣经《新约全书》的最后一卷，主要讲述了圣约翰对世界末日的猜想和启示。（译注）

第五部分
谐谑间奏曲

——"布勒农，你这坏小子，你还笑，难道不感到羞耻吗？"

——"我的朋友，你想怎样？我就是我。发笑不能抑制痛苦，痛苦也不能阻止优秀的法国人发笑。不管一个人是笑还是哭，首先应当去理解他。"

《科拉·布勒农》

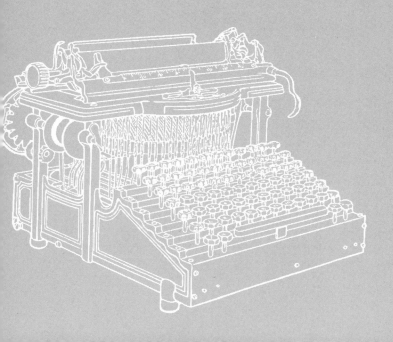

1

意外之作

　　最终，艰苦的工作生涯终于迎来了一段休息时间。十卷篇幅的伟大小说已经写成；涉及整个欧洲范围的作品已经完稿。罗曼·罗兰第一次可以在工作之外，自由地接受新的词汇、新的结构和新的作品。他的信徒约翰·克利斯朵夫，正如爱伦·凯①所说的"我们所认识的最具生命力的人"，已经走向世界；克利斯朵夫的周围聚集了一群朋友，一个安静的但却不断扩大的群体。然而，对于罗兰来说，约翰·克利斯朵夫的信息已然成为过去。作者正在寻找一位新的信使，用以传递新的信息。

　　罗曼·罗兰回到了瑞士。他热爱这片土地，它位于他最喜爱的三个国家之间。瑞士的环境对他的许多工作都大有裨益。《约翰·克利斯朵夫》是从瑞士开始动笔的。一个平静而美丽的夏天使得罗兰恢复了精力。紧张的气氛得到了一定程度的缓解。他几乎是漫不经心地考虑了各种计划。他已开始为一部新的小说收集材料，这是一部在知识和文化上与《约翰·克利斯朵夫》属于同一范畴的戏剧罗曼史。

　　突然之间，如同二十五年前在贾尼科洛山上，罗兰的脑中出现了

---

① 爱伦·凯（Ellen Key, 1849—1926），瑞典女作家，妇女运动活动家。（译注）

《约翰·克利斯朵夫》的故事一样，在几个不眠之夜里，一个陌生而又熟悉的人物拜访了他，那是一位祖辈就相识的乡下人。那人豪爽的性格使得罗兰把所有其他计划都搁置了。不久之前，罗兰再次访问了克拉姆西。这座古城唤起了他童年的回忆。

几乎是在不知不觉中，家庭的影响发挥了作用。他的家乡坚持认为，这位子孙在描述了那么多遥远的场景之后，也应当描绘一下他自己的出生地。这位法国人是如此积极、热情地将自己转变成了一个欧洲人，在世界面前证明了自己欧洲人的身份；而在这创造性的时刻，他则渴望成为一个彻底的法国人、彻底的勃艮第人、彻底的讷韦尔人。这位音乐家习惯于将交响乐中的所有声音结合起来，通过它们来表达最为深刻的情感。现在他渴望发现一种新的节奏，在长时间的紧张之后，他要放松下来，进入一种愉悦的心境。十年来，他一直被一种强烈的责任感所支配；塑造约翰·克利斯朵夫是他的灵魂必须承担的责任。现在，写一首自由轻快的谐谑曲将是一件令人愉悦的事。这是一部与政治、伦理和当代历史无关的作品。这种"不负责任"应当是神圣的，它是对时代精神的苛求的一种逃避。

第一天晚上，他想到了这个主意。第二天他便兴高采烈地打消了其他计划。他的思绪如波浪般荡漾开去，不费吹灰之力。就这样，连罗兰自己都感到惊讶，在1913年夏天的几个月里，他完成了轻松愉快的小说《科拉·布勒农》，这是欧洲交响乐中的一首法国间奏曲。

2

勃艮第兄长

　　起初，在罗兰看来，这位主角似乎是一个陌生人，尽管他来自罗兰自己的家乡，与自己有着相同的血统，但他突然闯入了自己的生活。

　　他感到，这本书仿佛是一颗划过法国晴朗天空的流星，冲入了他的视野；确实，旋律是新颖的；不同之处在于节奏、基调与时代。但是那些清楚地了解作者的人，不会没有意识到，这本有趣的书并未脱离罗兰作品的本质。它只不过是一个变体，将故事发生的年代设定在旧时代。它是基于罗曼·罗兰对生命信仰的探索这一动机而写成的。埃尔特王子和路易国王是奥利维尔的先辈与兄弟。同样的，科拉·布勒农这位快活的勃艮第人，健壮的木雕师，爱喝酒、爱开玩笑的家伙，尽管穿着旧时代的衣衫，却是约翰·克利斯朵夫的兄长，几个世纪以来，一直注视着我们。

　　与以往一样，我们发现小说的主题是相同的。作者向我们展示了一个富有创造力的人（那些没有创造力的人对罗兰而言几乎是毫无价值的）是如何适应生活的，尤其是如何应对他生命中的悲剧的。《科拉·布勒农》和《约翰·克利斯朵夫》一样，是一部关于艺术家生命的罗曼史。但这位勃艮第人是一位已经消失了的艺术家，否则将这样的人物引入《约翰·克利斯朵夫》中，必然是不合时宜的。只有通过忠诚、勤奋和热情，科拉·布勒农才能成为一位艺术家。作为艺术家，他忠实地履行着日常任务。将他提升到更高艺术境界的并不是灵感，而是他博大的人性、诚挚的态度和精力充沛的质朴。对于罗兰而言，他就是那些雕刻石像、用以装饰法国大教堂的无名艺术家们的典型代表。正是因为这些工匠艺术家，我们才得以欣赏到中世纪美丽的门拱、华丽的城堡和辉煌的铸铁艺术品。

这些工匠没有将自己的虚荣雕刻在石头上，也没有在作品上刻上自己的名字；但他们在工作中投入了一些今天看来已经罕见的东西——创造的喜悦。有一次，在《约翰·克利斯朵夫》中，罗曼·罗兰创作了一首颂歌，用以歌颂沉浸在安静的艺术工作中的老艺术家们的日常活动。他请人们注意塞巴斯蒂安·巴赫及其同辈的生活。以同样的方式，现在他希望重新展示他所描绘的众多艺术家的肖像，米开朗琪罗、贝多芬、托尔斯泰和韩德尔。如同这些崇高人物一样，科拉·布勒农也沉醉于创造性的工作。

勃艮第人缺乏能够激发他们活力的宏伟灵感，但布勒农却有着直率、和谐的天赋。他不以拯救世界为追求，也不试图与关于激情以及精神生活的问题作斗争；他满足于追求技艺上的极简，以此作为自己定义的完美标准，并借此追求永恒。与原始的工匠艺术家相比，现代艺术家的匠气更重；赫菲斯托斯①这位神圣的锻冶之神与皮提亚神庙

---

① 赫菲斯托斯（Hephaistos），古希腊神话中的火神、锻造与砌石之神、雕刻艺术之神。奥林匹斯十二主神之一。（译注）

中的阿波罗①、狄俄尼索斯形成了对比。技艺更简单的艺术家涉及的领域势必更为狭窄，但一位艺术家有能力在他预先掌握了的艺术领域有所作为，这也就足够了。

不过，如果奋斗不是科拉·布勒农生活中的显著特征，如果罗兰不是通过他，向我们展示真正的人总是比他的命运更坚强，那么科拉·布勒农就不属于罗兰塑造的典型艺术家形象。即使乐观的科拉也经历了莫大的悲剧。房子被烧毁，三十年来的作品毁于一旦；妻子去世；战争毁灭了国家；嫉妒和恶意阻碍了他最后一次艺术创作的成功；到最后，疾病也妨碍了他的积极生活。他唯一能用以抵御烦恼、年龄、贫困和痛风的，是"他创造的灵魂"、他的孩子、他的徒弟，以及一位朋友。然而，这位出身勃艮第的农民拥有着一件可保护他免受命运重击的盔甲，其效力丝毫不亚于约翰·克利斯朵夫那种德国式的不可战胜的乐观主义，或奥利维尔那坚定不移的信仰。布勒农有着属于他不可动摇的快乐。"悲伤永远无法阻止我欢笑；在欢笑的同时，我也可以哭泣。"他是一位享乐主义者、美食家和酗酒者，他能随时脱离工作去玩耍。尽管如此，当不幸来临时，他仍是个坚忍的人，在逆境中仍是个无怨无悔的英雄。当他的房子被烧毁时，他呼喊道："少了身外之物的羁绊，真我就愈发得以凸显！"这位勃艮第工匠的身材不如他的莱茵兰兄弟高大，但他的双脚却同样坚定地扎根于心爱的土地上。当约翰·克利斯朵夫的守护神在愤怒和疯狂的风暴中爆发时，对于命运的降临，布勒农却表现出一种属于高卢人的玩世不恭的

---

① 阿波罗（Apollo），古希腊神话中的光明、青春、音乐、畜牧、诗歌和医药之神，消灾解难之神。也有说法说他是希腊文化的守护神。（译注）

态度和健康、清醒的头脑。他异想天开的幽默帮助他直面灾难与死亡。

毫无疑问，这种精神品质正是精神自由最为珍贵的形式之一。

然而，在罗兰笔下的英雄人物中，"自由"是最无足轻重的特质。他的主要目的一直是向我们展示一个典型案例，一个武装起来反抗厄运与上帝的人，一个不允许自己被生命的强力击溃的人。在我们正在讨论的这部作品中，他以喜剧，而非更为严肃的戏剧风格来描绘这场斗争，这令他感到有趣。但喜剧总会因为其背后更深层的意义而得到升华。尽管有一些轻松的情节，比如孤苦伶仃的老布勒农不愿住在他女儿的房子里避难，又比如他在自己的家被摧毁后，自夸地装作毫不在意（唯恐他的灵魂因为不得不接受同胞的同情而烦恼），但在这出悲喜剧中，他仍然被一种纯粹的渴望激励，那就是——靠自己的力量振作起来。

首先，科拉·布勒农是一个自由人。他是法国人、一位法国公民，这些都是次要的考虑因素。他爱他的国王，但前提是国王给他自由；他爱他的妻子，但妻子要遵循他的意愿；他与邻近教区的牧师关系极好，但从不去教堂；他将自己的孩子们当作偶像，但他精力充沛的个性使他不愿与他们生活在一起。他对所有人都很友好，但他不受任何人的约束；他比国王更自由；他有一种幽默感，这正是全世界自由精神所特有的幽默感。在所有国家、所有时代中，真正活着的人是孤独的，他比命运更强大，他冲破重重人与物的阻碍，自由地汇入了生命之河。我们已经看到莱茵兰人克利斯朵夫在惊呼："生命是什么？

一场悲剧！万岁！"从他的勃艮第兄弟那里，得到的回应是："奋斗是艰难的，但奋斗是一种乐趣。"跨越时代和语言的障碍，两人对彼此报以同情的理解。我们意识到，自由的人摆脱了种族和时代的限制，形成了一种精神上的亲缘关系。

3
高卢风格

  罗曼·罗兰曾将《科拉·布勒农》视为一个间奏曲、一项轻松的工作，它使他得以转而享受天马行空、"不负责任"的创作带来的乐趣。但在艺术上，并不存在所谓的"不负责任"。构思艰难的作品往往难以执行，轻松写成的作品也可能有意外的美丽收获。

  从艺术角度来看，《科拉·布勒农》可能可以被视为罗兰最成功的作品。因为它被组织成一个整体，以连续的节奏流动着，其进展从未因为关于棘手问题的讨论而受阻。《约翰·克利斯朵夫》是一部关于责任与平衡的书。它是为了讨论当今的所有现象，并通过行动和反应展现人们是如何从各方面来看待这些现象的。每个国家都需要逐一获得全面的考量。百科全书式的世界图景、精心编排的综合性设计，都使得强行引入许多超越和谐构图力量的元素变成了一种必要。

  但是《科拉·布勒农》始终是在同一种基调下写成的。第一句话就像音叉一样发出音符，然后整本书都以此作为基调。作品通篇保持着同一种活泼的旋律。作者采用了一种特别欢乐的形式。风格富有诗意，却未采用诗体写作；文笔富有音乐性，却并未严格遵循韵律。这本书以散文的形式出版，以自由诗体的形式写成，偶尔还包含几句押韵的诗句。罗兰很可能采用了保尔·福尔①的基调；不过，在《法兰西叙事曲》中，反复出现的叠句形成了一首首小调贯穿了整部书。在遣词造句上则极为天才地运用了古典法语，追随了拉伯雷②的语言风格。

写这部小说时，罗兰希望做一个法国人，他找到了法兰西精神的精髓，并诉之于"高卢风格"。这一新形式的运用大获成功，而这份独特性是任何人们熟识的文学形式都不可比拟的。如同巴尔扎克的《幽默故事集》那样，整部小说以古法语写成，虽然措辞晦涩，通篇却蕴含着音乐性，这是我们头一回遇到的。《老妪之死》和《焚毁的房屋》两章显然如民谣般生动，它们的特点和精神上的律动性，与其他宁静的画面构成了鲜明的对比，尽管它们在本质上并无重大区别。情感氛围轻盈地流动着，宛如云彩飘过天空；纵使位于最最黑暗的云层之下，时代的地平线依然带着一种有效的清晰，露出了微笑。罗兰从未像在这部书中一样，完全作为一位法国人，展现出他精湛的诗歌才情。在书中，他向我们呈现了一种异想天开和变幻莫测的风格，直白地展示出他的力量源泉：他的法兰西灵魂沉浸在他最爱的音乐元素中。

---

①保尔·福尔（Paul Fort，1872—1960），法国象征主义诗人，1890年，公开打出反现实主义的旗号，创立了艺术剧院，2年后关闭。（译注）

②弗朗索瓦·拉伯雷（Francois Rabelais，约1494—1553），文艺复兴时期法国人文主义作家之一，杰出的教育思想家。主要著作是长篇小说《巨人传》。（译注）

4

令人沮丧的消息

《约翰·克利斯朵夫》中一代人与一代人之间的分歧是作者特意展示的。

《科拉·布勒农》中的另一种分歧则是在无意间产生了影响：一种与传统法国截然不同的、毫无顾忌的愉悦之情。这位"勃艮第人"希望向他之后的青年同胞们展示，讽刺是如何调剂生活、为生活带来乐趣的。

罗兰在这里展示了他心爱的祖国的所有财富，首先便是其中最美丽的一种：生活的乐趣。

我们今日的世界是冷漠的，应当通过诗人对早前世界的歌颂来唤醒它。之前的世界也同样贫困，人们同样将精力耗费在无果的仇恨上。一位法国人发出的对欢乐的呼唤，回荡在随后的数百年中，这正是对德国人约翰·克利斯朵夫的回答。两种声音和谐地交织在一起，正如贝多芬第九交响曲中《欢乐颂》的音乐。在那个平静的夏季，罗兰的书稿如同金子般堆叠在一起。作品已开始印刷，并将于第二年——1914年的夏天问世。

然而，1914年的夏天他收获的却是一场腥风血雨。喧嚣的炮声淹没了约翰·克利斯朵夫的警告，将那些本该听到欢乐的呼喊的人们、那些本该受到振奋的人们，震得失聪了。五年，在世界历史最恐怖的五年中，这个闪闪发光的形象陷于黑暗，被人忽视。《科拉·布勒农》无法与"温和的法兰西"并存。因为这部书描述的是旧日里欢欣雀跃的法国，然而，等到它的出头之日，旧日的法国却已永远消逝了。

第六部分

欧洲的良心

有的人认为，存在着比祖国的福祉、社会、血浓于水的亲缘关系珍贵百倍的东西。如果这样的人试图扮演爱国者，那么他将证明自己是个伪君子。鼓励、欣赏或颂扬民族仇恨，是人类的堕落。

尼采

只有当学者和艺术家为了追随他们的使命而牺牲自己的休息与幸福时，他们才能真正理解和证明自己的使命。

托尔斯泰写给罗曼·罗兰的信

1887年10月4日

1

遗产的守护者

　　1914年8月2日发生的事件①导致了欧洲的四分五裂。因此，精神上的两兄弟约翰·克利斯朵夫和奥利维尔用生命创建起来的信仰崩溃了。伟大的遗产被抛弃在一旁。曾经神圣的"四海之内皆兄弟"的理想，在所有战争肆虐的土地上，被掘墓人轻蔑地埋葬了，埋葬在了数百万死难者的尸体之中。

　　罗曼·罗兰面临着前所未有的责任。他以富有想象力的形式提出了问题。现在这些问题成了可怕的现实，亟待解决之道。对欧洲的信仰正是罗兰致力于用来守护约翰·克利斯朵夫的信仰。相比任何时候，此时此刻人们更需要提升信仰的标准，用以抵御风暴。而这种信仰却没有守护者，也没有倡导者。诗人很清楚，倘若真理只是停留在口头上，就仍是虚无的、真假参半的。只有付诸行动，思想才能真正具有生命力。信仰应当以公开表白的方式来证明自己的真实性。

　　在《约翰·克利斯朵夫》中，罗曼·罗兰已经为这个命定时刻传达了他的消息。为了让他的告白变得鲜活有力，他必须付出更多，为此他献出了自己。时间到了，他要去做约翰·克利斯朵夫为奥利维尔的儿子所做的事。他必须守护神圣的火焰，他必须实现他的英雄所示

---

① 1914年8月2日发生的事件：第一次世界大战全面爆发，德军入侵比利时。（译注）

的预言。罗兰履行这一义务的方式，已经成为我们所有人关于精神上的英雄主义的一个不朽范例，它带给我们的感动更甚于罗兰的文字。我们看到他的生命与个性，呈现出一种鲜活的信仰。我们看到他是如何以他名字的全部力量、以他艺术素养中的全部能力，站在自己的，以及他国的土地上，反抗众多的对手，目视着他所信仰的天堂。

罗兰从未忘记，他认识到，在一个幻想弥漫的时代很难坚持自己的信念，无论这些信念看起来是多么不言而喻。但是，正如他在1914年9月写给一位法国朋友的信中所说，"责任由不得我们选择。责任强加在我们的身上。在那些与我想法相同的人的帮助下，我的责任是将最后一缕欧洲精神从洪水中拯救出来。全人类要求我们这些热爱自己同胞的人采取坚定的立场，如有必要，甚至为此不惜与所爱之人反目。"

五年来，我们目睹着这场战斗所秉持的英雄主义在与各国交战的过程中，探寻着自己的道路；我们目睹了一个人在数百万疯狂者中保持理智的奇迹；我们目睹了一个人在普遍舆论的奴役下保持自由的奇迹。我们看到了爱与恨的交锋、欧洲人与爱国者的对垒、良知与世界的战斗。在这个漫长而血腥的夜晚，我们常常因为自然的无常而感到绝望，并即将从绝望中走向灭亡。在这样的时刻，唯一安慰和支撑我们的是这样一种认识：那种足以摧毁城池、消灭帝国的强大力量，在一个智勇双全、捍卫自由的孤立个体面前，也将无能为力。

那些将自己视为胜利者，认为自己战胜了数百万人的人会发现，有一件事是他们无法掌控的，那就是——自由的良心。

因此，当他们埋葬被钉上十字架的欧洲思想时，他们的胜利是徒劳的。真正的信仰会创造奇迹。约翰·克利斯朵夫打破了死亡的束缚，以他自己的创造者为生命形式，再一次复活了。

2

未雨绸缪

　　我们并未贬低罗曼·罗兰的道德奉献，但我们也许可以在某种程度上原谅他的反对者。因为我们坚持认为，罗兰在对战争及其问题的事先研究的深刻性方面，超越了当代所有富有想象力的作家。如果今天回顾他的作品，我们会惊奇地注意到，从最初到后来的漫长岁月中，它们相互结合起来，建造出了一个巨大的金字塔，从它的塔尖放射出了战争的雷电。二十年来，作者的思想和他的整个创作活动一直持续不断地集中在精神与力量、自由与祖国、胜利与失败之间的矛盾上。在千变万化的形式下，他追求着相同的基本主题，以戏剧、史诗以及其他多种方式加以处理。与此相关的所有问题，在克利斯朵夫与奥利维尔的讨论中，在艾尔特与吉伦特派的讨论中，都有所涉及。从理智上看，罗兰的作品是所有战争动机的演习场。因此，当其他人终于开始试图接受事情的发生时，罗兰已经得出了自己的结论。作为历史学家，他描述了伴随着战争不断反复发生的典型事件，讨论了大众呈现出的心理状态，揭示了战时心态对个人的影响。作为一位道德家和世界公民，他早已形成了自己的信条。事实上，我们可以说，罗兰的思想，在某种意义上已经对人群的幻想以及流行性的谎言免疫了。

　　艺术家要考虑哪些问题，这一决定绝非偶然。戏剧家并非"随机选中"他的主题。优美的旋律并不是音乐家"发现"的，它早已在他心间萦绕多时了。

并不是艺术家创造了问题，而是问题创造了艺术家；正如作出预言的并不是先知，而是创造先知的"先见之明"。艺术家的选择总是预先注定的。一个预见整个文明和一个灾难性时代的根本性问题的人，必然必须在决定性的时刻发挥主导作用。只有这样的人，才会把即将到来的欧洲战争视作深渊，认定如果无视每个警告，任其加速，将会导致几十年的疯狂杀戮；只有这样的人，才能掌握自己的灵魂，避免加入纵酒狂欢式的暴动，才能在隆隆的战鼓声中坚定不移。究竟是谁，在人世间发生的最大幻觉风暴中，依然傲然屹立、岿然不动呢？

罗兰在战争初期就与当时的其他作家与艺术家相对立。不仅如此，这种对立还可以追溯到他职业生涯的开端。二十年来他一直形单影只。此前，罗兰与他的同辈人在观点上的差异并不明显，为何直到战争的实际爆发，分歧才凸显出来呢？原因在于罗兰的个性而非情绪。在大灾难之前，几乎所有具有艺术气质的人们，都像罗兰一样明确认识到，欧洲人之间自相残杀的斗争将是一种犯罪，将令文明蒙羞。除了少数例外，人们都是和平主义者。更准确地说，除了少数例外，人们都认为自己是和平主义者。因为和平主义不仅意味着成为和平的朋友，而更像《新约》中所说的那样，要为和平事业而奋斗。和平主义意味着为和平的意愿付出有效的行动，而非仅仅是对轻松生活的热爱和对宁静的偏爱。它意味着斗争；正如在每个危险时刻，在每个自我牺牲和英雄主义的时刻，它所要求人们做到的那样。现在来说说我们刚刚认为的这些"和平主义者"。他们拥有的只是对和平的感性爱好；他们赞成和平，正如他们赞成社会平等、慈善事业、废除死刑是一样的。他们的信仰缺乏激情，对待自己的观点犹如对待身上的衣服一样。当考验降临时，他们准备用自己的和平主义伦理，来交换战争制造者的道德，随时改变观点，披上民族主义的外衣。从根本上说来，他们同罗兰一样，知道什么是正确的，但却没有发表意见的勇气。歌德对埃克曼说的话一语中的地形容了这类人："现代文学的一切罪恶都是因为调查者与作家缺乏个性。"

因此，罗兰并非独守着自己的见地，茕茕孑立。许多知识分子和政治家都认同这一点。但就他而言，他的所有知识中都交织着宗教热情；他的信仰是鲜活的；他的想法化为了行动。在富有想象力的作家中，他具有独一无二的惊人活力。当其他人都丢盔卸甲、抛弃标准时，他仍然忠于自己的理想；当昔日的欧洲知识分子们摇身一变，成了"爱国者"的大军时，他必须以一人之勇捍卫住欧洲的精神。从青年时代起，他就代表无形的精神，与现实生活作斗争。与战壕中的荷枪实弹相比，他展现了一种更为崇高的英雄主义。士兵们表现出了浴血奋战的英雄主义，而罗兰表现出的则是精神上的英雄主义；它展示出，在世人皆醉的战争狂热中，一个人如何保持头脑的清醒与自由。

3

避难之地

　　战争爆发时，罗曼·罗兰正待在日内瓦①湖畔的一座古老小城——沃维。除了少数的例外情况，他基本都在瑞士度过夏天。他的一些最好的文学作品都在瑞士完成。瑞士与各国都能亲如兄弟，约翰·克利斯朵夫曾在这里预言了欧洲的统一，罗兰则在这里收到了世界大灾难的消息。

　　突然之间，他的生命似乎变得毫无意义。他的劝告徒劳无功，二十年来的热心努力付诸东流。他从小就担心会发生这场灾难。他让奥利维尔在灵魂的折磨中哭泣："我太害怕战争了，我害怕战争很久了。它对我来说是一场噩梦，毒害了我童年的日子。"

　　现在，他的预言对亿万人而言已成为可怕的现实。此时此刻，尽管他已经预见战争是不可避免的，痛苦却并未就此减轻。

　　相反的，当他人急于用如鸦片般错误的责任观念和如大麻般对胜利的幻想来麻痹自己的感官时，罗兰无情的清醒使他能够展望到遥远的未来。8月3日，他在日记中写道："我感觉自己已经江郎才尽。我

---

①日内瓦（Geneva），瑞士西南部的城市。第一次世界大战后的国际联盟所在地，建有万国宫，现为联合国欧洲总部。（译注）

希望自己已经死去。亲眼见证人们发疯、文明崩溃是可怕的。这场欧洲战争是许多世纪以来最大的灾难，推翻了我们'四海之内皆兄弟'的最高希望。"几天后，在更大的绝望中，他写下了以下字句："我的痛苦日积月累，它是如此巨大，几乎压得我无法呼吸：法国遭受的蹂躏，朋友们或死或伤的厄运，这些痛苦带来的悲伤，以及对亿万受难者揪心般的同情。每当看着这些疯狂的人时，我感到道德上正在展开一场殊死搏斗。在这场斗争中，人们献出最宝贵的财产：精力、才智、英勇奉献的热情，为凶残而愚蠢的战争狂人作出牺牲。没有任何神圣的讯息，没有任何崇高的精神，没有任何道德的领袖，这令我伤心欲绝。因为等到大屠杀结束时，这些都无法帮助重建上帝之城。前功尽弃、希望落空的感觉淹没了我。如果我真能就此睡去，但愿我能不再醒来。"

在这种心灵的痛苦中，他常常渴望回到法国；但他知道，自己到了法国也没有用武之地。年轻时，他身材矮小、体质虚弱，不适合服兵役。现在他已年近五十，显然更加力不从心了。即使是在表面上为战争提供最微不足道的帮助，都会被他的良心厌恶，因为他接受过托尔斯泰的教导，这使他对自己的信念坚定不移。他知道保卫法国是他的责任，但他这样做的意义和那些战斗人员，以及充满仇恨的知识分子有所不同。一年多后，他在《超乎混战之上》的序言中写道："一个伟大的国家必须保护自己的疆界，必须保护自己的理智。她必须保护自己免受战争释放的幻觉、不公和愚蠢的侵害。每个人都有自己的职责。军队保护祖国的国土。思想家捍卫祖国的思想……精神绝不是民族遗产中无足轻重的部分。"在战争伊始的悲惨日子里，他不清楚自己是否会受到邀请去进行反战演讲，也不清楚自己会以何种方式发表演讲。然而他知道，倘若真的站上讲台，他一定会代表知识自由以及超越民族藩篱的正义，发表他的寓言。

但是，主持正义必须基于观点自由。只有在中立国，观察者才能倾听所有的声音、了解所有的意见。只有在这样的国家，他才能获得一种凌驾于战场硝烟、谎言迷雾和仇恨毒气之上的视野范围。在这里，他可以保留判断自由与言论自由。在《约翰·克利斯朵夫》中，罗兰展示了大众心理状态的危险力量。"在它的影响下，"他写道，"每个国家最为坚定的精英才俊们都感到，他们最珍视的信念正在消失。"没有人比罗兰更了解"集体思想的精神传染，以及无所不在的精神失常"。正因对它们了如指掌，罗兰更希望自己能远离它们、远离浑浑噩噩的乌合之众，以避免这样一种风险：无法遵从自己的良心，转而不得不遵循良心以外的其他东西的领导。他只能转向自己的作品。他可以读读奥利维尔的话："我爱法国，但我不能为了法国而杀死自己的灵魂，或是背叛自己的良心。"如果这样做，那才确确实实背叛了自己的国家。"当我没有仇恨时，我怎么能恨得起来呢？我怎样才能如实演绎这出仇恨的喜剧呢？"或者他可以再读一读这篇令人难忘的告白："我不会去憎恨。即使是我的敌人，我也会公正对待。在激情带来的一切压力之下，我希望保持清晰的视野，这样我才可以理解一切，从而能够热爱一切。"只有思想自由、精神独立的艺术家才能帮助他的国家。只有这样，他才能为他的同辈人服务，才能为全人类服务。忠于真理，就是忠于祖国。

偶然发生的事件已被深思熟虑的选择所证实。

在五年战争期间，罗曼·罗兰一直留在欧洲的心脏——瑞士；留在那里，以便完成他的任务，"说明什么是公平与人道（De Dire ce qui est juste et humain）"。在这里，微风从各地自由吹拂而来，声音可以自由穿越所有边界；在这里，言论不受约束，他遵循着无形使命的召唤。战争在狂热中掀起的无尽血腥与仇恨的浪潮近在咫尺，正向联邦州的边界喷涌着。但在整场风暴中，一根智慧的磁针却始终准确无误地指向罗兰生命中那不变的极点——爱。

4

为人类服务

　　在罗兰看来，艺术家有责任通过尽职尽责地为全人类服务，来服务自己的祖国。艺术家应当发动一场对抗战争苦难的战役，并在其中发挥自己的作用，来对抗战争所造成的痛苦，来对抗战争带来的千百倍的折磨。他拒绝了绝对冷漠的想法。"在仍能帮助他人的情况下，艺术家无权保持冷漠"。但是，这种援助、这种参与，绝不能进一步加剧已经激起数百万人仇恨的杀戮。它的目标，必须是用已经存在的无形纽带，将数百万已深陷在无限痛苦中的人们进一步团结起来。因此，他加入了帮助者的行列，不是选择手握武器，而是效仿美国内战期间在医院担任助理的沃尔特·惠特曼[①]。

　　几乎在第一轮战火攻击刚开始，瑞士就听到了来自四面八方的痛苦呼声。成千上万人得到了失去了战场上的父亲、丈夫和儿子的消息，将双臂绝望地伸向了虚空。成千上万的信件和电报涌入了日内瓦红十字会的小房子，这是唯一仍然存在的国际信息汇集站。

　　第一批寻求失踪亲人消息的信件一封接着一封，像暴风雨中的海燕一样飞来；此后，这些询问本身就变成了一场风暴。一麻袋又一麻

[①]沃尔特·惠特曼（Walt Whitman，1819—1892），美国著名诗人、人文主义者，其作品对美国和欧洲自由诗的发展很有影响。代表作品有《草叶集》《欧罗巴》等。（译注）

袋的信来了。痛苦是如此泛滥，令人措手不及。红十字会没有空间、没有组织、没有系统，最重要的是，没有帮手来处理这一切。

罗兰成了最早施以援手的人之一。缪斯博物馆很快被红十字会用于开展救援工作。

在一间小木屋内，在数百名妇女和学生之间，罗兰干了整整十八个月，每天工作六到八个小时。主管费里埃博士以非凡的组织才能帮助提升了信息的处理效率，缩短了人们的疑虑，人们对他感激不尽。罗兰在那里帮忙处理信件、归档来信、对外写信，承担了大量看起来无关紧要的琐碎工作。但是，对于他能帮助的每个人，他的一字一句又是多么重要啊，因为在广阔的宇宙中，每个受难者大多只关心降临在自己身上的不幸。今天，无数人都不知道一个事实：他们应当感谢这位伟大的作家，是他为他们提供了失散的亲人的消息。一张粗糙的凳子、一张未经打磨的小桌子、几台杂乱摆放的打字机，人们应答呼喝、行色匆匆——这是罗曼·罗兰的战场，里面正开展着一场反对战争苦难的战役。在这里，当其他作家和知识分子竭力促进相互仇恨时，罗兰却致力于促进和解，通过他所能提供的安慰，来减轻无数受害者中的一小部分人所受的折磨。他从未想过要在红十字会担任领导，也确实不曾担任过一官半职；但是，他像许多其他的无名助手一样，竭力处理好日常工作，促进信息的相互交流。

他的事迹并不显眼，因此也更加令人难忘。

当罗兰荣获诺贝尔和平奖①的时候，他分文未取，而是将奖金全数捐献，用于减轻欧洲的苦难。他真是一位言行相顾、知行合一的人，一位头戴荆冠的耶稣！一位基督式的诗人！

_____

①此为作者笔误，罗兰获得的是1915年的诺贝尔文学奖，而非诺贝尔和平奖。

5

精神的法庭

没有人比罗曼·罗兰更有先见之明。《约翰·克利斯朵夫》的最后几章预言了即将出现的大众幻觉。

他从未对某些理想主义者的妄想抱有幻想，他不认为文明的事实（或表象），以及两千年来基督教义对人类善良的促进，会使未来的战争变得更为人道。作为历史学家，罗兰太清楚了，战争的激情一旦被引爆，文明和基督教的外衣都会被扯碎；在所有国家，人类赤裸裸的兽性行为都将暴露出来；血腥味会使他们都退行到野兽的层面。他毫不掩饰地说，这种奇怪的气味能使最温柔、最善良、最聪明的灵魂变得迟钝，感到困惑。古老的友谊破裂了，性格冲突最为明显的人们，在祖国偶像的面前突然团结到了一起。战争现实在初露端倪时，良心的信念便彻底消失了。在《约翰·克利斯朵夫》中，罗兰对这一切的描写，其直白程度不亚于古巴比伦宫殿墙上所显现的不祥之兆。

然而，即使是罗兰这位先知，也低估了现实的残酷性。战争刚爆发的几天，他就惊恐地注意到，论起斗争的暴虐性、物质与精神上的残忍性以及斗争激情的强烈程度，以往所有战争都要在这次战争面前黯然失色。现实糟糕得超乎想象。尽管几千年来，欧洲各国之间几乎不断相互交战，但人们彼此间的仇恨从不曾像耶稣基督诞生后的20

世纪，如同群众的言行所表现的这样，上升到了如此激烈的程度。在人类历史上，仇恨从未在人群中蔓延得如此广泛；从未在知识分子中如此猛烈地肆虐；以前不曾发生过火上浇油的情况，而现在，助燃的"石油"从无数人精神的喷泉和管道中、从报纸连接而成的运河中、从教授的反驳之词中喷涌而出！

群众中滋生出了一切邪恶的本能。整个世界的情感与思想都被军事化了。令人憎恶的战争组织用真枪实弹制造伤亡。更令人厌憎的是，国家电报局竟然也向五湖四海散布谎言的火种。第一次，科学、诗歌、艺术、哲学和机械同样只能在战争面前卑躬屈膝。在讲坛和教授席上，在实验室里，在编辑部和作家的书房中，所有的能量都集中在一个看不见的系统上，用以产生和扩散仇恨。先知发出的末日警告被湮没了。

整个欧洲都不曾料到，有一天，仇恨与鲜血的洪流从一个国家流向另一个国家，竟能染红整片大地。罗曼·罗兰知道，迷失的世界、腐败的一代，是无法从幻想中被拯救出来的。一场世界大火无法被一句话扑灭，也不能依靠赤手空拳来平息。唯一可能付出的努力，是防止他人火上浇油，并以蔑视的、不屑的鞭笞尽可能地阻止从事这种犯罪活动的人。也许，建造一艘方舟可以将这自寻死路的一代人中的精英从洪水中拯救出来。将来有一天，当洪水消退，这些人还可以帮助重建家园。需要举起一个标志，使得信徒们能够团结在它的周围，在高于战场的地方建造起一座团结的庙宇。

在由一般人员、独创的机械、谎言和仇恨构成的令人憎恶的组织中，罗兰梦想能够建立起另一个组织——欧洲自由精神联合会。在这样一个组织之下，具有一流创造力的作家和科学界的领军人物们济济一堂，打造出他心目中的方舟；在这些不公与虚伪的日子里，他们将是正义的捍卫者。当大众受到流言的蒙蔽，出于盲目的愤怒相互攻击时，几个世纪以来一直为发现、进步和理想而合作的德、法、英三国的艺术家、作家、科学家们可以联合起来，组成一个精神法庭，以科学的热忱，致力于消除使他们各自民族产生隔阂的谎言。他们超越了国籍，可以在更高的层次上相互交流。罗兰最珍视的希望，是希望伟大的艺术家们与研究人员们不会认同战争的罪行，不放弃他们的良心自由，不固守一种肤浅的认识——"不论对错，那都是我的祖国"。几个世纪以来，知识分子们几乎无一例外地认识到了战争的可憎。一千多年前，当中国受到野心勃勃的蒙古人威胁时，李白曾呵斥道："乃知兵者是凶器，圣人不得已而用之。"自欧洲开始共同生活以来，"圣人绝不沾染这些愚行"正是西方学者们在争论中依然心照不宣的一个共识。在拉丁文学界中（拉丁语是交流的媒介，同样也是超越国界的友谊的象征），交战两国伟大的人道主义者们在战争中互表痛惜之情，相互提供哲学上的慰藉，反对他们那些没受过多少教育的同胞们的残暴幻想。赫尔德①在为 18 世纪有教养的德国人辩护时写道："为了祖国却与祖国进行血腥的斗争，是最荒谬、最野蛮的行为。"歌德、拜伦、伏尔泰和卢梭都对战争中毫无目的的屠杀表示蔑视。在罗兰看来，今天，领先的知识分子、伟大的科学研究者必须保持头脑清醒，富有想象力的作家则最具人性，他们可以加入一个联合会，其成员将宣布与各自国家所犯的错误决裂。事实上，他并不敢贸然幻想，

---

① 约翰·哥特弗雷德·赫尔德（Johann Gottfried Herder，1744—1803），德国文艺理论家、狂飙突进运动的理论指导者。作品有《批评之林》《论语言的起源》等。（译注）

在这个被战争激情冲昏了头脑的特殊时期，还会有大量的人能保持灵魂的清醒。但精神力量并不基于支持者的数量，这不同于军队的法律。在这一领域，诚如歌德所言："一切伟大的事物，一切最为珍贵的事物都源于少数人。不能认为理性会永远普遍存在。激情和情感可能会普及，但理性永远是少数人的特权。"然而，这部分人却能够通过精神的力量获得权威。首先，它能构筑一道防止虚假的壁垒。无论是谁，如果他能牵头，将有识之士、领导人物、所有国家的自由人士聚集在某地，例如瑞士，建立起对抗一切不公的共同事业，那么，一个避难所将被建立起来，用以庇护当下处处皆受束缚与压制的真理。欧洲将拥有一片乐土作为家园；人类则将获得希望的火花。通过相互交谈，这些最优秀的人可以互相启发；心无偏见者间的相互启迪必会将这种光芒扩散到整个世界。

这就是战争爆发后，罗兰首次提笔时的心情。他给豪普特曼写了一封公开信。对于罗兰而言，这位德国人的善良和仁慈是他相当尊敬的。与此同时，他也给德国最痛恨的敌人维尔哈伦写了信。罗兰向左右两边伸出了双手，希望能将这两位收信人串联起来。这样，当战场上的机枪发出地狱般的轰鸣声，屠杀法国、德国、比利时、英国、奥地利、匈牙利和俄国的儿女时，至少在纯粹的精神领域里，可能能够诞生出一篇关于精神和解的文章。

6

与格哈特·豪普特曼的辩论

罗曼·罗兰与格哈特·豪普特曼并不相识。他熟悉这位德国人的著作，钦佩德国人对一切人道主义事业的热情参与，热爱他们善良的品行，并在作品里有意塑造了这样的德国角色。在访问柏林时，他曾去豪普特曼家拜访，但这位剧作家并不在家。之前，两人也从未有过书信往来。

尽管如此，罗兰还是决定将豪普特曼视为德国作家的代表，给他写了信，因为他是《织工》的作者，并且还创造了其他许多饱经苦难的角色。1914年8月29日，沃尔弗电报局发了一封电报，奉行"恐吓政策"，荒谬地夸大其词，宣布"卢万①这座拥有丰富艺术品的老镇今天已经不复存在"。此举引发众怒是情理中的事，但罗兰努力表现出最大限度的克制。他在开篇时这样写道："格哈特·豪普特曼，我并非那些将德国视为野蛮国家的法国人。我了解你们这一强大种族在智力与道德方面的伟大。我知道我必须感谢古老的德国思想家；甚至现在，此时此刻，我还记得我们的榜样歌德的话语——因为他属于

---

①卢万（Louvain），比利时的一个城市，以历史悠久的卢万大学和美味的啤酒享誉欧洲。（译注）

全人类——拒绝一切民族仇恨，保持灵魂的宁静，站在这样的高度上'对其他民族的幸福与不幸，我们感同身受'"。第一次，他以显见的、最谦逊的态度，带着一种可悲的自我意识继续写道。

认识到自己的使命后，他提高了自己的声音，谈及当下的争议："我一生都在努力将我们两国的思想聚集在一起；它们卷入了这场邪恶的战争，导致了欧洲文明的毁灭，但战争的暴行永远不会使我用仇恨玷污自己的精神。"

现在，罗兰的声音听起来更加慷慨激昂。他并不认为德国应该对战争负责。"战争源于各民族的软弱与愚蠢"。他不谈政治问题，但却强烈抗议战争对艺术的破坏，他问豪普特曼和他的同胞："你们是歌德的子孙，还是阿提拉①的子孙？"

他平静了一些，恳求豪普特曼不要试图为这些事辩护。"迄今为止，德国一直是欧洲最杰出的拥护国之一，让我们以欧洲的名义，以历代伟人们为之不懈奋斗的文明的名义，以你们日耳曼种族荣誉的名义，格哈特·豪普特曼，我恳求你们，我挑战你们，您和德国的知识分子们。在你们中间，我想起了众多友人。请你们以最大的力量来抗议这种罪行吧，否则它将伤及你们自身。"罗兰希望这位德国人会像他一样，拒绝宽恕战争制造者的过分行为，拒绝接受战争的宿命。他希望莱茵河两岸的民众可以进行抗议。罗兰并未意识到，此时此刻的德国民众对真实的政治局势并不了解，也不可能有任何的了解。他并未意识到，他所希望获得的这种公开抗议是完全没有可能的。

---

① 阿提拉（Attila，约406—453），匈奴帝国皇帝（433—453），在位时攻打东罗马帝国，逼迫其纳贡求和，被欧洲人称为"上帝之鞭"。（译注）

格哈特·豪普特曼回信的措辞比罗兰更激烈。

他没有答应这位法国人的请求，没有否定德国军国主义的恐怖政策，而是以邪恶的热情试图为这一政策辩护。他接受了"战争就是战争"这样的格言，言之过早地捍卫了强者的权利。

"弱者自然只会诉诸谩骂。"他宣称卢万镇被毁的报告是假的。他说，对德国而言，德国军队"和平通过"比利时是生死攸关的大事。他提到了总参谋部的声明，并且引用了"君主陛下"的话，作为代表真理的最高权威。

随后，争议从精神层面转移到了政治层面。罗兰在回信中愤然驳斥了豪普特曼的观点，因为豪普特曼用自己的道德权威来支持史里芬①的侵略性理论。罗兰宣称豪普特曼"正在为掌权者的罪行担责"。通信非但没有促进和谐，反而加剧了不睦。实际上，他们二人立场不同，没有共同讨论的基础。这次尝试是不合时宜的，情感也过于激烈；谎言的迷雾依然普遍存在，遮蔽着双方的视线。仇恨与谬误的大水不断上涨，汇成了滔滔洪流。欧洲的兄弟们依然陷于黑暗之中，无法认清彼此。

---

① 阿尔弗雷德·冯·史里芬（Alfred von Schlieffen，1833—1913），德国陆军元帅，1891—1905年任总参谋长，资产阶级军事家和军事理论家。曾参加普奥战争和普法战争，1911年晋升为陆军元帅。（译注）

与维尔哈伦的通信

罗兰给德国人格哈特·豪普特曼写了信，几乎与此同时，他也给比利时人埃米勒·维尔哈伦写了信。维尔哈伦曾经热衷于欧洲统一，但现在已成为德国最凶狠的敌人之一。也许，没有谁比本文的作者更有资格证明，维尔哈伦对德国的敌意是刚刚产生的。只要和平持续下去，这位比利时诗人就只知道一种理想：国际友谊；他最憎恶的就是国际矛盾。战前不久，在昂利·吉尔波①的《德国诗歌选集》序言中，维尔哈伦还谈到了"民族热情"，他说："忽略那种容易引发争吵的激情，使人们倾向于相亲相爱。"是德国对比利时的入侵教会了他仇恨。他的诗句一直以来都是对创造力的歌颂，从此转为抒发对德国的敌意。

罗兰寄给维尔哈伦一份抗议书，抗议卢万被毁和对兰斯大教堂②的轰炸。维尔哈伦同意这一抗议，他写道："悲伤和仇恨压倒了我。仇恨的感觉是我新近才萌生的。我无法摆脱它，尽管我一直将仇恨视

---

① 昂利·吉尔波（Henri Guilbeaux，1884—1938），法国社会党人和诗人，在第一次世界大战期间持反战立场。（译注）
② 兰斯大教堂（Reims cathedral），哥特式建筑，位于兰斯市。曾是法国国王举行加冕仪式的地方。（译注）

为一种最低级的情绪。此时此刻我所能给予的爱，都要保留给我的国家；或者说，要保留给比利时已经沦为灰烬的那堆废墟。"

罗兰是这样回复的："摆脱仇恨吧。你我双方都不应该向它退让。让我们比防范敌人更重视防范仇恨吧！不久之后你会看到，现实中这场悲剧将比人们意识到的更加可怕……这出欧洲大戏如此惊人，以至于我们无权让人类对此负责。这是一场大自然的动乱。让我们像那些受到洪水威胁的人一样，建造一座方舟吧！这样，我们就可以拯救幸存的人类了。"维尔哈伦拒绝了这一恳求，但言辞并不犀利。尽管并不喜欢仇恨的感觉，维尔哈伦还是刻意选择以仇恨为激励。在《浴血的比利时》中，他宣称仇恨带来了某种宽慰，尽管他将作品献给了"曾经的自己"，但他仍然表达出一种渴望，想要恢复以往的情感：世界是一个整体。罗兰在一封动人的回信中反驳了他，却依然徒劳无功："诚然，必然是因为遭受了巨大的痛苦，您才会憎恨。但我相信您的这种感觉不会持续太久，因为您这样的灵魂会在这种氛围中消亡。正义必须得到伸张，但正义的要求并不是让整个民族为几百人的罪行负责。但凡以色列还有一名正义之士，您就没有权利审判整个以色列民族。当然，您也不可能质疑，在德国，在奥地利，许许多多的人仍然受到压迫，没有言论自由，继续受苦、挣扎……到处都有成千上万的无辜者为政治罪行献祭！当拿破仑说：'政治之于今人，犹如命运之于古人。'他就错得离了谱。古人的命运从未如此残酷。维尔哈伦，让我们拒绝将这一命运当成共同事业吧。让我们站在被压迫者的一边，站在所有被压迫者的一边吧，无论他们身处何方。我只承认地球上有两个民族，受难的民族和制造苦难的民族。"

然而维尔哈伦不为所动。他回答道："如果我憎恨，那是因为我看到的、感觉到的和听到的一切都是可恨的。我承认我不可能公正。现在的我满腹悲伤，怒火中烧。我不只是站在火堆旁，而是身陷在烈焰中，所以我在受罪、在哭泣。我做不到置身事外。"他仍然忠于仇恨，事实上，这正如罗曼·罗兰笔下的奥利维尔忠于仇恨一样。尽管维尔哈伦与罗兰之间存在严重的意见分歧，但两人仍保持着友谊与相互尊重。即使他在卢森①所写的煽动性作品《罪恶面前不容中立》的序言中，仍然将个人与事业做了区分。他说，他不能"支持罗兰的错误"，但他不会否认对罗兰的友谊。事实上，他希望强调它的存在，因为在法国，"对罗曼·罗兰的爱已经是很危险的事了"。

这次通信就像与豪普特曼的通信一样，两股激情似乎产生了激烈的冲突；但在现实中，两位对手却并未针锋相对。

同样，这次呼吁也是徒劳的。实际上，整个世界都被仇恨所淹没，即使是最崇高的、具有创造力的艺术家，以及最优秀的人类子孙也无法幸免。

---

①保罗·亚辛特·卢森（Paul Hyacinthe Loyson，1873—1921），法国剧作家。（译注）

8
欧洲的良心

正如早前的多次行动一样，这个笃信"信仰不可侵犯"的人向世界发出了建立友谊的呼吁，但又一次无功而返。作家、科学家、哲学家、艺术家都站在他们的祖国那一边；德国人为德国讲话，法国人为法国发声，英国人则为英国辩解。无人拥护普遍的事业，无人跳脱"无论对错，都是我的祖国"的片面思想。在每个国家、每个民族中都可以找到许多热情的拥护者，他们愿意盲目地为自己国家的所有行为，包括其错误与罪行辩护，以"必要之时"为借口，为这些错误与罪行开脱。只有一块土地——欧洲，所有祖国的祖国，所有人共有的家园，无人拥护，也无人捍卫。只有一个对基督教世界来说最不言而喻的想法没有找到代言人，那就是，理想之源：人道主义。

在这些日子里，罗兰很可能会想起那段神圣的回忆，来自列夫·托尔斯泰的回信赋予他人生的一项使命。

托尔斯泰独自一人发出了他著名的呐喊："我再也不能保持沉默了！"当时，他的国家正陷于战争之中。他奋起捍卫人类无形的权利，对挑唆人们手足相残的命令发出了抗议。现在，他的声音听不见了，他的位置空了，而人类的良心则变得麻木不仁。对罗兰而言，随之而来的寂静，那种自由的灵魂在奴隶的喧闹声中所保持的可怕寂静，似乎比大炮的轰鸣声更加可憎。他向人们寻求帮助，而人们则拒绝回应。没有人为了友谊而相互团结，共同维护那终极的真理，那源于良知的真理。当罗兰为欧洲的灵魂自由而斗争时，在真理与谎言、人类的慈爱与疯狂的仇恨的斗争中，没有人提供帮助。罗兰再一次独自坚守着自己的信仰，比在最为痛苦的孤独岁月里更加寂寞。

但是罗兰从不是个向孤独屈服的人。青年时代的他已然感受到，"被动犯罪之人与主动作恶之人同样有罪（Ceux qui subissent le mal sont aussi criminels que ceux qui le font）"。首先，在诗人罗兰看来，用语言表达思想，用行动实践思想，是他义不容辞的责任。对于一个时代的历史，仅仅写些粉饰性的评论是不够的。诗人必须成为他所处时代的一部分，必须努力在行动中实现他的想法。"知识精英们构成的贵族将取代血统贵族。但知识精英们容易忘记，血统贵族们的特权也是用鲜血取得的。数百年来，人们一直听从智者的话语，但却鲜少看到圣人将自己送上祭坛。如果我们要用信念激励他人，就必须表明我们自己的信仰是真实的。只有言语是远远不够的。"名誉是一柄利剑，也是一顶桂冠。信仰强加了义务。一个让约翰·克利斯朵夫道出自由良心的福音之人，当世界为他塑造了一个十字架时，他不能扮演否认上帝的角色。他必须承担起使徒的责任，做好殉道的准备。因此，尽管当时，几乎所有艺术家都在他们"衰退的激情"中，疯狂地渴望与人群一起呐喊，他们不仅颂扬武力与胜利是时代的主人，实际上，还坚持认为武力是文明的真谛，胜利是世界的生命力。罗兰站出来反对他们所有人，为"不朽的良心"正名。"对我而言，武力一直都是令人憎恶的。"在这个决定性的时刻，罗兰写信给了茹弗①。

"如果这个世界没有武力便无法维持，我仍该避免向武力妥协。我必须坚持一条相反的原则，一条使武力法则失效的原则。人人都必须发挥自己的作用；人人都必须遵守自己的内在准则。"他并非没有认识到自己投身的是怎样一场巨大的斗争，但年轻时写下的文字仍在他的记忆中回荡。"我们的首要职责是要成为伟人，并捍卫地球上的伟绩。"

正如早前，他希望通过戏剧来恢复对祖国的信仰；他设立英雄人物，以此作为一个渺小时代的榜样；他通过十年的默默努力召唤人们走向爱与自由。现在的罗兰开始独自工作。他不属于任何党派，没有报纸作为宣传阵地，也谈不上具有影响力。

他只有满腔热忱和不屈不挠的勇气，这种勇气使得罗兰对一种凄凉的希望产生了不可抗拒的吸引力。他开始孤身一人猛攻大众的幻想。当时欧洲的良心正在遭受欧洲所有民族和所有人的追捕，在蔑视和仇恨的氛围中，它流亡到了罗兰的心中，前来避难。

---

①皮埃尔·让·茹弗（Pierre Jean Jouve，1887—1976），法国作家、小说家、评论家和诗人。曾五次被提名诺贝尔文学奖。第一次世界大战期间，他离开法国到了瑞士，从此与罗曼·罗兰成为密友。（译注）

9

篇篇宣言

　　这场斗争必须以发表报纸文章的方式来进行。由于罗兰攻击的是普遍存在的不实之词，它们以谎言的形式公开发表，所以，罗兰不得不在它们的阵地上与之对阵。但他的思想所产生的气势，所传达的自由气息，以及他名字本身的权威性，都使这些文章成为向整个欧洲发出的宣言，激起了一场精神上的大火。仿佛无形的电线上发出的电火花，它们的能量向四面八方释放，在此处引发了可怕的仇恨，在彼处向良知深处投射出灿烂的光芒。尽管情感的形式具有对比性，但是每位读者都产生了亲切的兴奋之情——或是感到慷慨激昂，或是感到激情洋溢。报纸文章产生了令人惊叹的影响力，它们一面刺激着人们的良心，一面净化着人们的心灵。这二十多封呼吁与宣言是由一位精神自由、头脑清醒的孤独者在奴役与混乱的时代发表的，它们产生的影响力或许称得上是前所未有的。

　　从艺术的角度来看，这些文章与罗兰其他那些经过深思熟虑和详细阐述的作品相比，自然要稍逊一筹。这些文章是写给尽可能广泛的公众看的，同时又有着审查制度方面的考虑（对罗兰而言，在《日内瓦日报》上发表的文章应该被法国报纸转载，这一点相当重要）。这些想法经过了仔细斟酌，但与此同时又发表于仓促之间。在这些作品中，我们发现了了不起的、令人难以忘怀的痛苦呐喊和充满愤慨与呼吁的崇高段落。它们是情感的宣泄，因此风格差异颇大，而这往往与偶然事件有关。这些宣言的本质意义在于其道德影响。在这一点上，它们具有无与伦比的价值。与罗兰之前的作品相比，我们发现，它们似乎展示了一种新的韵律，表达了作者的感情：作者意识到，自己正在向数百万人发表演讲，而不是作为一个孤立的个体在自言自语。

罗兰第一次感受到，自己是一个无形的欧洲共同体的倡导者。

这些文章都被后一辈们收录在《超乎混战之上》和《先驱》中。后辈们能理解这些文章的发表对当代世界的意义吗？如果不计量阻力，就无法测量力的大小；如果不思索某种行动带来的牺牲，就无法理解它的意义。为了理解这些宣言的道德意义与英雄气概，我们必须回想起战争开始那年的狂热。精神上的污染摧毁了欧洲，将整个欧洲大陆变成了一座疯人院。那些日子的精神状态已经很难回想起来了。我们必须记住，诸如"我们不能让一个国家的每个个体都对战争的爆发负责"，这种现在看来平平无奇的观点，在当时无疑属于犯罪，说出这些话的人是要遭受惩罚的。我们必须记住，在我们看来，《超乎混战之上》是理所当然的趋势，但它却受到官方的谴责，称其作者已遭到放逐。在相当长的一段时间内，罗兰的这些文章在法国被禁止发行，而许多攻击它们的小册子却广为流传。提及罗兰的这些文章，我们必须想到当时的环境氛围；必须记住，它们发出的呼吁得到的只有沉默，而这样的沉默是深陷于巨大的精神沉默之中的。今天，读者很容易认为罗兰只是说出了不言自明的真理，因此我们想起了叔本华①令人难忘的一句名言："在地球上，真理只不过是位于两个漫长时代之间的短暂胜利。其中一个时代嘲笑它的自相矛盾；而在另一个时代，它则被鄙视为司空见惯。"今天，无论如何，此时此刻的我们已然进入了一个新的时代，罗兰的许多言论看起来已经变得不足为奇。那是因为，自从他写了以后，这些话已经被千千万万的其他作家引用过。然而在当时，这些话中的每一个字都鞭辟入里、切中要害。它们所引起的激愤给我们提供了一杆历史的标尺，衡量了说出它们的必要性。至于那些反对罗兰的人的愤怒，唯一的记录就只剩下了一堆小册子。这恰好证明了罗兰的英雄主义，证明他是第一个"超乎混战之上"的人。同时，我们也不要忘记，在当时，宣扬"正义与人道"是一种罪大恶极。人们仍然甘于在战争笼罩的血雾之中浑浑噩噩，正如罗兰自己所描述的那样，"倘若耶稣复活了，人们会再次将他钉上十字架——只因耶稣说了一句：'人类要相亲相爱。'"

---

① 亚瑟·叔本华（Arthur Schopenhauer，1788—1860），德国哲学家，以著作《意志与表象的世界》而闻名。（译注）

10
《超乎混战之上》

    1914 年 9 月 22 日，散文《超乎混战之上》在《日内瓦日报》上发表了。在与格哈特·豪普特曼的小冲突之后，罗兰写出了这篇作品。它是反对仇恨的战书，是无形的欧洲大教堂的基石。标题"超乎混战之上"立刻成了一句口号，同时也成了一句辱骂之词；但在各个派别不和的争吵中，这篇文章首次明确地发出了正义之声，为千千万万人带去了安慰。

    文章受到一种陌生而悲惨的情感的激发，在无数人，包括罗兰的众多密友们，流血身亡的时刻发出了共鸣。这是来自一颗破碎的心的情感倾诉。一颗渴望感动他人的心，在呼吸之间，它做出了英勇的决定，试图与这个沦陷在疯狂中的世界做个了断。它以对年轻战士的歌颂开篇。"年轻人啊，你们带着慷慨激昂的喜悦之情为干渴的大地抛洒热血！哦，世间的英雄主义！在这阳光灿烂的夏日，收获了浩浩荡荡的毁灭！所有国家的年轻人都被共同的理想带入了冲突之中……你们所有人，正在迈向死亡的所有人，都是我亲爱的同胞……我们在法国成长的岁月里，弥漫的怀疑主义和同性恋的轻浮在你们身上报了仇……征服者或被征服者，活着或死去，欢欣鼓舞吧！"

    但是，在对那些认为自己正在履行最高职责的青年致以这首信仰的颂歌之后，罗兰转而想到各国的知识领袖，并这样说："你们为何要如此挥霍这些活生生的财富？挥霍这些托付给你们的英雄主义宝藏？面对这群如此渴望自我牺牲的年轻人的奉献精神，你们为他们提供了什么样的理想？相互屠杀！欧洲大战！"他谴责了那些领袖人物，他们懦弱地躲藏到被他们称为"命运"的偶像身后。那些对自身责任误解颇深的人们没能成功阻止这场战争，反而在战争开始后煽风点火、荼毒四方。多么可怕的画面啊！所有国家的一切都被卷入了战争的洪流，所有人都陷入了同一种自我毁灭的、无法自控的情绪。"因为，使得数百万人盲目对抗彼此的原因，不仅仅是种族狂热……所有精神的、理智的、信仰的、诗歌的、科学的力量都使它们自己唯国家军队的命令马首是瞻。"每个国家的思想领袖无不宣称人民的事业就是上帝的事业、自由的事业与人类进步的事业。

他嘲讽地暗指了哲学家与科学家之间荒唐的决斗，还指出这个时代最伟大的两派国际力量——基督教和社会主义，都未能超然于纷争之外。"似乎对自己祖国的热爱只能通过对其他国家的憎恨才能实现，只有通过屠杀为保卫祖国而自我牺牲的民众才能实现。这一理论中，存在着一种可怕的荒谬，一种尼禄①主义，这使我感到发自灵魂深处的厌恶。不！对祖国的热爱不需要我仇恨和屠杀那些同样热爱自己国家、拥有高尚灵魂、充满信念的人们，反而令我为他们感到骄傲，并为了我们共同的利益而寻求机会与他们团结在一起。"

---

①尼禄·克劳狄乌斯·凯萨（Nero Claudius Caesar，37—68），古罗马帝国的皇帝（54—68），喀劳狄王朝的最后一位皇帝，古罗马乃至欧洲历史上著名的暴君，世人称之为"嗜血的尼禄"。（译注）

在进一步讨论了基督徒和社会主义者们对战争的态度之后，他继续说道："西方诸国没有交战的理由；法国、英国和德国是手足兄弟，相互之间并无恨意。鼓吹战争的媒体是受到了少数人的毒化，这些人极度热衷于散播仇恨；但是我知道，我们的人民要求的是和平与自由，仅此而已。"因此，战争的爆发竟然使得知识领袖们同意让自己思想的纯洁性遭到玷污，这真是一桩丑闻！智慧竟然允许自己被一种幼稚而荒谬的种族政策的激情奴役，这真是骇人听闻！即使是在交战时刻，也不应忘记，所有民族的大团结是至关重要的。"人性是全体灵魂的一首伟大交响曲。直到破坏了这首交响曲的一部分元素后，才开始理解它、热爱它的人，是野蛮人……对于更美好的欧洲灵魂们而言，栖息之所分为两处：我们尘世间的祖国，以及上帝之城。对前者而言，我们是客人；对后者而言，我们是建设者……我们的职责是将上帝之城的围墙建设得更高、更坚固，这样，它们便可高耸在各民族的不公与仇恨之上。然后我们会拥有一处避难所，在那里，来自天涯海角、相亲相爱的自由灵魂们将聚集在一起。"

　　这一崇高的信念如同海鸥一样翱翔于血海之上。罗兰清楚地知道，在三千万士兵的喧嚣声中，自己的话几乎不可能被听到。"我知道这样的想法在今天几乎是无法被人听到的。我说这些不是为了说服他人，只是为了安慰自己的良心。我知道，与此同时，我将安慰成千上万其他人的心灵，他们分散在五湖四海，不能，也不敢为自己说话。"一如既往地，罗兰又一次站在了弱者的一方，站在了少数人的一方。他讲得更大声了，因为他知道，自己是在为沉默的大众发声。

创作《超乎混战之上》时的罗曼·罗兰

11

反对仇恨的运动

散文《超乎混乱之上》是伐木工人在杂草丛生的仇恨森林里砍下的第一斧头；随即，震耳欲聋的回声响彻了四面八方，报纸也勉强发出了回音。

罗兰镇定自若，毅然决然地继续他的工作。他希望能开辟一片空地，让一些理性的阳光可以穿过阴郁和窒息的空气照射进来。他接下来的文章旨在照亮这样一片开放的空间。特别值得注意的有《战争中的博爱》（1914年10月30日）、《偶像》（1914年12月4日）、《我们的下一个敌人》（1915年3月15日）、《精英的罪过》（1915年6月14日）。这些文章都试图为沉默者发声。"让我们帮助受害者吧！确实，我们能做的不多。在善与恶的永恒斗争中，天平总是不平等的。我们需要一个世纪的时间，才能把在一天之内被摧毁的东西重建起来。尽管狂热持续不过一天，而重建的耐心劳动则是我们的日常生计。即使我们周围的世界正在毁灭，重建的工作仍要继续。"

诗人终于明白了他的任务。直接对"战争"发起攻击是没有用的。理性无法与自然之力相抗衡。但是他认为，在整个战争期间，与人们在激情之下蓄意制造的恐怖作斗争，与战争的精神荼毒作斗争，是他命中注定的职责。目前这场战争最残暴的特点，也是区别于以往一切战争的特点，就是这种蓄意的毒害。

以往人们所被迫接受的、被视为瘟疫一样的灾难，现在却以英雄的光芒呈现出来，被当作"伟大时代"的标志。一种"武力即道德、毁灭即道德"的思想，正被四处鼓吹。各国的群众斗争在蓄意煽动之下成为个人之间存在的普遍恨意。因此，罗兰并不像许多人认为的那样，是在攻击战争本身；他攻击的是战争的意识形态，攻击的是将战争的残暴人为地偶像化。就个人而言，他攻击的是，个人对战争期间建立的集体道德的全盘接受；他攻击的是，良心在普遍存在的谎言面前选择了投降；他攻击的是，本应得到提倡的内心自由，却在战争期间停滞了。

因此，他的话针对的并不是人民大众。人们不知道自己在做什么；他们被欺骗了，成了受人驱使的愚蠢牲口。谎言的传播使他们很容易滋生出憎恨的情绪。"不明就里的憎恨总是很容易的（Il est si commode de haïr sans comprendre）。"错误在于煽动者、谎言制造者和知识分子。他们有罪，且犯了极大的罪过。因为凭借他们的知识与经验，不可能不知道他们拒绝承认的，正是真相本身；出于软弱，许多情况下更是出于权衡，他们选择屈服于未经指导的观点潮流，而非利用他们的权威将这种潮流引入更为正确的渠道中。出于既定的目的，他们并未捍卫先前所信奉的理想，即人道主义与国际团结的理想，而是恢复了斯巴达人①和荷马时代②的古希腊英雄思想。这些思想在我们这个时代的地位微不足道，犹如长矛和盾牌之于当今的机枪大炮。

----

①斯巴达人（Spartans），古希腊时期斯巴达地区的人，经常对外发动战争。（译注）
②荷马时代（约公元前11世纪—公元前9世纪），也被称为"英雄时代"，是希腊氏族制度解体的时代。荷马史诗就产生于此时，反映了当时的社会经济制度。（译注）

迄今为止，对历史长河中的所有伟大精神而言，仇恨似乎是战争中最低下可鄙的一种伴生物。

深思熟虑的反战者总是极度厌恶地排除仇恨；勇士们则以骑士精神为由，摒弃了这种情绪。

现在，仇恨不仅得到了逻辑、科学与诗歌的各种论点的支持；实际上也有悖于福音的教导，被提升到了道德责任的高度，以至于每个抵制集体仇恨情绪的人都被打上了叛徒的烙印。面对着这些自由精神的仇敌，罗兰写下了他的寓言："他们没有采取任何措施来减少相互之间的误解；没有采取任何行动来限制仇恨的扩散；恰恰相反，除了极少数人，他们都竭尽全力使仇恨泛滥得更广，使毒性变得更强大。很大程度上，这场战争就是他们的战争。

"他们以蓄意谋杀的意识形态将千万人引入歧途。他们凭着罪恶的自信与无可救药的傲慢将数百万人推上了死路；而知识分子们创造的幻影，则导致他们自己同胞的无辜牺牲。"他们知道应当由谁承担罪责，或者可能已经明白了；但是由于懒惰、怯懦、软弱，或是出于对名声或其他个人利益的欲望，他们放纵自己去编织谎言。

知识分子们宣扬的仇恨是虚假的。如果这是事实，如果这是一种真正的激情，那些受到这种情感鼓舞的人们就会停止高谈阔论，转而拿起武器。大多数人或是被仇恨所感动，或是被爱所感动，但他们是不会被抽象的概念所感动的。因此，企图在数以百万计不明真相者中挑拨离间，企图"永续"仇恨，与其说是一种对肉体的犯罪，不如说是一种对精神的犯罪。把领导者与被领导者、驱使者与被驱使者归为一类，把整个德国笼统地视为仇恨的对象，这是蓄意弄虚作假。讲真话的和讲假话的、有良心的和夸夸其谈的这两类人的团体，我们必须加入其一。正如在《约翰·克利斯朵夫》中，罗兰为了展示人类的普遍友谊，将法国分出真假，将德国分出新旧一样，现在，在战争期间，他请人们注意，两个阵营中的战争狂人具有不祥的相似之处；以及在交战国中，超越战争之上的那些人的英勇孤立。如此，他努力实现托尔斯泰的遗训，即富有想象力的作家的功能，是成为加强人们之间联系的纽带。在罗兰的喜剧《利吕里》中，"受束缚的智者们"身着各式各样的民族服装，在"爱国"这个黑人监工的鞭笞下，跳着同样的印第安战舞。德国的教授与索邦大学的教授是何其相似啊！他们都在逻辑学上栽了同样的跟头，都加入了仇恨的大合唱之中。

但是罗兰希望引起我们注意的友谊，是相互慰藉的友谊。诚然，此时在组织性方面，人道主义的力量尚不如破坏性的力量；自由舆论受到围堵，谎言则通过报刊媒体的喇叭四处咆哮；要找出事实的真相，需要经历痛苦的劳动，因为各国都以隐瞒真相为头等要务。然而，坚持不懈的搜寻者总能在所有国家、所有民族中发现真实的情况。在散文中，罗兰举了大量的例子，它们一半来自法国，一半来自德国；表明即使是在战壕里，不，尤其在战壕里，千千万万的民众心中也都充满了兄弟之情。他将德国士兵与法国士兵的信件并列刊登，这些信中都表达了关于人类友谊的相同措辞。他谈到了帮助敌人的妇女组织，表明在残酷的交战中，双方都表现出同样的仁爱之情。他出版了来自双方阵营的诗歌，它们都抒发了共同的情感。正如在他的作品《杰出人物的生活》中一样，罗兰希望告诉全世界的受难者，他们并不孤独，所有时代中最伟大的智者都与他们同在。罗兰试图说服那些在普遍的癫狂中将自己视作被抛弃者的人们。这些人无法与愤然作色的报纸媒体和教授们感同身受。罗兰想说，到处都是他们精神上的兄弟，人们只是暂时保持沉默而已。再一次，像过去一样，他希望团结无形的自由共同体。"当我发现人类脆弱而勇敢的怜悯之花穿透了覆盖全欧洲的仇恨坚冰时，我感到了与在寒冷的三月天里看到第一朵花儿破土而出时同样的欣慰之情。这些花草向我们展示出，表层土壤之下仍然留存着生命的温暖，很快将没有什么可以阻止它们再次萌发新芽。"罗兰毫不动摇，继续他"谦恭的朝圣之旅"，努力"在废墟下，发现那些仍然忠于'人类皆兄弟'这一古老理想的人们。如果能够解救他们，那可真是一件悲喜交加的事啊！"为了这一安慰、为了这一希望，他甚至赋予了他从小就憎恶、畏惧的战争一种新的意义。"战争也给我们带来了某种痛苦的好处，因为它把各个国家中，不愿抱有民族仇恨这种普遍感情的人们团结到了一起。战争锤炼了他们的能力，赋予了他们不屈不挠的意志。有些人认为四海之内皆兄弟的想法已然消亡，他们大错特错了……我毫不怀疑，全欧洲友好团结的时刻一定会到来。这种团结一定会实现，战争只不过是达成团结所必经的血的洗礼。"

这位善良的撒玛利亚人①、这位灵魂创伤的治愈者，致力于为绝望的人们带去希望，希望就犹如人们赖以为生的面包一样。也许，罗兰在讲这些话时带着一种信心，这种信心甚至超越了他内心深处的信仰。事实上，只有他自己意识到，当时被禁锢在各自祖国范围内、被囚禁在审查制度牢笼中的无数人的强烈愿望；只有他才能意识到，他的信仰宣言和那些摆脱仇恨的言语最终会带来"亲如兄弟"的消息，而这一消息对那些可怜的囚徒是多么重要！

---

①撒玛利亚人（Samaritan），一个非常古老的民族，据说是在3000多年前迁居以色列帝国北部的一个部族的后裔。（译注）

12
对手

从一开始罗兰就非常清楚，在一个党派热情高涨的时代，没有什么任务，比提倡公平公正、不偏不倚更徒劳无功了。"战士们今日的团结仅仅基于他们憎恨那些拒绝参与颂扬仇恨的人。谁不和大家一起发狂，谁就是可疑的。如今的司法部门没有时间进行全面调查，因此，每个嫌犯无异于一个叛徒。在战争岁月里，以保卫世界和平为事业的人必须意识到，他在以他的信仰、姓名、安宁、声誉，甚至友谊去赌博。但是，一个人如果不为信仰而冒险，那么他的信仰又有何价值呢？"

同样地，罗兰也深知介于两条战线之间的位置是最危险的，但是确认这种危险的存在恰好是他良心的增补剂。"如果谚语'和平时就要为战争做准备'确实有必要，那么，在战争时为和平做准备也同样有必要。我认为，第二项任务要落到那些站在战争之外的人们身上，这些人的精神生活使他们与世界、与所有人有着非同寻常的密切接触。我指的是小教会的非神职人员，尤其是坚持'人类团结'这一信仰的人，以及信仰'所有人都同宗同祖'的人。倘若我们坚持这一信仰却遭受了辱骂，这些辱骂实际上是我们的光荣之处，我们会心满意足地认识到，我们将赢得后世的认可。"

显然，罗兰是迎战反对派的先锋。然而，对方的攻击之猛烈却出乎他的意料。暴风雨的隆隆巨响首先来自德国。罗兰在给格哈特·豪普特曼的信中说："你们是歌德的子孙，还是阿提拉的子孙？"这样的段落，以及类似的话语激起了愤怒的回音。十几名教授与文人按捺不住要"惩戒"这个法国人的傲慢。在《德国评论》的专栏中，一个思想狭隘的泛日耳曼主义①者揭露了一个"惊天大秘密"：《约翰·克利斯朵夫》是法国人在中立的伪装之下，对德国精神的一次最严重的打击。

罗兰发表了散文《超乎混战之上》。这一消息见诸报道后，法国的文人们也带着同样的热切加入了口诛笔伐的队伍。今天的人们似乎很难理解这一事实：当时的法国报纸禁止转载这篇宣言，民众们则只知道一些只言片语，它们来自攻击罗兰的文章，将罗兰辱骂为一名反爱国者。索邦大学的教授与负有盛名的历史学家在发起此等指控时也毫不退缩。一系列运动很快就兴起了，在报纸文章之后，出现了大量的小册子。

最后，一位地毯英雄拼凑出了一部"巨著"。书中提供了上千个例证，有照片，有语录，俨然是一部综合档案，公然试图为起诉罗兰提供材料。书中不乏最卑劣的诽谤之辞。例如坚称，罗兰在战争伊始就加入了德国的"新祖国"学会，他是德国报纸的撰稿人，他在美国的出版商是一位德国代理人。有一本小册子还指控他蓄意篡改日期。文章的字里行间还能读到更多的指控。除了少数几家具有进步倾向和

---

① 泛日耳曼主义（Pangerman），也叫"大日耳曼主义"，宣扬"日耳曼种族优越论"，后来发展为反映德国大资产阶级和容克地主扩张野心的沙文主义思潮和运动。（译注）

发行量较小的报纸以外，整个法国出版界都联合起来抵制罗兰。没有一家巴黎报刊敢于刊登罗兰对这些指控的反驳之辞。一位教授得意洋洋地宣称："这位作家在法国已再无容身之地了。"往日的伙伴们一个个惊恐地退出了罗兰的朋友圈子。他的一位老友，"最早期的挚友（ami de la première heure）"，罗兰曾把一部早期作品献给他；在这样的关键时刻也抛弃了罗兰，取消了一部罗兰作品的出版计划，尽管已经完成了排版。法国政府也开始严密监视罗兰，派遣特务搜集"材料"。一些"失败主义者"也将部分矛头指向了罗兰。罗兰的散文被公开污蔑为"令人憎恶的"，与他们对莫兰特中尉①的污蔑如出一辙。此时此刻，正是罗兰名字的权威性，他社会生活的不容侵犯性，以及他孤军奋战的事实（这表明他不可能属于任何可疑团体），才挫败了那些给罗兰扣上冒险主义者和间谍之名，妄图将罗兰推上审判台的人的精心密谋。

除非重现当年那种温室氛围，否则我们很难理解那种疯狂。即使研究了一切与问题有关的小册子与书本，今天的人们也很难弄清罗兰的同胞是如何认定他是一个反爱国者的。即使是最异想天开的头脑，也不可能从罗兰的作品中找到关于"他的案件"的蛛丝马迹。仅仅通过研究罗兰的作品，人们不能理解，为什么所有法国知识分子都对这样一个形单影只、流落他乡的人，一个安安静静、充满责任感、不断发展自己思想的人感到如此暴怒。

在爱国者们眼里，罗兰的第一条罪状是公然讨论了战争的道德问题——"我们不讨论祖国（On ne discute pas la patrie）"。战争伦理

---

①莫兰特中尉（Lieutenant Mornet），布尔战争中一位被当成替罪羊的人物。（译注）

的第一原则：那些不能或不愿与人群一起大叫大嚷的人必须保持沉默。绝不能教会士兵们思考，只能煽动士兵们的仇恨。在战时，增进战争激情的谎言比最宝贵的真理更有价值。在模仿天主教教义时，反思、质疑都被视为触犯"祖国绝对正确"这一信条的犯罪。罗兰竟然希望颠倒思想的方向，而不是斩钉截铁地肯定当前的政治主题，仅凭这一点，就足以定罪了。而且，他又因为放弃了"法国人的态度"，进而被打上了"中立"的烙印。要知道，在那些日子里，"中立"正等同于"叛徒"啊！

罗兰的第二条罪状是，他渴望公平地对待所有人，他仍将敌人当作人类，并将他们区分为有罪者与无罪者。他像同情法国受难者一样怜悯德国受难者；他毫不犹豫地将德国人称为兄弟。爱国主义的信条规定，战争期间应当制止人道主义感情。"正义"必须被束之高阁，在确保胜利之前，只让它与神明"不可杀戮"的命令待在一起。有一本反对罗兰的小册子信奉这样的格言："战争期间，人们要把全部的爱与人道主义献给祖国（Pendant une guerre tout ce qu'on donne de l'amour à l'humanité, on le vole à la patrie）。"应当注意到，尽管这些人看起来与罗兰观点相同，但他们却颠倒了词序。

第三条罪状似乎是最不可饶恕的，也是对国家而言最危险的：罗兰拒绝将军事胜利视为一种能够促进精神再生、为世界带来正义的道德灵药。罗兰的罪过在于，他认为公正的、不流血的和平，彻底的和解，欧洲各国亲如兄弟般的团结，会比强制性的和平带来更多的福祉；强制性的和平只能播种下仇恨的龙牙①与新的战争。在当时的法国，那些希望战斗到底、彻底粉碎敌人的人，为那些渴望将和平建立在公平理解基础上的人创造了一个词语——"失败主义者"。在德国，也有相应的词语，如"逃兵"和"可耻的和平"。罗兰一生致力于阐明高于武力的道德法则，因此他被指责为毒化军队士气的人，是个"提倡失败主义者"。对军国主义者来说，罗兰是"垂死的勒南主义"最后的代表，是道德力量的中心；因此，他们竭力将罗兰的思想描述得荒唐可笑，将罗兰描绘成一个恨不得祖国失败的法国人。然而，罗兰的言辞却不容置疑："我希望法国受人爱戴，我希望法国取得胜利，但不是通过武力，也不仅仅是通过权利（那样未免太苛刻了），而是依靠一颗超然的伟大心灵。我希望法国足够强大，强大到能不带仇恨地战斗，强大到能将必须打倒的敌人当作兄弟，犯了错的兄弟；一旦这些人不再伤害她，她就必须向他们表示最大程度的同情。"

罗兰甚至没有试图回应最恶毒的诽谤，他静静地让这些辱骂逐渐消散，因为他知道，他那受命宣布的思想是不容侵犯的、永恒不朽的。

他从不跟人斗争，只同思想斗争。对于这些敌对的思想，罗兰早就通过自己作品中的人物给出了答复：如奥利维尔这位厌恶仇恨的自由的法国人；如吉伦特派成员法贝尔，他认为良心高于爱国者们的论点；如亚当·吕克斯，他深表同情地问他狂热的敌人："你难道不厌倦仇恨吗？"还有图利埃和所有其他的伟大角色。二十年来，罗兰通

---

①播种下仇恨的龙牙（sow the dragon's teeth of hatred），典出希腊神话，意为播下仇恨或毁灭的种子。（译注）

过这些人物表达了自己对眼下战争的看法。他以一己之力抗衡几乎整个国家，却依然泰然自若。他想到了尚福尔①的名言："有时候，公众舆论可能是最糟糕的观点。"对手们不可估量的愤怒和歇斯底里的狂乱，使得罗兰更加确信自己的信仰是正确的；他们叫嚷着要动用武力，恰恰暴露出他们意识到自己论点的薄弱。他以微笑应对这些人为煽动的怒火，引用自己创造的角色克莱朗博的话对他们说："你不是说你们的道路更好吗？你不是说那是唯一正确的道路吗？好吧，就让我们桥归桥、路归路吧！我无意强迫你跟随我，仅仅是向你指示我行进中的道路。你在激动什么？莫不是在你内心深处，害怕我选的才是正确的道路吧？"

---

①塞巴斯蒂安-罗克·尼古拉·德·尚福尔（Sébastien-Roch Nicolas de Chamfort，1741—1794），法国剧作家、杂文家，以文笔风趣著称。（译注）

13

朋友

第一句话话音刚落，这位勇者周围就变得空空如也。维尔哈伦说得很到位，大多数人回避风险，而罗兰则喜欢积极应对。他的老友，那些从青年时代就了解他的作品与性格的人，任由他陷于困境之中；谨慎之人悄悄背弃了他；报纸编辑与出版商则拒绝了他的殷勤友好。此刻，罗兰似乎孤独一人。但是，正如他在《约翰·克利斯朵夫》一书中所写的那样，"伟大的灵魂从不孤单。这样的人被旧朋友抛弃了，会结交到新的朋友，他的自身充满着爱，同时，他的四周也被爱他的人包围着。"

"必要性"这一良心的试金石剥夺了罗兰的朋友，但也给他带来了朋友。的确，在对手们的喧嚣声中，几乎听不见朋友们的声音。战争制造者们控制了所有的宣传渠道。他们通过新闻媒体的扩音器叫嚣着仇恨。朋友们只能在小期刊上发表几句谨慎之词，以便躲过审查机关的天罗地网。敌人人多势众，在巨浪中发动攻击（浪花最终四散在神志不清的泥沼中）；罗兰的朋友们团结在了他的思想周围，慢慢地、秘密地，但是他们坚定不移。罗兰的敌人们是一群听到命令就猛烈进攻的人；罗兰的朋友们则是一群静静工作着的伙伴，通过"爱"而团结在一起。

巴黎的朋友们肩负着最为艰难的任务。他们几乎不可能与罗兰公开交流。他们写给罗兰的信和罗兰写给他们的回信，有一半都丢失在了边境。他们从一座受困的堡垒中为解放者欢呼，此人正自由地向全世界宣布他们被禁止道出的理想。他们要捍卫自己的想法，唯一可能的方式就是为此人辩护。在罗兰自己的祖国，阿梅代·迪努瓦、费尔南·德普雷、乔治·皮奥什、勒钠图尔、鲁内、雅克·梅尼尔、加斯东·蒂埃松、马赛·马蒂内、塞弗兰等人，都毫不畏惧地支持罗兰，反对污蔑与中伤。一位勇敢的女士马塞尔·卡比，举起了罗兰的旗帜，把自己的书命名为《混战中女人的声音》。朋友们与罗兰之间阻隔着斑斑血海，但是他们向罗兰望去，犹如望向岩石上的一座遥远的灯塔，它向兄弟们发出了希望的信号。

在日内瓦，罗兰的身边围绕着一群年轻的作家、信徒与朋友，他们从罗兰那里汲取了力量。《你是男子汉》和《死亡之舞》的作者茹弗怀着满腔怒火而又心地善良，因为目睹了世间的不公而饱受煎熬；他是重生的奥利维尔，用自己的诗歌抒发了对暴力的仇恨。勒内·阿科斯①与茹弗同样意识到了战争的恐怖，同样对战争深恶痛绝。他对这一戏剧性的时刻有着清晰的认识，他与茹弗一样淳朴善良，同时也更加深思熟虑；阿科斯颂扬了欧洲的理想；查尔斯·博杜安歌颂了永恒的善良；比利时艺术家法朗士·麦绥莱勒②在一系列宏伟的木刻上展开了人道主义控诉；吉尔波，一位狂热的社会革命家，像斗士一

①勒内·阿科斯（René Arcos，1880—1959），法国诗人。（译注）
②法朗士·麦绥莱勒（Frans Masereel，1889—1972），比利时艺术家，20世纪最负盛名的版画家。在艺术上追求简洁、单纯、粗犷和富于变化的艺术效果。（译注）

样，时刻准备与权威搏斗。他创办了月刊《明天》，一度成为欧洲精神的忠实代表，后来因为对俄国革命过于热情而停刊；查理·博杜安创办了月刊《卡梅尔》，为受到迫害的欧洲精神提供了避难所，也为各国诗人和富有想象力的作家提供了一个平台，使他们可以在人道主义的大旗下聚集；约翰·德布里在《白叶》中抨击了瑞士拉丁语媒体的党派偏见，并抨击了战争；克劳德·德马盖创办了《简讯》，供稿者大胆的文字和麦绥莱勒画的插图，使之成了瑞士最具活力的期刊。一片独立的绿洲出现了，四面八方的微风送来了远方的问候。只有在这里，人们才能呼吸到欧洲的空气。

这个圈子最显著的特征是，因为罗兰的存在，敌方的兄弟们并未被排除在精神同伴的范畴之外。在歇斯底里的大众仇恨的影响之下，人们即便在中立城市的大街上遇到敌对国家的知己好友，也会因为害怕受到怀疑，而像躲避瘟疫一样躲开为妙；人们也不敢在往来书信中提及他们亲属的生死下落；此类情况随处可见，比比皆是。就在这样的时刻，罗兰却一秒也不曾否认他与德国朋友的关系。对于那些忠于信念之人，罗兰展现出了更多的关爱，尽管在此时显示关爱是十分危险的。罗兰公开与他们结交，自由地给他们写信。提及友谊，人们从未忘记罗兰的话："是的，我有德国朋友；就像我有法国、英国、意大利朋友一样；就像我在每个种族中都有朋友一样；他们是我的财富，我为他们骄傲，我寻求并保持与他们之间的友谊。如果一个人能幸运地遇上一些忠实的灵魂、一些能够倾吐心声的人、一些与他缔结兄弟般情谊的人，这样的联结是神圣的，只有死亡这一最终时刻才能将他们分开。为了服从公众舆论的无礼要求而拒绝承认友谊是多么懦弱啊！公众舆论本就无权凌驾于我们的情感之上；此时此刻，这种友谊之痛苦、之悲惨，只有将这些信件出版，方能公之于众。但是无疑只有通过这种友谊，我们才能保护自己，对抗仇恨；仇恨比战争更加凶残，因为它会在战争的伤口上撒盐，使得仇恨者与被仇恨的对象一样，深受其害。"

无论是罗兰的友人们，还是不计其数的、看不见的同伴们，都应深深感激罗兰所秉持的勇敢、自由的态度。他为人们树立了榜样。尽管有些身处黑暗之中孤立无援的人们也会倾吐情感，但是他们需要得到某种程度的肯定，才能巩固自己的想法与感情。尤其是，对于那些摇摆不定的人而言，这样一位楷模的存在为他们提供了巨大的鼓舞。罗兰的坚定不移令青年人感到羞愧。在他的陪伴之下，我们变得更强大、更自由、更真实、更公正。罗兰的热忱美化了人类的关爱，使之如火焰般放射出光芒。我们团结一致并非由于想法上的恰巧相似，而是由于一种热烈的激情，它常常转变成一种对兄弟情谊的积极狂热。我们不顾公众舆论，违抗交战国家的法律，相聚在一起，毫无保留地倾吐心声；同志情谊使我们饱受质疑，但这种情谊却使我们愈发亲近，在众多难忘的时刻，我们沉醉于彼此间前所未有的友谊。我们二十余人一起来到瑞士，大家分别来自法国、德国、俄罗斯、奥地利和意大利。于亿万人中，我们是仅有的能够放下仇恨，直面对方，交换内心想法的人。这群人在当时构成了整个欧洲。我们的团结不过是席卷全球的风暴中的一粒微尘，但也可能化作未来时刻里兄弟情谊的一粒种子。我们常常感到多么强大、多么喜悦、多么感激！倘若没有罗兰、没有他的友谊、没有基于他的性情构筑而成的链接，我们就不可能获得自由与安全。我们每个人都以不同的方式热爱他，我们都对他怀有相同的崇敬。对于法国人而言，他是他们祖国最纯洁的精神的体现；对于我们来说，他是世间最杰出人物的典型代表。在围绕罗兰形成的这个圈子里存在的伙伴情谊，有着一种宗教团体才具备的特点。各自国家之间的敌意与危险意识，使我们的友谊上升到了无可比拟的高度；罗兰作为我们所知的最勇敢、最自由的人物典型，也激发出了属于我们最优秀的品质。在他身边时，我们感到，自己靠近的是一颗真正属于欧洲的心脏。谁能了解罗兰内心深处的实质，谁就如同古代传奇故事中所描述的那样，从与暴力的决斗中获得了新的力量。

14

信件

    在那些岁月中，罗兰给予欧洲联合会的朋友以及协作者们的一切，以及人们因为有他在身边而获得的一切，都只是他天性中的一部分。超越了个人的局限，罗兰散发出一种具有巩固作用的有益影响。无论是谁，只要向他提出问题、焦虑、痛苦或建议，都会得到答复。在成百上千的信件中，他传递了兄弟情谊，出色地实现了他在二十五年前所立的誓言，当时，托尔斯泰的回信治愈了他精神上的创伤。在罗兰的自我中，不仅活出了一位信徒——约翰·克利斯朵夫，也活出了一位伟大的安慰者——列夫·托尔斯泰。

    不为世人所知的是，在五年的战争岁月中，罗兰肩负着巨大的重任。因为，无论谁发现自己在反抗时代，与盛行的谎言迷雾发生了冲突；无论谁有良心上的问题需要咨询；无论谁需要帮助，都知道自己可以求助何方。整个欧洲还有谁能激发出这种信心？约翰·克利斯朵夫籍籍无名的朋友，奥利维尔默默无闻的兄弟，藏身在偏远处，不知可以向谁低诉他们的疑虑——除了这位率先为他们带来好消息的人物以外，他们还能向谁倾诉呢？他们向他提出请求，提出建议，袒露他们良心上的不安。士兵们从战壕里给他写信；母亲们也偷偷给他写信。许多作家不敢透露自己的姓名，只是想表达同情，将他们自己描述为《约翰·克利斯朵夫》的作者在战时各民族之间建立的那个无形的"自由灵魂共和国"的公民。罗兰担负起了这种无止境的劳动，成为所有痛苦、抱怨的集中点与管理者，成为所有忏悔的接受者，成为对抗一个分裂世界的安慰者。无论在哪儿，只要激起了欧洲人，乃至全人类的情感骚动，罗兰都会尽力去接受、去支持；他是所有道路相汇的十字路口。与此同时，他一直与欧洲信仰的主要代表人物，以及所有仍然忠于自由精神的人们保持着联系。他研究了当时的期刊，寻求和解的信息。无论哪里有人，哪里有工作，只要是为了致力于欧洲的重新整合，罗兰都做好了提供帮助的准备。

成千上万封信结合在一起，集成了任何一位前辈作家都无法比拟的道德成就。它们为无数孤独的灵魂带来了欢乐、为动摇者带来了力量、为绝望者带来了希望。诗人完美地完成了使命。这些信件被视为艺术品，其中许多已经出版了。它们是罗兰最优秀、最成熟的文学作品中的一部分。提供慰藉是罗兰的艺术最深层的目的。在信件中与人交流时，他可以做到毫无保留；他表现出一种富有节奏的能量、一种仁爱的热情，这使得许多信件可以与我们这个时代最可爱的诗歌相提并论。敏感的矜持常使罗兰在面对面的谈话中有所保留，而这一点在书信交流中不再构成障碍。这些信件是坦诚率直的表白，在信中，罗兰的自由精神与同伴们无拘无束地交谈着，展现出他的善良与热忱。慷慨地为那些不为人知的来信者答疑解惑，正是罗兰天性中最深刻的本质。正如科拉·布勒农一样，他可以说："这是我最好的作品：我所雕刻的灵魂（Voilà mon plus beau travail: les âmes que j'ai sculptées）。"

15
顾问

　　这些年来，有许多人向罗兰寻求良心方面的建议，其中大部分是年轻人。他们问，既然他们抱着反战的信念，那么是否应该遵循托尔斯泰的教导，效仿那些有意识的反抗者，拒绝参军入伍呢？或者，是否应该遵守《圣经》的戒律，抵制邪恶呢？他们问，是否应该公开反对祖国犯下的不公罪行，抑或是选择默默忍受呢？其他人则是因为良心的困扰来寻求精神上的忠告。所有前来求助的人似乎都认为，罗兰拥有一句箴言，一条关于战争行为的固定原则，一剂百试百灵的道德仙丹，可以根据症状来对症下药。

　　对于所有这些询问，罗兰给出了相同的回答："听从你的良心。找到属于你自己的真理并实现它。真理并不是现成的，也没有僵化的公式。真理无法机械地由一个人传递给另一个人。每个人都必须根据自己的榜样为自己创造真理。一个人应该寻求他自己的真理，接受它的引导，甚至不惜为此对抗世界。除此之外不存在其他的道德准则。如果一个人选择放下武器、接受监禁，只要他遵循了内心的真理，而非出于虚荣心的驱使或简单的模仿，他的做法就是正确的。如果另一个人拿起了武器，却不想认真使用，他欺骗了国家，借此传播他的理想并拯救他内心的自由——那么他同样也是正确的。前提是，他总是按照自己的本性行事。"罗兰宣称，对一个人最重要的，是应该相信自己的信仰。他赞成渴望为国捐躯的爱国者，也赞成要求摆脱一切政府权力的无政府主义者。除了"坚定自己的信仰"之外，其他的信仰都不存在。唯一做了错事的人、唯一采取了错误行动的人，是那些任由自己被他人的理想冲昏头脑的人，是那些被乌合之众的狂热影响了的人。他们的行为违背了自己的本性。社会主义者路德维格·弗兰克就是一个典型例子。他是法德和解的倡导者，但他却决定为他的政党而非为自己的理想服务。他在战争爆发时自愿参军，最终因为他的对手——军国主义者们的理想而命丧黄泉。

真理只有一个，这就是罗兰对所有人的回答。唯一的真理是人的内心深处所特有的东西。

任何其他"可能的真理"都是自欺欺人。看似利己主义的东西实则可以服务整个人类。"想要成为一个对他人有用的人，首先必须保持自由。如果爱的给予者是一个奴隶，那么，即使去爱也是毫无裨益的。"

除非牺牲者像信仰神明一样相信自己的祖国，否则为祖国而死也是毫无价值的。逃避兵役对于一个缺乏勇气、宣称自己是无祖国人士的人来说，是一种懦弱。

除了内在的经验，真正的思想并无其他来处；除了充分思考后做出的成果，并没有什么事值得去做。为整个人类服务的人，决不能盲目听从陌生人的议论。我们不能将任何仅仅通过模仿，或者受到他人劝说，或者（在现代战争压力下几乎普遍存在）在大众幻觉的暗示性影响之下产生的行为，视为一种道德行为。

"一个人首要的职责是做自己，保持自己的本色，即使以自我牺牲为代价。"

罗兰很清楚这种自由行为是多么艰难、多么珍贵。他回忆起爱默生①的名言："对任何人而言，最难得的，是做他自己。"但是，大众那些不自由、不真实的想法，以及良知上的惰性，难道不是我们当下遇到麻烦的主要原因吗？如果城里人、乡下人、艺术家，人人都展开自省，问问自己，摩洛哥②的矿山和阿尔巴尼亚③的沼泽对他而言是否真的珍贵，那么欧洲兄弟之间的战争还会爆发吗？如果人人都问问自己，是否真的像报纸、像职业政客企图使人相信的那样，对边境线对面的兄弟们恨之入骨，还会发生战争吗？群体的本能、他人喋喋不休的争论、对一种从未切身体会过的情感的盲目热情，任何一种原因都有可能导致这样的灾难。只有使尽可能多的人获得自由，我们才能免于重蹈此类悲剧的覆辙；没有什么能够拯救我们，因为良心关系到的应该是个人而非集体。人人承认对自己真实有益的东西，对整个人类来说也是真实有益的。"当今世界需要的是自由的灵魂与刚强的性格。今天，所有的道路似乎都强调着群体生活。我们看到对教会的被动服从，看到祖国偏执的传统主义……人类需要这样的人——他们能表明自己对人类的热爱，必要时，也敢于向集体冲动宣战。"

因此，罗兰拒绝充当他人的权威。他要求人人都应当承认，自己

---

①拉尔夫·沃尔多·爱默生（Ralph Waldo Emerson，1803—1882），美国思想家、文学家、诗人。爱默生是确立美国文化精神的代表人物，是超验主义运动最杰出的代言人。他提倡接近大自然，主张建立民族文学。（译注）
②摩洛哥王国（The Kingdom of Morocco），简称"摩洛哥"，非洲北部的一个沿海阿拉伯国家。（译注）
③阿尔巴尼亚共和国（The Republic of Albania），简称"阿尔巴尼亚"，位于巴尔干半岛西南部，分别同黑山、塞尔维亚、马其顿、希腊接壤，西临亚得里亚海和奥特朗托海峡。（译注）

的良心才是至高无上的权威。真理不是教出来的，真理是活出来的。思想清晰、行动自由的人，不是凭借言语，而是凭借天性产生了信念。罗兰能够帮助整整一代人，是因为他从别人不可企及的高度向全世界展示出，人是如何通过忠于自己的真理来使一种思想留名千古的。罗兰的忠告并非停留在口头之上，他真正做到了身体力行。他以自己为例，在道德方面做出了淳朴的榜样。

16
形单影只

现在，罗兰的生命与全世界的生命联系在一起了。他的影响力向四面八方辐射开去。然而，在自愿流放的五年之中，罗兰是多么孤独啊！他住在日内瓦湖畔的维伦纽夫镇。那里的小房间与他在巴黎住过的小房间很像。里面也有成堆的书籍和小册子；有一张普通的小桌子；有一架钢琴，是他休闲时刻的伙伴。

罗兰白天在工作中度过，夜晚也常常如此。他很少出去散步，也很少接待访客，因为他与朋友们的联系被切断了。甚至连罗兰的父母与妹妹，每年也只能越境一次前来探望。

但最糟糕之处在于，那是一种犹如生活在玻璃房里一般的孤独。罗兰不断受到监视；即使只讲了寥寥数语，也会遭到窃听；挑衅者们四处寻找他，宣称他们自己是革命者与同情者。他的每封信在收到之前都已被他人读过；他在电话中所说的每句话都被记录在案；他的每次会客都处于严密的监视之下。

罗曼·罗兰在他的玻璃牢房里，成了各种无形力量的俘虏。

今天看来，令人难以置信的是，在战争的最后两年里，尽管全世界都渴望听到罗曼·罗兰的声音，他却没有机会在报纸上表达自己的想法，他的书也找不到出版商。除了偶尔发表的评论文章，他的作品没有任何出版的可能。他的祖国抛弃了他；他就像中世纪的"fuor us-cito①"，遭到了封禁。在瑞士，他越是明确宣告自己的精神独立，就越发察觉到自己的不受欢迎。他被一种秘密的怀疑气氛包围，公开攻击逐渐转变为更加危险的迫害形式，一种阴郁的沉默围绕在他的名字与作品周围。早期的同伴们越来越疏远他，许多新的友谊也解除了，尤其是那些年轻人，他们的兴趣在政治问题而非精神问题

罗兰的母亲

上。外面的世界越是风雨飘摇，罗兰生活中的寂静就越是压抑。他没有妻子做他的帮手。他最好的伙伴就是自己的作品，现在连这种陪伴也无法实现，因为他在法国没有出版自由。他的国家把他拒之门外，他的避难所外则有一百只眼睛在虎视眈眈。他比无家可归者更悲惨，正如他敬爱的贝多芬所说，他生活在"半空中"、生活在理想的国度、生活在无形的欧洲。但他对自己的遭遇没有丝毫怨恨，磨难反而增强了他的信念，没有什么比这更能体现出他善良、顽强的生命力了。这种人群中的离群索居恰恰表明了他与全人类的真正友谊。

---

①fuor uscito，意大利语，意为流亡者。（译注）

17

日记

　　然而，有一位伙伴，罗兰可以天天与之交流——他的内心意识。自从战争爆发，罗兰就日复一日地记录下自己的感悟、隐秘的想法，以及从远方收到的讯息。他的沉默便是他与时代精神慷慨激昂的对话。这些年来，罗兰一本又一本地写，直到战争结束时，日记的总数不下二十七本。当罗兰能回到法国时，他当然不愿将这些秘密材料带回，因为审查员们拥有合法的权利，可以窥探他个人思想的每一个细节。

　　他向亲密的朋友们展示过其中的一些片段，但整部日记则成了留给后代的遗产，为那些能以更纯粹、更冷静的观点来思考我们时代的悲剧的人留作参考。

　　我们只能对罗兰日记的真实性质做一些推测，但是感觉告诉我们，它一定是一部那个时代的精神史，具有无可比拟的价值。写作时，最美好、最自由的想法涌上了罗兰的心头。属于他自己的时刻正是他最受灵感启发的时刻。因此，正如整体而言，罗兰的信件在艺术方面优于他所发表的散文，毫无疑问，他的日记也一定是一部属于全人类的文献，提供了关于战争最令人钦佩的、最纯粹的评论。只有后辈们才会明白，罗兰在描述贝多芬与其他英雄时，独具匠心加以展现的品质，同样适用于他自己。人们将了解到，罗兰是怎样以个人的失意为代价，向世界传递出希望与信心的消息；人们还将了解到，曾经帮助了千千万万人的理想主义，尽管被自作聪明者嘲笑为"微不足道""平平无奇"，却又是如何从最幽暗的深渊中、从痛苦与孤独中涌现的。而且，它完全是由一个身处痛苦中的灵魂，凭借一腔孤勇奉献出来的。他的日记向我们展示的都是他所信仰的事实。

这些手稿记录下的，正是买回"信仰"所需的赎金，以及被我们称之为"生命"的无情债权人日复一日要求罗兰支付的款项。

18

《先驱》与《恩培多克勒》

　　几乎从战争一开始，罗兰就展开了他对仇恨的反击战。一年多来，他继续传播自己的信息，反对来自四面八方疯狂的、怨恨的尖叫。他的努力是徒劳的。战争的潮流越涨越高，越来越多无辜受害者的鲜血汇集起来。更多的国家一次又一次地卷入大屠杀中。最后，随着喧嚣声越来越大，罗兰停下来喘了口气。他感到，如果继续试图压制这么多疯狂者的呼喊，他自己也要变得疯狂了。

　　《超乎混战之上》出版后，罗兰从公众对这些文章的争议中抽身而出。他要说的都说过了；尽管他种下的是和风，收获的却是旋风。他并非厌倦了行善，他的信念也没有丝毫减弱。但他意识到，对一个充耳不闻的世界说话，是无效的。事实上，他已不再抱有最初激励他的那种崇高的幻想了。最初，他认为，人们都渴望理性，追求真理。凭借智慧，他已然洞察到，人们对真理的恐惧明显胜过世上的任何事物。因此，他开始用自己的思想来解决问题。他创作了一部讽刺小说，以及其他富有想象力的作品，与此同时继续保持大量的私人通信。就这样，他暂时脱离了喧嚣。沉寂了一年之后，血色浪潮仍在持续膨胀，谎言也日益猖獗肆虐，罗兰觉得他有责任重新开战。"我们必须一遍遍地重申真理，"歌德对谢尔曼说，"因为真理必须与谬误作斗争，而谬误一直以来是被大众而非被个人传播的。"

世间存在着太多孤独，因此有必要建立新的纽带。各国不满与反抗的迹象比比皆是，积极对抗强加在自己身上的命运的勇者更是数不胜数。罗兰感到，为这些分散的战士提供力所能及的支持，激励他们进行奋斗，是他义不容辞的责任。

在新编散文集的首篇文章《攀登的路蜿蜒曲折》中，罗兰解释了自己在1916年12月时的立场。他写道："如果我沉默了一年，并不是因为我在《超乎混战之上》中表达的信念动摇了（它反而比以往更加坚定）；但我确信，对无意倾听的人而言，说什么都是在对牛弹琴。事实胜于雄辩，伴随着悲惨的坚持；事实本身，可以穿透顽固、骄傲与虚伪的高墙；人们之所以被围困在墙内，是因为他们不愿见到光明。但是，我们在各民族的手足同胞之间，在那些知道该如何捍卫自己的道德自由、自己的理性、自己关于全人类团结一心的信念的人们之间，在那些在沉默、压抑与悲伤中继续保持希望的心灵之间——在这一年即将进入尾声之际，我们能够相互表达喜爱与安慰。我们必须使彼此相信，在血雨腥风的夜晚，希望之火仍在燃烧，它从未熄灭，也永不会熄灭。欧洲已陷入了苦难的深渊，执笔者们必须谨慎，切莫在人们苦苦忍受的痛苦之外雪上加霜；切莫再罗织新的理由，为汹涌澎湃的仇恨洪流推波助澜。那些罕见的自由灵魂的面前有两条路：横穿过罪恶与愚蠢的大山，努力为他人开辟一条道路，也为他们自己找到一条出路。一些勇敢者试图使自己国家的同胞意识到自己的错误……我的任务则不同，我的任务是提醒心怀敌意的欧洲兄弟们，去想到他们最好的而非最坏的一面；召唤他们的理智，希望有朝一日，他们能变得更明智、更仁爱。"

新的散文集出版了，它们大部分被发表在各种小型期刊中，因为更具影响力、传播范围更广的期刊早已停止刊登罗兰的文章。这些文章被收录于名为《先驱》的合集中。当把它们作为一个整体来研究时，我们意识到，它们形成了一种新的基调。强烈的同情取代了愤怒，这与战斗前线发生的变化相对应。到了战争第三年，所有军队里已见不到战争初期的狂热冲动了。现在士兵们被一种平静而顽强的责任感所激励。罗兰的观点或许变得更热情洋溢、更具有革命性，但这些散文的笔触则比以往更加温和。他的文字似乎不再紧扣战争，而是超脱于战争之上。他的目光凝视远方；他的思想跨越了几个世纪，寻找着相似的经历；为了寻求安慰，他竭力从无意义中发现意义。他重提歌德的观点，即人类的进步是一种螺旋式的上升。在到达更高层次之后，人们又会回到只比旧时高出一丁点儿的位置，进化与倒退携手而行。

因此，他试图表明，即使在这悲惨的一刻，我们也能觉察出未来变好的迹象。

《先驱》中的文章不再攻击反面意见与战争。它们只是吸引我们注意到，所有国家里都有着为截然不同的理想奋战的人。对于这些为精神团结而奋斗的先驱者，尼采称之为"欧洲灵魂的开拓者"。群众是指望不上了。在题为《民族大屠杀》的演说中，罗兰对数百万失去自我意志、沦为他人实现目标的无声工具的人，对那些牺牲了自我，但除了自我牺牲外毫无意义的人，表达了怜悯之情。

现在，他的希望完全转向了精英阶层，转向了少数保持自由的人。他们可以拯救世界，他们灿烂的精神意象能够反映世间的所有真理。确实，目前他们的活动似乎毫无用处，但他们的劳动仍然是他们无所不在的永恒证据。罗兰对这些当代作家的作品进行了精妙的分析；此外，他还加入了作家早期的剪影；他描绘了人类自由学说的伟大倡导者——托尔斯泰，阐述了这位俄国导师对战争的看法。

在同一系列的散文中，还有一部未被收录在《先驱》里的作品，它发表于 1918 年 4 月 15 日，被命名为《恩培多克勒》。早在二十岁时，罗兰便将自己的第一部戏剧献给了这位伟大的古希腊圣贤。此时的罗兰更成熟了，而这位圣贤再一次为他带来了安慰。罗兰展现出，两千五百年前的大屠杀时期，恩培多克勒便已在作品中描述了世界的特征："永远在从恨到爱、从爱到恨的两极之间摇摆"；一贯以来，历史总是见证着：如同四季交替那样，在一个充满斗争与仇恨的时代之后，总是跟随着一个更为幸福快乐的时代。通过旁征博引的描述，罗兰指出，从恩培多克勒这位西西里哲学家的时代到我们当今的时代，各个时代的智者都明白这一真相，但在面对世界的癫狂时，却又通通束手无策。然而，真理总是被代代相传。真理是不朽的，也是坚不可摧的。

即使在这段听天由命的岁月里，依然有一缕柔和的希望之光在闪耀，尽管只有那些独具慧眼的人才能看到，尽管只有那些将目光从自己的困境中移开，转向对永恒的思考的人才能看到。

19

《利吕里》

在这五年里，罗兰作为一位伦理学家、慈善家和欧洲人，一直在向各国讲话，但作为诗人他显然保持着沉默。

对于许多人来说，罗兰自1914年以来创作的第一部富有想象力的作品、一部在战争结束前完成的作品竟然是《利吕里》，一出闹剧，这似乎有些奇怪。然而，这种轻松的情绪是从极度悲伤的深渊中涌现出来的。面对这个疯狂的世界，罗兰无能为力。一想到这里，他便感到自己的灵魂遭到了打击。用精神分析学家的术语来说，他转向以讽刺作为宣泄的手段。在电光石火之间，情绪从压抑的一极倏地一下进入欢声笑语的领域。如同罗兰的所有作品一样，在这里，作者的基本目的也是使自己从感觉的暴动中解放出来。痛苦演变为笑声，笑声又演变为苦涩。这样，以复调音乐①的方式，使自我得以保持平衡，得以对抗这个沉重的时代。尽管愤怒是无力的，但嘲弄的精神仍然存在，并可以如火箭般射向黑暗的世界。

《利吕里》这部具有讽刺意味的作品，是与一部未写完的悲剧作

---

①复调音乐，一种"多声部音乐"。作品中含有两条或以上的独立旋律，通过技术性处理，和谐地结合在一起。（译注）

品相对应的。或者更确切地说，罗兰根本不需要去写悲剧，因为世界正经历着一场悲剧。这部讽刺作品给人的印象是，随着创作的进行，它比作者最初设计的更苦涩、更讽刺、更愤世嫉俗。我们感到，蕴含在其中的时代精神使它变得更辛辣、更刺痛、更无情。1917年夏天的一个场景是这部作品的高潮，我们目睹了两个朋友被恶作剧的幻想女神利昌里（利昌里的名字意味着"幻觉"）误导，相互殴斗，最终死亡。在这两位寓言性的王子身上，再现了罗兰早期赋予奥利维尔和约翰·克利斯朵夫的象征意义。

法德两国相遇于此，在同种幻觉的引导之下盲目前进。早前为了跨越分隔彼此的深渊，这两个国家建立了和解的桥梁；而此时，它们却在桥上决斗。在当时的情况下，是无法保持这样一种纯粹抒情式的哀悼的。随着创作的推进，这部喜剧变得更加犀利、尖锐与荒谬。罗兰思索着身边的一切，外交、知识分子、战争诗人（作品中表现为荒唐可笑的形象：跳舞的托钵僧）、空谈和平主义者、博爱的偶像、自由以及上帝，都在他含泪的双眼中扭曲成了一种荒诞与讽刺。罗兰用激烈的笔触抒发出一种嘲弄的暴怒，讽刺了整个世界的癫狂；一切都瓦解在嘲弄的辛辣气氛中；到最后，"嘲弄"本身，狂笑者们的灵魂也受到了折磨。作品中的辩证论者波利希内尔，是一位戴着系铃帽的理性主义者，但他却过于理性了；他的笑声是懦弱的，是他不敢作为的伪装。当他遇到戴着枷锁的特鲁斯（特鲁斯是剧中的女性人物，作者通过她的红颜薄命表现出一种令人动容的严肃）时，波利希内尔虽然爱她，却不敢站在她那一边。在这个可怜的世界上，即使圣人也是个懦夫；在讽刺最为强烈的一段中，罗兰自己的强烈感情也爆发出来了，他反对知晓实情却不愿作证的人。"你可以笑，"特鲁斯喊道，

"你可以嘲笑，但你却像个小学生一样偷偷摸摸。伟大的波利希内尔啊，像你的祖先一样吧，像伊拉斯谟①和伏尔泰那样自由地讽刺与欢笑吧，你是谨慎的，谨慎至极。你紧闭双唇，隐藏自己的笑意……笑吧！尽情地笑吧！当你在网中抓到谎言时，你将笑得四分五裂；你永远不会得到真相……你的笑声会和你一起留在虚空之中。然后，你会呼唤我，而我不会应答，因为我被堵住了嘴……何时才会有伟大的、胜利的笑声呢？那种将使我重获自由的放声大笑？"

在这部喜剧中，我们找不到这样一种伟大、胜利与自由的笑声。罗兰怀着一种深深的苦涩，不可能再有那样的心情了。这部戏剧充满了一种悲剧性的讽刺，以此来对抗作者自身的强烈情感。尽管这部新作品保持着《科拉·布勒农》的节奏，充满着富有活力的韵律；虽然二者都带有讽刺意味，但《利吕里》这部针对战争时期的讽刺作品，一部混乱的悲喜剧，与讲述"亲爱的法兰西"的欢乐时光的作品形成了鲜明的对比。《科拉·布勒农》中的欢快源自一颗充实的内心，而《利吕里》的幽默则源自一颗不堪重负的心灵。从前书中，我们发现了一种开怀的亲切与快活；而后书中的幽默却是讽刺而苦涩的，散发出对世间一切的强烈不敬。一个充满崇高梦想与美好愿景的世界已被摧毁，这个已然灭亡的世界的废墟，堆积在《科拉·布勒农》描述的旧法国与《利吕里》描述的新法国之间。这出闹剧越来越疯狂；仿佛是一次次的跳跃，越蹦越高。但一切都是徒劳的。表象下潜藏的悲伤情绪不断将我们带回血迹斑斑的大地上。战争期间，罗兰没有写出任

---

①德西德里乌斯·伊拉斯谟（Desiderius Erasmus，约1466—1536），文艺复兴时期的尼德兰（今荷兰和比利时）著名的人文主义思想家和神学家。代表作《愚人颂》。（译注）

何其他的作品，没有慷慨激昂的呼吁，也没有愁肠百结的恳求。在我看来，这些都强烈地背离了罗曼·罗兰个人在岁月中所经受的苦难；正如这出引人狂笑的喜剧一样，表达了作者强加给自身的、苦涩的讽刺情绪。

20
《克莱朗博》

　　悲喜剧《利吕里》是一声呐喊、一句呻吟、一阵痛苦的嘲讽。这是对肉体痛苦的基本反应。但涉及时代问题的，是一部严肃、平静、不朽的作品《克莱朗博，一段关于战争期间良心自由的历史》，作者花了四年时间斟酌着写成了这部小说。它并非一部自传，而是罗兰思想的抄本。与《约翰·克利斯朵夫》一样，它既是一部虚构的人物传记，又是一幅时代的全景画卷。不论是散布在别处的宣言，还是信件中的材料，都被收集在了这里。

　　在艺术上，它是罗兰各种活动之间暗含的联系。尽管公共职责强加了障碍，外部环境带来了困难，作者仍然将作品的立意从悲伤的深处上升到了安慰他人的高度。直到战争结束，这部小说才完稿。罗兰则于1920年夏天返回了巴黎。

　　相对于《约翰·克利斯朵夫》，《克莱朗博》不能被称为一部小说。某种程度上，它不足以被称为小说；但与此同时，它又有着远远超越小说之处。它描述的并非个人的成长，而是一种思想的发展。如同在《约翰·克利斯朵夫》中一样，《克莱朗博》也呈现出一条哲理，但它绝非现成的、完整的、一成不变的。当与书中的主角相伴而行时，我们一步步从错误、虚弱走向了清澈、明晰。从某种意义上说，这是一本宗教书籍、一卷关于转变的历史、一部启示录。它以一位普通公民的生活史为载体，展现了一部现代版的圣徒传说。总而言之，正如副标题所言，这是一个关于良心的故事。这部作品的终极意义是获得自由与自知。当知识转化成行动，故事的立意也上升为一种英雄主义。这场戏上演于人性隐私的最深处，在那里，主人公独自面对着真理。因此，在这部新书中，不存在主角的对应人物，如同奥利维尔之于约翰·克利斯朵夫；在《克莱朗博》中，我们也找不到约翰·克利斯朵夫真正的对应事物，即外部生活。克莱朗博的对应人物与对手恰恰都是他自己，是以往的、早期的、脆弱的克莱朗博；而新的、具有洞察力的真正男子汉必须与此前的自己较量，并战胜自己。主人公的英雄主义与约翰·克利斯朵夫不同。约翰·克利斯朵夫在与一个有形世界的蛮力做斗争，而克莱朗博的斗争则是在无形的思想领域中进行的。

因此，一开始，罗兰本打算将这部作品归为一部"沉思小说"，将它取名为《不顾一切的人》。书名化用了拉博埃蒂①的作品名《不顾个人的人》。然而，因为担心受到误解，罗兰最终并未采用这个名字。这部作品的精神特点在于，它使人回忆起长久以来遭到遗忘的传统，回想起旧时法国道德家的沉思，回想起16世纪的斯多葛主义者②，在疯狂的战争年代，在被围困的巴黎，努力通过柏拉图式的对话来保持理智上的平静。

---

①艾蒂安·德·拉博埃蒂（Etienne de la Boétie，1530—1563），法国作家、古典学者、诗人。（译注）
②斯多葛主义（Stoicism），希腊哲学的一个派别。主张人类要动用智慧去理解世界，与他人合作，以公平公正的方式对待他人。（译注）

但战争本身并非主题，因为自由的灵魂不会与自然之力作斗争。作者的意图是讨论战争带给人们的精神伴生物；在罗兰看来，其悲剧性会给数百万民众带来毁灭。他担心在大众的灵魂泛起的洪流会摧毁个人的灵魂；他意欲表明，任何人想要摆脱兽性的暴政，必须采取怎样一番奋发努力；他想要展现，群体中充满报复的、嫉妒的、专制的心态是如何可憎地奴役了个人；他希望描绘，一个人要付出怎样巨大的努力，才能避免被四处蔓延的谎言漩涡所吞噬；他期望人们明白，这世间看起来最简单的事情，即在这样一个人人抱团的时代，一个人想要保持自己的真我，不受世界、祖国或以其他名目结成的团体的巨大力量的强迫——到了现实中，也成了最困难的任务。

　　罗曼·罗兰刻意避免将主角塑造成一位模式化的英雄形象，这与他在约翰·克利斯朵夫身上的选择不同。阿格诺·克莱朗博是一个不起眼的人物、一个文文静静平平无奇的人、一个籍籍无名的作家。他的文学作品虽然能使自己这一代人感到满意，但对后世而言却毫无意义。他平庸的头脑里存在着模糊的理想主义；他赞美永久和平与国际和解。他自己那温情的善意使他相信人性是善良的，人性是人类的祝福者，人性渴望温柔地引领人类走向更美好的未来。他不曾受过生活问题的折磨，因此他在宁静的舒适中颂扬资产阶级生活。幸运的是，他有一位心地善良、思想单纯的妻子，养育了一儿一女。他可以被认为是现代的忒奥克里托斯[1]，身披着荣誉军团的绶带，歌唱着我们这个古老宇宙欢乐的现在和更加欢乐的未来。

---

①忒奥克里托斯（Theocritus，约公元前300—约公元前260年），西方田园诗的创始人。（译注）

战争爆发的消息像晴天霹雳一样突然击中了这个宁静的郊区家庭。克莱朗博坐着火车前往巴黎；他的身上一溅到激情热浪泛起的水花，所有国际友好、永久和平的理想就立刻化为乌有。他狂热地回到家中，充满仇恨，满口胡言。在巨大的风暴的影响下，他开始弹奏他的里尔琴[①]：田园诗人忒奥克里托斯变身成了战争诗人品达[②]。

罗兰对我们人人亲眼见到的情景进行了令人惊叹的生动描述，展示了作为普通人的一员，克莱朗博确确实实从恐怖中找到了快乐，尽管他自己也不愿承认这一点。他恢复了活力，他的生命仿佛生出了双翼；民众的狂热激起了他胸膛中近乎熄灭的激情；民族的火焰点燃了他；他的身心都在新的氛围中焕然一新了。正如许多平庸的作家一样，在这些日子里，他的文学创作取得了最高成就。他如此生动地表达了街头巷尾群众的情绪，因此，他创作的战争歌曲也成了一项国家财产。名誉和公众的青睐涌向了他，因此（此时此刻，他的数百万名同胞却命丧战场）他感到自己处于前所未有的最佳状态中，充满自信，生龙活虎。

当他的儿子马克西姆满怀战斗激情奔赴前线时，克莱朗博的自豪感增强了，生活也更加快乐了。几个月后，当马克西姆回家休假时，克莱朗博的第一个想法是，这位青年应当向他转述战争的狂喜。然而，奇怪的是，尽管目睹过的战争景象历历在目，这位年轻的士兵竟

---

①里尔琴（lyre），古代希腊人用的乐器。琴身用龟壳或木头制成，两端有角或木制琴臂，以横木相连，弦数不一。（译注）
②品达（Pindar，约公元前518—公元前442或前438），古希腊抒情诗人，被后世的学者认为是九大抒情诗人之首。（译注）

然对此毫无反应。他不愿伤害自己的父亲，不能主动阻止父亲为战争大唱赞歌，因此只能保持沉默。这期间，二人相对无言，做父亲的无法解开儿子的谜题。他隐隐感到儿子正在刻意隐瞒着什么。但是羞耻感使得二人都缄默不语。假期的最后一天，马克西姆忽然鼓足勇气说道："父亲，您坚信……?"但话到嘴边，却又哽住了。年轻人仍旧地默默回到了战场。

几天后，出现了一轮新的攻势。马克西姆被报失踪了。

不久之后，克莱朗博得到消息，自己的儿子已战死沙场。此时此刻，他才明白儿子欲言又止背后的意义，一想到那哽在喉咙里的半句话，他就肝肠寸断。他把自己锁在房里，第一次与自己的良心待在一起。他开始质问自己，寻求真相。在漫漫长夜里，在翻山越岭前往大马士革①的路途中，他与自己的灵魂倾心相谈。他抽丝剥茧般一层层地剥开围绕在自己身边的谎言，直到他赤身裸体地直面自己的自我批评。偏见已深深侵入他的皮肤，拔除它们令他血流不止。偏见必须全部投降；祖国的偏见也好，人群的偏见也罢，必须通通剔除；最后，他意识到，只有一件事是真实的，只有一件事是神圣的：生命。一股探究的热情充满了他；这位过去的亚当②在烈火焚烧中毁灭了，伴随着黎明的到来，他重生为一个全新的人。

现在，克莱朗博知道了实情，他希望能够增强自己的信念，他找

①大马士革（Damascus），叙利亚首都，世界有人居住的最古老城市之一，是叙利亚政治、经济和文化中心。（译注）
②亚当（Adam），《圣经》中的人物，据记载他是世上首个人类与第一个男人，是神按照自己的形象用尘土而造。（译注）

到了一些同伴并与他们交谈。绝大多数人无法理解他，另一些人则拒绝理解他。然而有些人则表现得更为震惊，其中，学究佩罗廷表现得尤为明显。他们了解真相，以他们所具备的敏锐的洞察力，这些民众欢迎的偶像的本质早已昭然若揭。可他们都是谨小慎微者，紧闭嘴唇，像古罗马先知一样彼此微笑。如同佛陀一般，他们在涅槃中寻求庇护，冷静地俯视着疯狂的世界，平静地端坐在石头底座上。克莱朗博还想到了其他的印度圣人，他们庄严宣誓，他们不会遁世而去，除非救出了每一个受苦受难的人。真理一直在克莱朗博心中熊熊燃烧，像火山一样意欲喷涌而出，他感觉自己快要窒息了。他又一次在夜不能寐的晚上陷入了孤独。人的语言是空洞的，他倾听着自己的良心，它在以马克西姆的声音说话。真理敲开了他的灵魂之门，他则与真理坦然相对。在这个孤寂的夜晚，克莱朗博开始对他的同伴说话；不是对某个人，而是对全人类。这位文人第一次意识到了诗歌的真正使命，诗人对所有人、所有事都肩负着一份责任。他知道自己发起了一场新的战争，孤身一人的他必须为所有人而战。但真理的观念与他同在，他由此踏上了自己的英雄主义之路。

《原谅我们吧，亡灵们!》一篇祖国与她儿女的对话出版了。一开始，无人在意这本小册子。一段时间之后，它引发了群众的仇恨。一场愤怒的风暴向克莱朗博袭来，威胁要毁掉他的生活。朋友们抛弃了他。一些人对克莱朗博的嫉妒之情潜藏已久，现在他们群起而攻之，恰是时候。野心勃勃的同事们抓住机会宣誓自己的爱国之心，这与他的悲伤情绪形成了鲜明的对比。

最糟的是，克莱朗博无辜的妻女也因他而受累。她们不曾责怪他，但他却觉得自己愧对家人。在此之前，他一直生活在温馨家庭的阳光之下，享受着微薄的名气带来的惬意舒适，然而现在，他彻底变成了孤家寡人。

尽管如此，他仍继续行进在自己的道路上，虽然一路上他遇到的各种抉择越来越艰难。罗兰知道克莱朗博如何找到了新朋友，但克莱朗博发现这些新朋友无法理解自己。他的话被断章取义，他的思想也被胡乱应用了。当克莱朗博发现，自己想要帮助的同伴们并不渴望真理，而是沉浸在谎言之中时；他们不断寻找的并非自由，而是一种新形式的奴役时，他崩溃了。（在这些精彩段落中，读者们一次又一次地联想到了陀思妥耶夫斯基的《大检察官》。）即使他对自己帮助同胞的能力失去了信心，但他仍坚持自己的朝圣，因为帮助同胞已不再是他的目标。他穿越人海，行进在通往真理的无形大道上；他对真理的热爱使他暴露在人们无情的仇恨之下。渐渐地，他陷入了诽谤之网；他的麻烦逐渐演变成了"克莱朗博事件"；最终，他被起诉了；他的祖国也将他视为敌人。事件尚未定论，这个"失败主义者"就遭到了狂热分子的枪杀。克莱朗博的结局使我们回忆起因为饶勒斯被暗杀而引发的世界大灾难。

罗兰以如此明了而深刻的笔触展现出了一位普通人的殉道、一场良心的悲剧。他成熟的精神力量，以及精通写作又充满人性的神奇才具，都在这部作品里达到了高峰。然而，尽管这部作品引发了我们对精神的终极问题的思考，我们还是要从日常生活中起步。他描写的是一个平常人的灵魂，它看起来属于一位弱者，却始终在漫长的激情中缓步前行。这部作品的不凡成果，在于它所要传达的精神安慰。罗兰首先发现了先前作品的不足：不足以作为帮助普通人的手段。在之前的英雄主义作品中，只有那些与生俱来的英勇灵魂，只有那些天赋异禀者的身上才能表现出英雄主义。在《约翰·克利斯朵夫》中，道德的胜利是天性力量的胜利；在《克莱朗博》中，罗兰向我们展示出，即使是弱小者、平庸者、每个如你我般普通的人，都可以凭借意志战胜整个世界。只要一个人拥有良知，只要他认为自己与良知的关系比自己与他人、与时代的关系更加珍贵，那么无论他是谁，都可以成为一个真正的人，都可以赢得精神的自由。因为人总有时间，也总有机会掌握真相。埃尔特，罗兰最早创造的众多英雄人物之一，便向我们展示了他自身比命运更伟大。当他说出"为了自由，为时不晚！"时，他是在为我们所有人发声。

21

最后的恳求

五年来，罗兰时刻都处在与时代的疯狂战斗中。最终，暴怒的铁链从遍体鳞伤的欧洲身上松开了。战争结束了，停战协定签署了。人们不再互相残杀，但邪恶的感情与仇恨依然存在。罗兰已然预见了这场悲伤的胜利。他不相信胜利，反复警告说：征服者是无情的。这一点被报复性的现实证明了。"对人类大公无私的理想来说，武装胜利是灾难性的；人们发现，想要在胜利的时刻保持温和是极为困难的。"这些预言一语中的。关于自由、公正的胜利的一切美好词语都遭到了彻底的遗忘。凡尔赛会议本身致力于建立一个新的武装政权，羞辱战败的敌人。唯心主义的傻瓜们所盼望的"结束一切战争"，正如穿越人群的真正理想主义者们所预见的那样，不过是仇恨与暴力的新种子。

再一次，在最后时刻，罗兰提高了自己的声音，与被乐观者们视为最后一位理想主义代表人物的伍德罗·威尔逊①对话。威尔逊访问欧洲时受到了亿万民众的热烈欢迎。但是，作为历史学家，罗兰意识

---

① 托马斯·伍德罗·威尔逊（Thomas Woodrow Wilson，1856—1924），美国民主党人、文学家、政治家、美国第二十八任总统（1913—1921）。（译注）

到，"世界历史一再证明，征服者一贯的傲慢无礼终将播下新一轮战争的种子"。罗兰认为，此时此刻的第一要务是制定出一套道德上的而非军事上的、建设性的而非毁坏性的政策。这位世界公民，这位曾经致力于使战争摆脱仇恨污染的人，现在正在为和平付出同样的努力。这位欧洲人以动人的言语对美国人威尔逊说："在所有人都畏惧责任的现在，总统先生，只有您，能够引领各国的政策；只有您，享有国际性的道德权威。您激励着全世界的信心。请回答这充满热切期望的恳求吧！握住伸出的手，帮助它们紧握在一起吧……如果这样一位调停者不出现，混乱而偏颇的人群几乎不可避免地会采取过激的行为。普通民众将陷入血腥的混乱，而传统守旧的政党则会进行血腥的回击。乔治·华盛顿和亚伯拉罕·林肯[1]的继承人啊，肩负起这一职责吧！这不是为了某个政党，也不是为了某个民族，而是为了全人类！召集各国的代表参与这场人类的大会吧！凭借您崇高的道德意识和美国伟大的未来，发挥出您的一切权威来主持这场大会吧！请您讲话，对着所有人演讲吧！这个世界渴望一种超越国界与阶级的声音。成为自由人民的仲裁者吧！未来，人们将为您欢呼，将您称作伟大的调解人！"

这位预言家的声音被复仇的呼声淹没了，俾斯麦[2]主义获得了胜利。真正实现的预言是和平与战争一样冷酷无情，人道主义在人们心中找不到一席之地。在欧洲本该开始复兴之时，邪恶的征服精神却依然四处蔓延。"哪儿有什么胜利者，不过是一群被征服者罢了。"

---

① 亚伯拉罕·林肯（Abraham Lincoln，1809—1865），美国政治家、战略家、第十六任总统（1861—1865）。他在任期间主导废除了美国黑人奴隶制。（译注）
② 奥托·冯·俾斯麦（Otto von Bismarck，1815—1898），他于1871—1890年间任德意志帝国首任宰相，人称"铁血宰相"。（译注）

22

思想独立宣言

尽管万念俱灰，但不屈不挠的罗曼·罗兰仍继续向最高法院上诉，要求发扬友谊精神。1919年6月26日，和平协议签署之日，他在《人类》刊物上发表了一份由他自己撰写的宣言，得到了各国同情者的支持。在一个濒临毁灭的世界里，这篇宣言犹如一座无形圣殿的基石，是觉醒者们的避难所。罗兰精辟地总结了过去，并将其作为对未来的警示。他吹响了号角。

"世界各地的脑力劳动者们、同志们，我们被军队、审查制度以及交战国之间的仇恨分隔了五年，现在，障碍正在瓦解，边境重新开放，我们向你们发出号召，重建我们的兄弟联盟，使之成为一个新联盟，比之前的那个更坚实、更牢固。

"战争扰乱了我们的秩序。大多数有识之士都用他们的科学、艺术和理智为政府服务。我们不想提起任何指控，不想发起任何责难。我们知道个体思想的脆弱和集体思潮的强大。倘若丝毫不做抵抗的准备，后者在顷刻之间便可以将前者扫除殆尽。至少，让我们将这一经历当作对未来的教训吧！

"首先，让我们指出，这场灾难是源于整个世界几乎完全抛弃了理智，甘愿沦为不受约束的武力的奴隶。思想家、艺术家们给这场吞噬整个欧洲的灵与肉的、仇恨的瘟疫增添了不可估量的巨大毒性。他们在自己知识、记忆和想象的军火库中搜寻着仇恨的理由，旧的、新的、历史上的、科学上的、逻辑上的以及诗歌上的理由。他们蓄意破坏人类之间的相互理解与友爱，这样做，他们便扭曲、玷污、贬低与侮辱了'思想'，而他们自己则成了'思想'的代表。他们将'思想'变成了激情的工具；（可能在无意中）他们把它变成了某个州、某个国家或某个阶级谋取私利的手段。现在，各国之间经过了激烈的斗争，战胜国和战败国遭受了同样沉重的打击，变得贫困不堪，人们的心底都对自己当初的狂热感到羞愧难当（尽管他们不会承认）——现在，'思想'也纠缠在人们的挣扎之中，与他们一起，从高台上跌落了下来。

《思想独立宣言》原稿（一）

《思想独立宣言》原稿（二）

"起来吧！让我们将思想从这些妥协中解放出来，从这些毫无价值的联盟中解放出来，从遮遮掩掩的奴役之下解放出来！思想不是人的仆役，人才是思想的仆役。除了思想以外，我们没有其他主人。我们的存在就是为了秉承与捍卫思想之光，并使人类所有的迷途羔羊聚集在它的周围。我们的角色、我们的职责是成为一个稳定的中心，在旋风肆虐的夜晚指明北极星的方向。在傲慢的激情与相互毁灭中，我们别无选择；我们拒绝这一切。我们只尊崇真理。真理是自由、无界且无限的，不存在种族或阶级的偏见。我们并非对人类缺乏兴趣。我们为人类而工作，但为的是人类这一整体。对不同民族的人，我们不区别对待。我们了解人，无论是狭义的还是广义的；那些受苦受难者，那些艰苦奋斗者，那些跌倒后又努力再次站立起来的人，那些沿着被汗水与鲜血浸透了的崎岖道路继续前进的人；所有这些人都是你我的兄弟。为了让他们能像我们一样意识到这份兄弟之情，我们在他们盲目挣扎之时举起了一个约柜①——思想，它是自由的，兼具了整体性与多面性，它是永恒的。"

数百人在这份宣言上签了字，五湖四海的领袖人物都接收并认同了这一讯息。一个无形的精神共和国，一个全世界的共同祖国，在不同种族与国家之间建立起来了。它的边界向所有希望在此定居的人开放，它唯一的法律是兄弟情谊，它唯一的敌人是国家间的仇恨与傲慢。无论是谁，只要他在这个无形的王国里安家，他便成了一位世界公民。他并非某个民族的继承者，他继承的是整个人类。从此，他便栖身于所有语言、所有国家之中，栖身于共同的过去与普遍的未来之中。

①约柜（the Ark Of the Covenant），又称"法柜"，《圣经》中古代犹太人存放上帝约法和诫命的圣柜。（译注）

23
特使

罗兰的一生跌宕起伏，他一次又一次与时代的激情浪潮抗衡，一次又一次陷入失望的深渊，但他总能重新站上新的希望之巅。我们再一次看到，罗兰本人，正是那些在失败中顽强不屈的人物的原型。他的每个理想、每个愿望、每个梦想都不曾实现。强权压倒了正义，武力战胜了精神，个人凌驾于人性之上。

然而，罗兰的斗争从未像近年来这样伟大，他的存在也从未像近年来这样不可或缺。因为只有他承担起了使徒的职责，拯救了被钉在十字架上的欧洲福音书；此外，他还为我们拯救了另一种信仰，即富有想象力的作家作为精神领袖，是他自己的祖国以及所有国家的道德代言人。如果在我们这个时代无人能够指证谋杀与仇恨的疯狂行为，将是一种耻辱。罗兰这位学者的存在使我们免遭这样一种无法磨灭的耻辱。我们还应当感谢他向我们展示出，即使在最猛烈的历史风暴中，兄弟情谊的圣火也从未熄灭。精神的世界并不会望风而靡。在精神王国中，单枪匹马可以胜过人多势众。想法可以从一位孤独的思想家脑海中绽放出无比夺目的光芒。即使是在最黑暗的时刻，我们都能够从罗兰这位诗人的典范中获得安慰。一位有血有肉、饱含人性的伟人，永远可以为所有人拯救我们关于人性的信仰。

附 录
罗曼·罗兰的作品

I 批判性研究

1895　《论现代歌剧的起源（吕里与斯卡拉蒂之前的欧洲戏剧史）》，由方特茂于巴黎出版

1895　《16世纪意大利绘画艺术为何衰落》，由方特茂于巴黎出版

1902　《米勒传》，由达克沃斯于伦敦出版（仅以英语版本）

1903　《贝多芬传》，《名人传》之一，连载于《半月刊》；1907年由阿歇特于巴黎出版；1909年由爱德华·佩莱坦于巴黎出版，配佩里孔、J.P.劳伦斯、P.A.劳伦斯的木刻版画

1903　《人民的戏剧》，《半月刊》刊载；1908年由阿歇特于巴黎出版，1913年由阿歇特于巴黎出版放大版；1920年由奥朗道夫于巴黎出版

1905　《德国音乐在巴黎》，由马夸特于柏林出版（仅有德语版本）

1906　《米开朗琪罗传》，《名人传》之一，连载于《半月刊》；

1907年由阿歇特于巴黎出版

1908　《昔日音乐家》系列，由阿歇特于巴黎出版

　　　　《歌剧之前的戏剧》

　　　　《巴黎最早上演的歌剧：吕吉·罗西的<奥菲奥>》

　　　　《评吕里》

　　　　《格鲁克》

　　　　《格雷特里》

　　　　《莫扎特》

1908　《当代音乐家》系列，由阿歇特出版社于巴黎出版

　　　　《柏辽兹》

　　　　《瓦格纳：齐格弗里德、特里斯丹》

　　　　《圣萨恩斯》

　　　　《樊尚·丹第》

　　　　《理查德·施特劳斯》

　　　　《胡戈·沃尔夫》

　　　　《唐·洛朗佐·佩罗西》

　　　　《法国音乐与德国音乐》

　　　　《佩莱阿斯与梅利桑达》

　　　　《复兴：1870年以来巴黎音乐活动的概况》

1908　《保尔·杜宾：音乐向导》，刊载于国家音乐协会《音乐信使》半月刊，1908年12月15日刊

1910　《韩德尔传》，《音乐大师传》之一，由阿尔坎于巴黎

出版

1911　《托尔斯泰传》，《名人传》之一，由阿歇特于巴黎出版

1912　《谦恭的英雄生活——思想集（阿尔方斯·塞奇引言）》由桑索特于巴黎出版

1917　《恩培多克勒》由卡梅尔于日内瓦出版；1918年由法国艺术与出版之家于巴黎出版

1919　《昔日国家的音乐之旅》，由爱德华·约瑟夫于巴黎出版，配D.格兰斯的木版画，1920年由阿歇特于巴黎出版

1910　《社会高等研究学院（1900—1910）》，由阿尔坎于巴黎出版

Ⅱ 政论

1915　《超乎混战之上》，由奥朗道夫于巴黎出版

1917　《人民大屠杀》（瑞士罗曼底社会主义青年团出版）

1918　《人民大屠杀》（以《文明》为书名出版，私人印制）

1919　《先驱》，刊载于巴黎《人道报》

1920　《人民大屠杀》（卷首插图为法朗士·麦绥莱勒版画，流通受限）

1920　《人民大屠杀》（由奥朗道夫于巴黎出版）

Ⅲ 小说

《约翰·克利斯朵夫》（1904—1912）于《半月刊》连载

《约翰·克利斯朵夫》10卷（1904—1907）

黎明

清晨

青春

反抗

《约翰·克利斯朵夫在巴黎》（1908—1910）

节场

安多纳德

户内

《约翰·克利斯朵夫，旅程的结束》（1910—1912）

女朋友们

燃烧的荆棘

复旦

1918 《科拉·布勒农》，由奥朗道夫于巴黎出版

1920 《皮埃尔和吕丝》，由奥朗道夫于巴黎出版

1920 《克莱朗博》，由萨布利耶于日内瓦出版

Ⅳ 序言

1902 托尔斯泰寄来的一封未发表的信，刊载于《半月刊》

1902 韩德尔和弥赛亚（费利克斯·劳格尔所著的《韩德尔期望的弥赛亚》的序言），留存于巴黎音乐作曲家协会

1913 司汤达与音乐（司汤达全集中的《海顿传》的序言），由奥诺雷·尚皮永于巴黎出版

1913 西蒙娜·波德韦所著的《劳工》的序言，由奥朗道夫于巴黎出版

1916 马塞尔·卡比所著的《混战中女人的声音》的序言，由奥朗道夫于巴黎出版

1920 反战诗选集，由萨布利耶于日内瓦出版

Ⅴ 戏剧

1897 《圣路易斯》（5幕），刊载于《巴黎评论》3月—4月刊。

1898 《埃尔特》（3幕），刊载于《戏剧艺术评论》

1898 《群狼》（3幕），由乔治·贝莱于巴黎出版

1899 《理性的胜利》（3幕），刊载于《戏剧艺术评论》

1900 《丹东》（3幕），刊载于《戏剧艺术评论》

1902 《七月十四》（3幕），刊载于《半月刊》

1903 《终有一日》（3幕），刊载于《半月刊》

1904 《三个情人》（3幕），刊载于《戏剧艺术评论》

1904 《蒙特斯潘侯爵夫人》（3幕），刊载于《戏剧艺术评论》

1909 《革命戏剧》，由阿歇特于巴黎出版

群狼

丹东

七月十四

1909　《信仰悲剧》，由阿歇特于巴黎出版

圣路易斯

埃尔特

理性的胜利

1919　《利吕里》，由萨布利耶于日内瓦出版